03

张远山作品集

路灯错觉
人与墙

北京出版集团
北京出版社

本卷总目

路灯错觉

本书说明

《张远山作品集》之前，我出过四种小品集：动物小品集《人文动物园》，人文小品集《人类素描》，讽刺小品集《故事的事故》，幽默小品集《吊驴子文》。《张远山作品集》仅收前二种，不收后二种。

《路灯错觉》所选84篇小品文，写于1993年至2022年。读书小品，寓言小品，思想小品，自述小品，各选21篇。27篇选自《故事的事故》，23篇选自《吊驴子文》，2篇选自《文化的迷宫》，1篇选自《告别五千年》，31篇是未曾入集的集外文。

我的数百篇小品文，散见于全国四百多家报刊，其中数十家是个人专栏，发表、转载上千篇次，入选多种散文选本、杂文选本，中小学语文考卷经常选用。

本次收入《张远山作品集》，文字均已修订。另增一个相关附录。

目录

第二辑

寓言小品

第三辑

思想小品

读书小品

读书的幸福

一位外国作家说，对于有写作天赋的人来说，整天读书是懒惰的表现，因为如果你所读之书的作者也如此懒惰，你就不可能有阅读的幸福。持这种看法的先生，一定以写作为毫无乐趣的劳作，其作品恐怕也不会美不胜收。持这种看法的先生，或许还以阅读为不动脑筋的享受，其阅读大概也不会有滋有味。不过我不想抬杠，愿意惭愧地承认，我已经懒惰了二十多年，并且发现这种懒惰，确实是人生的一大幸福。

我读书排场极大，需要"十一"：一个人，一间屋，一沙发，一书案，一茶几，一脚凳，一支笔，一盒烟，一杯茶，一壶水。还要音乐、鲜花、闲食，等等，当然最重要的是书：一大叠古今大师抒发至情至性、表述真知灼见的书册，或诗，或画，或警句，或箴言，老气横秋也可，稚气顽皮也可，冲突平淡的悲剧也不坏，插科打诨的喜剧更好。若是小说，最好是结构散漫的短篇，千万不要情节紧凑、悬念迭出的长篇巨制，因为它让你放不下手，松不开脑筋，只能任由作者的马蹄，在你头顶荒芜的草场上驰骋，自己无法撒开四蹄，胡天野地行侠仗义。

耳朵听着音乐和饱嗝，鼻子嗅着花香和墨香，五官各司其职。冲一杯上佳绿茶，燃一支劣质烟草，龙王祝融水火相济。需要的一切准备就绪，关上门，仰躺在沙发上，脚丫叉开，腿肚子搁在脚凳上，浑身所有部位各就各位，调整妥帖，从左边的书案上，任意取一本书，悠然翻阅着，时不时换一本。书由左手拿着，薄薄的，时间久了也不费力，书页的天地中缝，留白极多，一是翻开不必用左手拇指使劲摁住，二是闪过什么念头，就能伸出右手，从茶几上抓过钢笔，立即写在书页边上。必须是出水极畅的钢笔，钢笔里灌的是黑墨水。黑墨水不仅写在白纸上黑白分明，而且黑的墨水才名实相符，蓝墨水，红墨水，乃至彩色墨水，都易让人生疑。圆珠笔固然圆滑，然而时常出油如胶，等你下次查证一句引文之时，它会粘住书页，使你找不到明明记得的妙句，漏掉你妙手偶得的眉批，福至心灵的旁注。毛笔尽管古雅，不过写蝇头小楷要正襟危坐，仰躺着难免一抹黑。

放下钢笔，趁大师被你驳得体无完肤又心口不服，抽一口烟，吐出一肚子恶气，喝一口茶，咽下一肚子苦水，眼睛不必看，探手从茶几上抓一颗青橄榄丢进嘴里。于是一丝苦涩涌上心头，你突然发现那位先生说得也对，如果人人像你一样躺倒不干，只顾懒惰地享此清福，世界或许有点不妙。

1994年1月13日
（本文选自《故事的事故》。
刊于《深圳商报》1994年3月20日，
《特别关注》2008年特刊。）

地须再游，书要重读

"行万里路，读万卷书。"前者可增广身体之见闻，后者可开拓心灵之阅历。身之行，心之知，囊括了生命之全部。或知而行，或行而知，知与行孰难孰易，颇有争论。知行必须合一，争论双方则无异议。万里路该怎么行？万卷书该如何读？我的体会是：地须再游，书要重读。

苏东坡是诗文词赋书画全能的天才，又是反复贬官行迹最远的名人，兼为读书大家、行路大家。他的名句"横看成岭侧成峰，远近高低各不同"，"水光潋滟晴方好，山色空蒙雨亦奇"，可以解释"地须再游"：一处绝佳胜地，只有在不同的气候、季节、时间反复游览，才能充分领略其美妙。也可解释"书要重读"：一本绝妙好书，只有在不同的年龄、处境、心情下反复阅读，才能充分领悟其奥义。所以纳博科夫说："你不可能读一本书，除了重读它。"

所谓重读，是指主动重读，并非被动重读。据说英国人因在小学、中学、大学里被反复灌输莎士比亚，长大以后极少有人喜欢莎士比亚。这种情况同样出现在中国，因在小学、中学、大学里被反复灌输鲁迅作品，中国人长大以后极少有人喜欢鲁迅。正如被塾师的戒尺打得手心通红的古代士子，熟读旨在培养君子的儒家经典以后，几乎都成了伪君子。外力灌输一如包办婚姻，即便门当户对，乃至郎才女貌，也没有惊喜，毫无会心，"不识庐山真面目，只缘身在此山中"。自由阅读则一如自由恋爱，即便时空远隔乃至人弃我取（娶），也情有独钟，无怨无悔，"欲把西湖比西子，淡妆浓抹总相宜"。

庐山只有一座，别人造了别墅，我就不能再造。西子只有一个，与范蠡偕隐后，你就再无机会。即便用克隆技术为每位国人克隆一个西施，为每位洋人克隆一个梦露，也必兴味索然。书籍天然具有可克隆性，喜爱者不妨人手一册。马克·吐温为书柜贴上纸条："妻子与书，恕不外借。"爱慕其妻者，只能徒呼奈何。爱慕其书者，可以另购一本。对异性与书籍有共同爱好，结果判然两样。爱上同一异性之人，决不会夸奖对方的眼光，双方只是情敌。爱上同一书籍之人，无不惊喜对方的眼光，双方可成挚友。好书之美妙就在于"人尽可夫"，任何人的精神求爱都不会遭到拒绝。即使相见恨晚，也无"恨不相逢未嫁时"之憾。

不少人把阅读视为畏途，因为要读当然应该读名著，然而中外名著已经多到一生不干别事也看不过来，所以始而望书兴叹，终致放弃阅读，所以名著尽人皆知，却又谁都不读。其实人并不需要阅读所有名著，只需找到属于自己的名著，反复阅读就行。林语堂说得妙："读所好之书，所不好之书，可让他人读之。"

有精神深度之人，读书必得力于一家。这一家是谁，因每人先天禀赋、后天兴趣不同，无人可以代为指定，所以只能在乱读书中自己去"寻寻觅觅"。刚开始，难免"冷冷清清、凄凄惨惨戚戚"，继而进入"乱花渐欲迷人眼"的左顾右盼，但迟早会有"蓦然回首，那人却在，灯火阑珊处"的正果，于是"三千宠爱在一身"。一旦找到精神新娘，你就会白天想着她，有空就亲近她，上床更是爱不释手。然而读书又不同于娶妻，只求深情，无须专一，完全可以由此及彼，呼朋引类，让你的精神新娘"骑着马儿，带着妹妹"，一起进入洞房。

读书是一种古典趣味，反复重读则更加古典。现代趣味主要是音乐、电影，现代人沉迷于反复听同一张唱片，反复看同一部电影，容易失去精神深度。要想获得精神深度，唯有读书，正如流行歌曲所唱，"读你千遍也不厌倦"。读书最忌被课堂灌输败坏兴味，或被巨细无遗的必读书目吓退。钱锺书说："必读书，大多不必读。"不值得重读之书，也就不值一读。

2002年12月17日
（本文未曾入集。
刊于《南方都市报》2002年12月30日，
《三湘都市报》2004年12月21日。）

经典与名著

经典和名著常被混为一谈，其实有很大区别。真正的经典是大部分人知其名而永远不读的。由于人人知其名，以致被误视为名著，比如《吠陀》、佛经、《新旧约全书》、《古兰经》、苏格拉底、柏拉图、亚里士多德等等，中国的则有《易经》、《老子》、《论语》、《墨子》、《庄子》、《公孙龙子》、《史记》等。这些书除了专业研究者，普通人根本不读。它们是永远的经典，但永远不会成为大众爱读的名著。这些堪称各大文明基石的超级经典，可以称为"元典"。文化元典的特点是通天彻地无所不包，当然也常常泥沙俱下，不无瑕疵。专业领域的普通经典，偏于知识一隅而较为精纯，堪称权威著作。每一学科皆有专业经典，想读的自然知道，不想读的知道也不会读。简而言之，文化元典博大，专业经典精深。全人类的文化元典不超过一百部，任何人花一年时间就能读完，但一辈子也休想真正读懂读通读透一部。全部知识领域不同专业的权威经典则数不胜数，再长寿的嗜读书虫也一辈子读不完。每个人都应该读一些本民族的文化元典，并尽可能多读最有兴趣或与专业有关的某个领域的权威经典。学有余力，不妨再兼及其他民族的文化元典，广泛涉猎其他专业的权威经典。当然我说了也是白说，忙碌的现代人闲暇时能读一些名著，业已难能可贵。

名著不同于经典的最大特点，就是在每代人中都拥有大量读者。中国古典作品《三国演义》、《水浒传》、《西游记》、《红楼梦》，就是这样的名著。即便被某些爱好者热烈推崇为"经典"，它们依然仅仅是名著。你可以说它们是"名著中的经典"，但这仅仅说明它们是超级名著，如同文化元典是超级经典。超级名著像超级经典一样包罗万象，自成一个完整世界。超级名著并非超级经典的一个旁证是，即便是热烈推崇者，也不称它们为"四大经典"，而是恰如其分地称之为"四大名著"。同样，外国古典作品荷马史诗、伊索寓言、但丁《神曲》、拉伯雷《巨人传》、塞万提斯《堂吉诃德》、莎士比亚《哈姆雷特》、歌德《浮士德》、安徒生童话、托尔斯泰《战争与和平》等，人们也不称之为"世界经典"，而是正确地称之为"世界名著"。超级经典的作者是文化巨人，超级名著的作者是文学巨人。

超级名著的读者永远多于超级经典的读者，但这不足以说明超级名著的价值高于超级经典的价值。超级经典以大多数人不读且读不懂来证明其超级价值，而超级名著以大多数人爱读且基本能读懂来证明其超级价值。但写超级名著者一定大量阅读超级经典，且一定能读懂读通读透。普通读者读不懂超级经典，因此他们借由阅读超级名著，间接吸收超级经典的文化内涵，这正是名著的部分价值所在，但并非全部价值。至此就不难明白，经典是非文学的，而名著是文学的。文学名著以其形象性和趣味性，把文化元典中的基本理念传播到大众中去。

与第一等的超级名著相比，还有许多第二等的独创性名著，大致相当于专业领域的权威经典。这较难举例，因为太多。挂一漏万地说，外国有爱伦·坡、斯威夫特、司汤达、茨威格、卡夫卡、博尔赫斯、卡尔维诺、纳博科夫等人的代表作，中国有鲁迅、沈从文、张爱玲等人的代表作。这些大师级独创性作家，无一例外都读过大量超级经典和大量超级名著。正因为如此，他们都不知轻狂为何物，即便誉满全球，也终生保持决非虚伪的谦恭。

第三等的文学名著是独创性有限的通俗名著，许多现当代著名作品可归入此类。至于"著名"能否顺利地变成"名著"，主观的检验标准是作家读过且读懂了多少超级经典和超级名著，客观的检验标准是读者欢迎的时间长短。经得起时间考验分两种，一种是当代和以后一直很畅销，一种是当代不很畅销但以后逐渐畅销。如果经不起时间考验，那么名噪一时的作品也是过眼烟云的劣质畅销书。如果经得起时间考验，就会成为名著。

由于未经时间考验，不易判断现当代著名作品能否成为名著。以中国的金庸武侠和外国的福尔摩斯探案为例。后者已承受了一定时间的考验，至今仍有很多读者，大致可以断定是独创性不够强的第三等通俗名著。其独创性不够强的理由，一是模仿了爱伦·坡，二是重复自己的形式，所以福尔摩斯探案虽然一直读者甚多，但很可能永远不会被公认为属于第二等的独创性名著，其主人公甚至比作者更著名，我甚至常常想不起作者是谁，这也是它独创性不够强的一个证据。金庸作品已经相当著名，但是究竟能否成为名著，以及属于第几等名著，尚难断言。我以为金庸作品属于第三等的通俗名著，大体与司各特、大仲马的作品相当。理由是，虽然武侠小说是一种传统形式，并非金庸独创，但是金庸有所突破，达到了前所未有的境界。

与文化元典相比，通俗名著当然很肤浅，但大思想家闲暇之时宁愿读它们，也决不读大众畅销书和伪学术读物。哲学家维特根斯坦就嗜读侦探小说，而数学家高斯酷爱司各特，不少学富五车的中国学者也爱读金庸。

当代的通俗名著与大众畅销书不易分辨，因为当代人无法预知时间的最后审判。为了不错过当代杰作，不与时代过于脱节，似乎也应该有选择地浏览一些当代作品，困难的是取舍。好在有一个较为简便的方法，就是看一看原著与影视改编版孰优孰劣。大众畅销书尽管轰动一时，甚至迅速改编成影视剧，但几年后的年轻读者就完全不知道了。一个世纪前风靡全球的英国哈葛德，现在的年轻人根本没听说过。林纾译过他的《三千年艳尸记》，今天的读者肯定读不下去。

名著改编的影视一定不如原著，然而其开发价值又太诱人，所以同一部名著就有可能被反复改编。大众畅销书一般只会被迅速改编一次，不抓紧时间就永远没机会了。而且仅能改编一次，决不会有人甘冒巨大的市场风险改编第二次。如果改编的影视胜过原著，那么原著就不可能成为名著。

2000年3月2日—3日

（本文未曾入集。刊于《中学生百科》2000年第11期，
《青岛日报》2001年11月9日，《三湘都市报》2005年4月12日。）

书史三千年

想起一个从前的笑话。大学生在中山装的左胸袋上，插两支钢笔。中学生在学生装的左胸袋上，插一支钢笔。小学生的服装没有胸袋，不插钢笔。或问：插三支钢笔的人岂非教授？答曰：不是，是修钢笔的。由此进一步想到，二十世纪五六十年代，大学文化的看书，中学文化的看杂志，小学文化的看报纸。到了二十世纪七八十年代情况发生变化：大学文化的看杂志，中学文化的看报纸，小学文化的看电视。到了二十世纪九十年代，"现在不一样了"，广告如是说。于是大学文化的看报纸，中学文化的看电视，小学文化的什么也不看。干啥呢？搓麻将，唱卡拉OK，打保龄球，开卡丁车，玩蹦极……不难发现，近年来文化市场各种花样翻新的时髦玩法，主要的开发对象是小学文化程度以下者。

其实以上说法还比较乐观。更真实的情况似乎是，不管什么文化程度，现在都看电视。小学文化的看电视连续剧，中学文化的看体育比赛，大学文化的看一种特殊的电视——电脑。电脑网络上什么都有，"书"也有，"杂志"也有，"报纸"也有。北京人现在流行一句话：有什么也别有病，没什么也别没钱。大概可以再加一句：看什么也别看书。

以上的时间单元是十年，如果放大一百倍，就会发现，随着此刻所在的一千年即将成为过去，印刷的书籍也正在成为过去。基督教有千禧年之说，我想借用这一时间单元，看一看书籍在过去的三个千年和即将到来的一个千年中的不同命运。

耶稣受难前的一千年，是口传文化的全盛时代，史称人类文明的轴心时代。四位述而不作的文化宗师，孔子、佛陀、苏格拉底、耶稣，就是这一文化的最后传人，尽管那时已经有了文字。他们没写而由其弟子记述的那些"如是我闻"的真正大书，成为此后两千年各大文化的柱石。不妨把这一千年，称为"书籍的黄金时代"。

耶稣受难后的一千年，是抄写书籍的全盛时代。这一千年科学与文化的成就都相当有限，史称"中世纪"，但它为下一个千年纪的文化昌盛，做了充分准备。那一千年没有为后人留下多少真正有价值的书，大部分书都可有可无。那一千年抄得最多的，仍是前一千年的大书。但这未必是不幸，因为没有超一流作品，反而使他们更珍视前一千年留下的不朽经典。所以不妨把这一千年，称为"书籍的白银时代"。

耶稣受难后的第二个千年，也就是我们刚刚告别的一千年，是印刷书籍的全盛时代。任何天才都有机会把自己的作品印刷出来传给后人。意大利的但丁，英国的莎士比亚，西班牙的塞万提斯，法国的拉伯雷，中国的曹雪芹，德国的歌德，俄国的普希金，印度的泰戈尔，都产生于这一千年。各国的科学文化巨匠还有许多，仅举一位文豪作为代表。这一千年应该说相当伟大，人类恢复并超越了轴心时代或曰黄金时代的传统，因此被称为"文艺复兴"。不妨把这一千年，称为"书籍的青铜时代"。但在杰作层出不穷的同时，印刷工业和商业性写作也炮制出无穷无尽的印刷垃圾，这些印刷垃圾比称为"垃圾食品"的麦当劳更为有害。人们吃麦当劳，不是因为它比法国大餐和中国美食好吃，而是因为廉价方便，又不难吃，然而印刷垃圾却败坏了人们的精神肠胃，许多读者竟认为这些印刷垃圾，比莎士比亚和曹雪芹更令人愉快，因此书籍走近了它的末日。

耶稣受难后的第三个千年，也就是我们刚刚跨入的一千年，印刷书籍尽管未必消失，但没落似乎难以避免。所以未来的一千年，不妨称为"书籍的黑铁时代"。上文提到的中间那两个千年，书籍都具有其标准形式，或手抄或印刷的纸本。而与第一个千年尚未具备书籍的标准形式相似而且对称，未来一千年的书籍将会失去其标准形式，变成无纸的电子读物。"读物"一词，在电脑产生之前就有，它原指徒具书籍的形式，而又有辱这一形式的消遣性、通俗类书籍。现在把电子书籍称为"读物"，真是再恰当不过。电子读物实在不配称为书籍，它只是一种打发无聊的精神麻将，而且这种"电子读物"对人们的吸引力，还及不上电子游戏、电子宠物的吸引力，因此古典的读书正在迅速变成极少数落伍者（比如本书作者）对过去文化的一种怀旧性凭吊，如同现代人倾听编钟演奏的雅乐一样，即将变成此曲只应天上有的远古回声。

1998年9月1日
（本文选自《故事的事故》。
刊于《深圳商报》1998年12月13日，
《中国文化报》2001年10月16日。）

我爱评书，不爱书评

我喜欢听过去的评书，不喜欢看现在的书评。

记得听过一回评书，说的是"武松打虎"。说书人端的是技艺精湛：要言不烦的"一扑一剪"，就活画出打虎的精髓神韵；简约透彻的"三拳两脚"，就概括了武松的独门绝活。所以我相信武松是条好汉，打虎是件壮举。后来说书人再开讲"武松醉打蒋门神"，我也不肯错过，再次听得如痴如醉。

记得看过一篇书评，评的是"著名"作家武松的最新"名著"《景阳冈》。书评家实在是学艺未精：不得要领地画虎如猫，却没提炼出打虎主题，啰里啰嗦地敷衍完篇，也没提及武松绝活。不过我依然猜想武松是条好汉，《景阳冈》应该不会太差，于是去买书。读完发现果然还行，我就原谅了书评家。他不过是茶壶里煮饺子，有眼光但没本事，幸亏他没本事不等于武松没本事。后来书评家又推荐"文学大师"蒋门神的最新杰作《快活林》，我将信将疑地谨遵"专家指导"买来书，读完却一点也快活不起来。

后来我才知道，这位书评家不仅是武松的哥们，还是蒋门神的弟子，所以他既为武松的《景阳冈》叫好，也为蒋门神的《快活林》喝彩。《景阳冈》固然还行，书评家叫好也没大错，但若是西门庆写的，他就不会叫好。何况施耐庵的《水浒传》远比武松的《景阳冈》杰出，但书评家要么不提，要提就是"评《水浒》批宋江"。蒋门神的《快活林》如此糟糕，书评家喝彩当然是在蒙事。其实我早就听说施恩的《快活林》远比蒋门神的《快活林》精彩，书评家却从来不提，更不肯告诉我实情：施恩的《快活林》是原创，蒋门神的《快活林》是剽窃。

结果不难预料，施恩的《快活林》鲜为人知。知道《水浒传》的人尽管不少，但少有人买，少有人读，以致没有一家出版社愿意出版施耐庵的第二部杰作。直到施耐庵死后，罗贯中将其遗稿改写成《三国演义》，才好不容易公开出版。由于书评家的误导，我终于完全找不着北，估计大伙儿也都跟我差不多。

在专业书评报刊和普通报刊书评版上经常发表书评的书评家，几乎不介绍好作家的好作品，而是连篇累牍地向读者推销蹩脚作家的蹩脚作品。书评家把蹩脚作家隆重推荐到"著名"，把蹩脚作品热烈赞扬成"名著"，可惜"著名"者一拨拨登台做秀，又一拨拨迅速过气，"名著"一部部畅销，又一部部沉入忘川。蹩脚作家能"著名"一把，蹩脚作品能"名著"一回，均拜蹩脚书评之赐。

由于不遵守职业道德，因而书评家败坏了职业信誉，丧失了职业口碑。举目中国，难以找到赢得读者信赖、获得读者尊重的权威书评家。当蹩脚作家的蹩脚作品暂时受惠于蹩脚书评之时，书评家却永久受害于自己的蹩脚书评。不负责任地推销"著名"印刷垃圾的书评家，咎由自取地葬送了使自己"著名"起来的机会。然而完全无辜地承受了蹩脚书评之最大危害的，是被蹩脚书评误导的广大读者，是被蹩脚书评扰乱的市场正义，是被蹩脚书评侵蚀的文化健康。

读者需要个性强烈、风格鲜明、目光敏锐、修养深厚的独立书评家。读者希望读到客观公正、视野宏阔、深刻睿智、精致幽默的优秀书评。真正优秀的书评值得一读再读，有资格印在书里。然而现在报刊上的大量蹩脚书评都是一次性消费品，印在报刊上已少有人读，哪里还配结集成书？即使结集成书，也少有人买。即使读者买来，也读不下去。之所以依然有读者会上当购买，乃是因为另有蹩脚书评在不负责任地吹捧。

现在的书评家很少主动撰写书评，通常是被动接受编辑邀约：请你评某部新书，字数多少，稿费若干，哪天交稿。然后编辑就把新书快递给书评家，或者书评家自己去书店买来，大致翻一下，也没耐心仔细读完，就开写书评。其实书评家对此书毫无兴趣（否则早就自己买来认真读完了），所以东拉西扯写了几段就没话了，于是再翻书，找到一个与主题未必相干的话题，再加写两段，发挥一通，字数一到就收工。一手交钱，一手交货。这样的书评，按古典说法是"为文造情"，用时髦说法叫"自由撰稿"，但"自由"仅属于下订单的编辑，"撰稿"者却只能按订单要求生产。如此不自由的"自由撰稿",当然只能出产蹩脚书评。

那些"著名"当代作家,写书过程也大抵如此。出版社总是霸王硬上弓地要求作家写一部规定了主题、体例、篇幅的新书,以便编入某套选题刚刚通过的丛书。即使作家对该丛书主题兴趣全无,对该知识领域素养贫乏,但他必须评职称,必须完成作协指标,何况还有版税,更有种种其他好处,所以他不肯放弃机会,更不敢不识抬举,否则下回人家就不给你机会了,觊觎这机会的过气作家、新秀才子大有人在。于是硬着头皮签下订单,然后突击恶补,东拼西凑把它写完,至于马脚多多,硬伤累累,就顾不得了,反正是唬弄读者、糟蹋纸张的一次性消费品。

没有好书,就没有优秀书评。没有理想的书评环境,优秀书评就发表不出来。由于我看不到客观公正的好书评,所以我一直不知道哪本书真好。于是乎在传媒发达的新世纪,我和朋友们还是不得不用中世纪的古老方式口耳相传。近来许多朋友对我反复提起:两年前出版的一本书真是好!昨天我特地赶去书店买这本书,不料书店里尽是书评家们正在热炒的"著名作家"的"当红名著",偏偏找不到我想要的那部杰作——施恩的《快活林》。所以尽管中国出版事业空前繁荣,我却一点也快活不起来。

2004年7月23日—24日

(本文未曾入集。

刊于《东方早报》2004年7月26日,

《中国文化报》2004年8月2日,

《三湘都市报》2004年9月29日,

《青桐》2005年第2期。)

时文三种

　　时下的文坛，十分热闹。尽管没有大师，然而小生不少。大男子主义尚未雌伏，小女人文学已经雄起。以致有头脑热昏者，正在欢呼"中国文艺复兴"。喜讯传来，人们奔走相告，于是众多患有文学皮癣的男女难忍技痒，纷纷下池洗澡，于是"池中物"颇为可观。

　　本文拟对颇为流行的三种时文，略做鉴定。

　　时文之一，叫作"马屁文章"。其中名文颇多，然而传世希望极小。它又分两类，一类是拍明星马屁（以便合影留念），拍名流马屁（以便尽快出名），拍企业家马屁（以便拉到赞助），拍外国人马屁（以便应邀出访），男作家拍老婆马屁（以便不洗饭碗），女作家拍老公马屁（以便杜绝外遇），如是等等，都是因为明确知道马尾巴的功能，以利求之。另一类是胡炒瞎捧上述马屁文章的文章，或胡炒瞎捧与之类似的一切马屁影视、马屁小说、马屁散文的评论，这种文章的作者没有明确的图利之意，一方面是由于"君子罕言利"的高风亮节，一方面是因为对马尾巴的功能实在莫名其妙，只是职责所在，一切以安定团结为重，可谓任重而道远。

　　时文之二，叫作"狗屁文章"。其不如马屁文章之有利可图，是预料中事，然而受读者欢迎的程度，远远超过马屁文章。那些婉而多讽的评论、杂文乃至电视小品，多属狗屁文章，它们之受欢迎，不仅有目共睹，而且有耳必听。因为有资格接受马屁者毕竟有限，大部分人虽然不愿拍马屁，但是人人喜欢被拍马屁（只恨无此资格），于是唯一的快事，就是看到拍马屁者和被拍马屁者，被狗屁文章奚落几句。写狗屁文章者，大抵不敢与受马屁者为难，只好拿拍马屁者撒气。马屁文章是捧人的，大多有利可图。狗屁文章是骂人的，一般无利可图。不过有时候骂了王名流，李名流高兴了。李名流写马屁文章提携骂人者，于是骂人者也成了名流。一旦成了名流，就有资格受招安。受了招安以后，骂人者就再也不写狗屁文章，而改写马屁文章了。可见不仅受马屁者必须有资格，写马屁文章也必须有资格。

时文之三，叫作"牛逼文章"。一望而知，牛逼文章自然是牛逼哄哄，放放牛山屁，砍砍野牛山，从刘明星的胎记，写到贾名流的脚气，从赵大亨的午觉，写到洋老板的夜宵，街谈巷议，宇宙苍蝇，从方外到房中，从饮食到茅厕，无所不谈，无所不侃，但是永远口不臧否人物，也永远避免了祸从口出。这一派文风清淡，韵味自然最足，安全系数最高，文运自然最盛。因此牛逼文章正从哄哄走向轰轰，牛气冲天，指数上扬，有望轰传到底。

综上所述，马、狗、牛是当代中国文坛的三大吉祥物。姓马、姓牛的有福了，可惜没人姓狗。属马、属牛的有福了，虽然有人属狗，但我就不祝福了，因为在下也属狗。更何况我这篇文章也是狗屁文章，倘若过于善颂善祷，甚至给自己灌迷魂汤，本文也变成马屁文章了。

1997年3月4日

（本文选自《故事的事故》。

刊于《劳动报》1997年7月17日，

《深圳风采周刊》1998年第216期。）

三种作家的不同命运

　　有三种作家：蹩脚作家，好作家，大作家，他们的现实命运和未来命运各各不同。读者也有三种，与三种作家一一对应。

　　蹩脚作家媚俗，媚雅，媚权贵，媚大众，不忠于自己的时代，更不忠于自己的良知。现实命运最好，名利双收，满面春风，优裕奢华，但他没有未来。

　　好作家不媚俗，不媚雅，不媚权贵，不媚大众，忠于自己的时代，更忠于自己的良知。现实命运较好，名大于利，比上不足，比下有余，他的未来亦然。

　　大作家没有媚不媚的问题，也没有忠不忠于的问题，仅仅听命于灵魂的呼唤。现实命运最差，无名无利，艰难困窘，潦倒不堪，但他有辉煌的未来。

　　蹩脚作家的结局，是三五年后被读者抛弃，因为三五年后的蹩脚作家将会替代火过一把的前蹩脚作家。新一代读者根本不知道他，仅知道新一代蹩脚作家。然而过气的蹩脚作家，现实命运仍然很好，因为忠于他的蹩脚读者，会终生追捧自己认定的过气蹩脚作家。蹩脚读者已经不再需要过气的蹩脚作家为自己带来精神愉悦，但蹩脚读者需要过气的蹩脚作家，证明自己曾经的追捧没错。蹩脚作家只要火过一把，大火的余光足够照亮他的余生，大火的余温足够他终生取暖，尽管过气之后，晚景颇为凄凉，不得不以阿Q心理自慰：老子（或老娘）曾经阔过。

　　好作家的结局，不是三五年后被读者抛弃，而是三五十年后被读者遗忘，遗忘并非抛弃，因为三五十年后，后一时代的好作家将会替代前一时代的好作家。生命是有限的，读者能够用于阅读的时间也很有限，读者首先阅读的，一定是同时代的好作家。好作家尽管会被读者逐渐遗忘，但不会被历史遗忘。三五百年后，好作家依然在历史中占有一席之地，尽管不如大作家那样显赫，常常被历史简编本忽略。

大作家不仅会被历史记住，而且会被三五十年甚至三五百年后的读者记住，任何时代的读者，尤其是好读者，都会阅读大作家。大作家不仅是属于自己时代的好作家，而且是永远的好作家。大作家必定超越时代，而不专属于自己所在的特定时代，大作家得到的同时代读者认可，常常不及好作家。因为读者更迫切需要同时代的好作家，而不太需要超时代的大作家。

好作家与时代风云息息相关，与同时代读者同呼吸，共命运，同舟共济，同甘共苦。好作家值得同时代读者给予最高评价，致以最高礼敬。读者漠视同时代的超时代大作家，并非对大作家的不公平，因为读者并不漠视前一时代的大作家。大作家往往不能及身而见自己的荣耀。当大作家在其晚年或死后登上荣誉的顶峰时，蹩脚作家早已被读者彻底抛弃，好作家也已被读者逐渐遗忘。而未来每一时代的读者，都会到大作家的墓地去献花。大作家生前就已预知，所罗门王的全部宝藏，也抵不上这束鲜花。

蹩脚作家说，历史对他不公平，因为他曾经有过无数读者，而且曾经无数次上台领奖。好作家说，现实对他不公平，因为蹩脚作家的现实命运比他好；未来也对他不公平，因为大作家的未来命运比他好。大作家说，现实对他不公平，历史对他很公平，他将拥有无数的未来读者，他将收到无数的鲜花。

一切都很公平，感到不公平的作家，心态不够好。蹩脚作家的心态永远不会好，好作家的心态也时好时坏，大作家的心态通常很好，因为他对未来充满自信。大作家偶尔也有心态不好的时候，这不是因为突然失去了自信，而是因为他并非神仙，他和他的家人，必须吃饭穿衣，他不能预支未来的荣誉，买到今天的米，正如未来的鲜花，不能插在他今天的花瓶里，尽管他早已闻到了穿越时空的芳香。

2004年2月11日

（本文未曾入集。刊于《南方都市报》2004年3月6日，
《青岛晚报》2004年5月3日，《青年参考》2004年6月30日，
《三湘都市报》2005年4月26日。）

林语堂论读书

林语堂《大荒集》，有一篇《论读书》，颇多胜解妙义。摘抄一些，与爱书人分享。

语堂先说："世上会读书的人，都是书拿起来自己会读。不会读书的人，亦不曾因为指导而变为会读。……我所要讲的话于你们本会读书的人，没有什么补助；于你们不会读书的人，也不会使你们变为善读书。"这是庄子以己之言破一切言，也破自己之言的方法。语堂移用过来，以自己之论读书，破一切论读书，也破自己之论读书。妙哉妙哉！

语堂又破今人之读书目的："今人读书，或为取资格、得学位，在男为娶美女，在女为嫁贤婿，或为做老爷、踢屁股，或为求爵禄、刮地皮，或为做走狗、拟宣言，或为写讣闻、做贺联，或为当文牍、抄账簿，或为做相士、占八卦，或为做塾师、骗小孩……诸如此类，都是借读书之名，取利禄之实，皆非读书本旨。"真是妙语如珠，雅谑如潮。

语堂再破平庸的学校教育，谓有"四不可"：一，学校所读非书。因为教科书不是真正的书。读小说概论不如读《三国》、《水浒》，读历史简编不如读《左传》、《史记》。二，学校无书可读。因为图书馆存书不多，可读的有限。三，学校不许读书。因为在教室看书，有犯校规，例所不许。四，在学校里书读不好。因为学校所教皆为记问之学，书上怎样说，你便怎样答，不许错一字。倘是你能猜中教员心中要你如何回答，你便能得一百分。于是沾沾自喜，自以为西洋历史你知道一百分，其实西洋历史你何尝知道百分之一？而记问之学于学问无补，你们的教员，也都记不得。

语堂又提出自己的主张，读书是为了"开茅塞，除鄙见，得新知，增学问，广识见，养性灵"，因此读书应该"读所好之书，所不好之书可让他人读之"。"书不可强读，强读必无效，反而有害，这是读书之第一义。"有些学子喜欢"请人开一张必读书目，硬着头皮咬着牙根去读，殊不知读书须求气质相合。……因为听说某书是名著，因为要做通人，硬着头皮去读，结果必毫无所得。过后思之，如做一场噩梦。甚且终身视读书为畏途，提起书名来便头痛。萧伯纳说许多英国人终身不看莎士比亚，就是因为幼年塾师强迫背诵种下的果。许多人离校以后，终身不再看诗，不看历史，亦是旨趣未到学校迫其必修所致"。

语堂还说："世上无人人必读之书。有你所应读，我所万不可读。有此时可读，彼时不可读。即使有必读之书，亦决非此时此刻所必读。见解未到，必不可读。思想发育程度未到，亦不可读。"与钱锺书所谓"必读书往往都是不必读的"，同一旨趣。

语堂还对"读书必以气质相近"作出补充："凡人读书必找一位同调的先贤，一位气质与你相近的作家，作为老师。这是所谓读书必须得力一家。""谁是与你气质相近的先贤，只有你知道，也无需人家指导，更无人能勉强，你找到这样一位作家，自会一见如故。"

语堂进一步把寻找这样一位气质相近的作家，妙譬为寻觅"文学上的情人"。你与这位"情人"长相厮守，朝夕厮磨，自然会渐渐地登其堂，入其室，获益良多。"将来年事渐长，厌此情人，再找别的情人，到了经过两三个情人，或是四五个情人，大概你自己也已受了熏陶不浅，思想已经成熟，自己也就成了一位作家。若找不到情人，东览西阅，所读的未必能沁入魂灵深处，便是逢场作戏，逢场作戏，不会有心得，学问不会有成就。"

语堂最后说："读书须有胆识，有眼光，有毅力。胆识二字拆不开，要有识，必敢有自己意见，即使一时与前人不同亦不妨。前人能说得我服，是前人是，前人不能服我，是前人非。……如此读书，处处有我的真知灼见，得一分见解是一分学问，除一种俗见，算一分进步，才不会落入圈套，满口烂调。"

这些真知灼见，至今能为读书人指明一个入处。

1994年10月13日

（本文选自《吊驴子文》。

刊于《深圳商报》1994年11月27日，

《读者导报》1997年7月30日。）

李笠翁论饮食

　　李笠翁是明清之际一位奇人，其多才多艺唯东坡可与颉颃，而在生活的艺术化方面，无出其右者，堪称华夏文明之生活艺术的集大成者。其多方面成就，集中体现于《闲情偶寄》一书，林语堂那本轰动世界的《生活的艺术》多采其说。知堂论及老年，曾说："我尝可惜李笠翁《闲情偶寄》中不谈到老年，以为必当有妙语。"此叹胜过一切赞语，足证笠翁所论无一不妙。笠翁也颇以语妙天下、不袭陈说自负，所以自命文集为《笠翁一家言》。

　　《闲情偶寄》六卷，分别为词曲、演习、声容、居室、器玩、饮馔、种植、颐养，内容涉及生活艺术的诸多方面，无不独出心裁，道人未道，而以《饮馔部》尤为难能可贵。因为饮食之事，人人皆有经验，高人雅士多不敢乱弹，其讥庖厨近俗是虚，无亲切真知是实。而笠翁娓娓道来，却字字珠玑，语语入妙。

　　笠翁论饮食的总纲是："声音之道，丝不如竹，竹不如肉，为其渐近自然。吾谓饮食之道，脍不如肉，肉不如蔬，亦以其渐近自然也。"因此劝告世人："腹中菜园，不使羊来踏破。"

　　区区熬粥煮饭，笠翁竟有妙论："粥水忌增，饭水忌减。用水不均，煮粥常患其少，煮饭常苦其多；多则逼而去之，少则增而入之。不知米之精液，全在于水，逼去精液，则饭为渣滓，食之尚有味乎？粥之既熟，水米成交，犹米之酿而为酒矣。虑其太厚而入之以水，犹入水于酒。水入而酒成糟粕，其味尚可咀乎？"

　　笠翁更以"香饭"妙法传世："预设花露一盏，俟饭之初熟而浇之，浇过稍闭，拌匀，而后入碗。露以蔷薇、香橼、桂花三种为上，因与谷性之香者相若，使人难辨。"

　　笠翁又说："宁可食无馔，不可饭无汤。饭犹舟也，汤犹水也。舟之在滩，非水不下。饭之在喉，非汤不下。"

　　最后论肉食。首及猪肉，笠翁虚晃一枪："食以人传者，东坡肉是也。

卒急听之，似非豕之肉，而为东坡之肉矣。噫！东坡何罪而割其肉，以实千古馋人之腹哉？予非不知肉味，而于豕之一物，不敢浪措一词者，虑为东坡之续也。"善于扬长避短，诚为狡黠之雄。

其他妙论尚多，无不言简意赅而金针度人，限于篇幅，难以尽录。要而言之，笠翁主张重蔬食，少荤腥，主清淡，忌油腻，崇尚自然真味，讲求审美情趣，颇合现代卫生法则，至今尚可借鉴。

1993年5月26日
（本文选自《吊驴子文》。
刊于《深圳商报》1994年3月20日，
《解放日报》1996年3月2日。）

金圣叹批《水浒》

语云：少不读《水浒》，老不读《三国》。似乎担心进一步助长少年人之好斗，老年人之狡猾。我少年读烂《水浒》，平生从不打架。数十年反复重读《水浒》而慢慢变老，愚笨一如往昔。最近读了中华书局影印的贯华堂本金圣叹《第五才子书施耐庵水浒传》，更加觉得爱书者不可不读《水浒》。酷嗜《水浒》者，更不可不读金圣叹之妙批。

金圣叹说："今世之父兄，类不许其子弟读一切书，大错。不纵其读一切书，且有他好。吾犹自记十一岁读《水浒》后，便有于书无所不窥之势。天下之文章，无有出《水浒》右者。其无晨无夜不在怀抱者，吾于《水浒传》，可谓无间然矣。看得《水浒传》出时，他书便如破竹。天下之乐，第一莫若读书。读书之乐，第一莫若读《水浒》。即又何忍不公诸天下后世之酒边灯下之快人恨人也。"这是金圣叹对《水浒》的总评。

金圣叹还把《水浒》与其他小说名著加以比较："《三国》人物事体说话太多了，笔下拖不动，蹉不转，分明如官府传话奴才，只是把小人声口，替得这句出来，其实何曾添减一字？《西游》又太无脚地了，只是逐段捏捏撮撮，譬如大年夜放烟火，一阵一阵过，中间全没贯串，便使人读之，处处可住。"《三国》官腔太多，《西游》章法全无，确实道着痛处。《水浒》痛杀贪官，自无一丝官腔。金圣叹妙手腰斩后五十回，读来确实欲罢不能。

金圣叹甚至把《水浒》与《史记》进行比较："《史记》是以文运事，《水浒》是因文生事。以文运事，是先有事生成如此，却要算计出一篇文字来。虽是史公高才，也毕竟是吃苦事。因文生事即不然，只是顺着笔性去，削高补低都由我。"把当时不登大雅之堂的说部，与高居庙堂之上的正史做比较，有胆；认为修史要"算计"而缺少创作自由，说部可"由我"而得以驰骋想象，有识。如此胆识，比诸多历史迷、历史演义迷，自然高明多多。其实历史悠久，未必一定对后人有益。以史为鉴，作用如何，人所共见。以为美国人因历史短而心虚，只是某些国人一厢情愿的自我陶醉。金圣叹说得痛快："一部《史记》，只是'缓急，人所时有'六个字。"多读史书，徒增"日光之下无新事"的沮丧，倒不如多读小说诗歌之类天下奇文，更为破闷解颐。

其他妙批极多。比如："吾尝见舞絮之后，便欲搦管临文，则殊苦手颤；铙吹之后，便欲洞箫清唳，则殊苦耳鸣；驰骑之后，便欲入班拜舞，则殊苦喘急；骂座之后，便欲举唱梵呗，则殊苦喉燥。何耐庵偏能接笔而出，吓时便吓杀人，憨时便憨杀人，并无上四者之苦也。"

又如——

> 或问于圣叹曰：鲁达何如人也？曰：阔人也。宋江何如人也？曰：狭人也。
>
> 林冲何如人也？毒人也。宋江何如人也？甘人也。
>
> 杨志何如人也？正人也。宋江何如人也？驳人也。
>
> 柴进何如人也？良人也。宋江何如人也？歹人也。
>
> 阮七何如人也？快人也。宋江何如人也？厌人也。
>
> 李逵何如人也？真人也。宋江何如人也？假人也。
>
> 吴用何如人也？捷人也。宋江何如人也？呆人也。
>
> 花荣何如人也？雅人也。宋江何如人也？俗人也。
>
> 卢俊义何如人也？大人也。宋江何如人也？小人也。
>
> 石秀何如人也？警人也。宋江何如人也？钝人也。
>
> 然则《水浒》之一百六人，殆莫不胜于宋江。然而此一百六人也者，固独人人未若武松之绝伦超群。然则武松何如人也？曰：武松天人也。武松天人者，固具有鲁达之阔，林冲之毒，杨志之正，柴进之良，阮七之快，李逵之真，吴用之捷，花荣之雅，卢俊义之大，石秀之警者也。断曰第一人，不亦宜乎？

皆为醒人眼目之绝妙好辞。可惜限于篇幅，不便多录。

金圣叹又拈出文章之三境："心之所至，手亦至焉者，文章之圣境也；心之所不至，手亦至焉者，文章之神境也；心之所不至，手亦不至焉者，文章之化境也。"

据此说来，施耐庵可谓文章之圣境者也，金圣叹可谓文章之化境者也，而在下只是心有所至、手却不至的化外之民，且容我知丑藏拙，及时收煞，读书去也。

1996年9月10日

（本文选自《吊驴子文》。
刊于《三湘都市报》2005年12月20日。）

重读《水浒》找纰漏

我幼年时，读了无数遍《水浒》。

当年文艺凋零，无书可读，更不可能奢望中外名著。谁知为了"评《水浒》，批宋江"，竟会大量印行《水浒》。于是瞌睡碰到枕头，得以大快馋吻。但是引出馋虫，贪欲更炽，于是翘首渴盼另一部名著挨批，可惜再也不见"下回分解"，只好一遍又一遍重读《水浒》。书读烂后，不知被哪位君子久假不归。后来可读之书越来越多，我的藏书也已不少，但一直没有想过再买一部《水浒》。不久前在特价书市见到《水浒》，顺手捡了个便宜。本来无意再读，可是回家一捧上手，就着了道儿，只得花一星期读完，依然齿颊生香。近来写了不少书评，似乎应该专文评介这部于我有大恩惠的奇书。但此书之百读不厌早已尽人皆知，索性文章反做，找出一些纰漏，与梁山迷们共乐。

第二十三回武松过景阳冈前，在山前酒店入座，店主摆上"三只碗"，"满满筛一碗酒来。武松拿起碗，一饮而尽。店家……随即再筛一碗酒。武松吃了道：'好酒！'又筛下一碗。恰好吃了三碗酒，再也不来筛。"三只碗，有两只没用上。要么摆三只碗，一次筛满；要么摆一只碗，喝一碗筛一碗。施耐庵之所以这么写，大概是照录"说话"口吻。因为说书需要即时效果。摆三只碗，是为了加深听众对"三碗不过冈"的印象。听说书的贩夫走卒们，不会在乎这一纰漏。施耐庵是否知道这一纰漏，不得而知。

另一个纰漏更大。从林冲被逼上梁山开始，每有新好汉到来，必定交待一下座次。但第三十五回，宋江率花荣、秦明、燕顺等人反出青州，投奔梁山途中，接石勇代传家书，回去奔父丧，花荣等人上山后的座次，暂时就不交待。宋江回家后，杀阎婆惜一案重发，刺配江州。在江州，又因浔阳楼上题反诗，押赴市曹问斩。第四十一回，晁盖率领众好汉把宋江从江州法场上劫回梁山，花荣等人的座次，才不得不提起。晁、宋两位推让山寨之主以后，"宋江道：'休分功劳高下，梁山泊一行旧头领去左边主位上坐，新到头领去右边客位上坐，待日后出力多寡，那时另行定夺。'众人齐道：'哥哥言之极当。'"于是"左边一带，是林冲、刘唐……右边一带，是花荣、秦明……共是四十位头领坐下。大吹大擂，且吃喜庆筵席。"作者含糊其辞，似乎滴水不漏。但我发现"右边一带"名单长出太多，死心眼地前后数了数，始知"四十位头领"中，左边一带旧头领仅有十二人，右边一带新头领却有二十八人之多。强龙宋江刚上山，就压地头蛇，属下头领多出晁盖属下头领一倍有余，明目张胆"架空晁盖"。两边排班如此不齐，居然众口一辞"言之极当"。施耐庵对这一纰漏必定心底雪亮，因为第四十四回他有意补救："两个新到头领（朱富、李云），晁盖便叫去左边白胜上首坐定。"既是地头蛇晁盖的垂死挣扎，又是作者聊表"补不足"之意。至于宋江上山之前，先他而到的花荣等人，究竟是"坐地"还是"立等"，究竟算新头领还是旧头领，只有天晓得。

施耐庵明知故犯，并非毫无理由。因为《宋史》没有"晁盖"这号人物。所以第四十一回晁盖刚把宋江救离法场，指挥权就全归宋江，回目也成了"宋江智取无为军"。统观整部《水浒》，宋江一出，晁盖即休。宋江上了梁山以后，晁盖说过的淡话总共只有三五句，没有一句影响小说关目。军师吴用，一切大事均"与宋公明议定"；新到好汉，一致声称"投托宋公明哥哥"。而且直到第七十回排出总座次之前，一百单八将有伤无死，得以"苟全性命于乱世"，只有晁盖及时地在曾头市死于非命。当年胡批"宋江架空晁盖"，实为冤案，宋江替施耐庵背了黑锅。

除此以外，小的纰漏尚多。比如林冲上山时，王伦放刁，要他三天内交山"投名状"，林冲前两天未能如愿，第三天"又和小喽罗下山过渡"，在小路上等待单身旅客。黄昏时终于等来了杨志，两人"正斗到分际，只见山高处（王伦）叫道：'两位好汉不要斗了！'林冲听得，蓦地跳出圈子来。"我就非常惊奇林冲竟能听见王伦的叫声，因为相斗的林、杨与说话的王伦，隔着一重水泊，后者又在"山高处"。如果水泊梁山的河道如此之窄，高俅所造"可容数百人"的"海鳅船"如何行得？如果腐儒王伦的肺活量如此之大，他不仅不会容不得此时的林冲和后来的晁盖，简直可与当代歌王帕瓦罗蒂同台演出了。

重读《水浒》，最吃惊的，是作者描写吃人肉时的平静态度。各处山大王，一抓到"牛子"，就要活杀取心做"醒酒汤"。专门"麻翻了人扛入杀人作房开剥"的，就有三处：张青孙二娘的十字坡酒店，李俊李立的揭阳岭酒店，以及朱贵的梁山泊酒店。

　　重读《水浒》，最气闷的，是数量极多但并不高明的空洞韵文。最好玩的，是行文动不动就"大闹"，角色没来由便"大喜"。最佩服的英雄，是"只打天下硬汉"的武松。最喜欢的好汉，则是那个关西大汉，花和尚鲁智深。

1994年9月7日

（本文选自《吊驴子文》。刊于《深圳商报》1994年12月25日，《读者导报》1995年3月6日，《三湘都市报》2006年1月10日，《活体育》2008年第4期，《杭州日报》2008年9月4日。）

古今庄学之友

《庄子》不属于儒家经典，然而古代儒生对它的偏爱程度，远胜四书五经，仅仅因为"政治不正确"，不敢公开承认。其例无穷无尽，姑从人名角度，试举一二。

西汉开国功臣申屠嘉，被崇尚"黄老"无为而治的汉文帝拜为丞相，自然是庄学之友，其名取自《庄子·德充符》"兀者申徒嘉"。

三国阮籍，是"竹林七贤"的精神领袖，专撰《达庄论》、《大人先生传》阐释庄学，《咏怀诗》自明其志曰："视彼庄周子，荣枯何足赖？"其字嗣宗，取自《庄子·大宗师》，寓"嗣庄子以奉天道宗师"之意。

东晋陶渊明，是两千年头号庄学之友，读了《史记·老子韩非列传》的庄子语"终生不仕，以快吾志"，于是不愿"为五斗米折腰"，弃官而去，兴奋得写下千古名文《归去来兮辞》，其字兼取《庄子·大宗师》"渊有九名"和《庄子·齐物论》"莫若以明"。陶诗陶文，充满庄学名相。其理想国"桃花源"，实为庄子的理想国"藐姑射之山"。

隐居华山的五代道士陈抟，字图南，号扶摇子，名、字、号均取自《庄子·逍遥游》"抟扶摇而上九万里，而后乃今将图南"。

北宋婉约派词人周邦彦，字美成，其字出自《庄子·人间世》："美成在久，恶成不及改。"

南宋抗金名将岳飞，字鹏举，名、字均取自《庄子·逍遥游》"鹏……怒而飞"。

南宋理学家陆九渊，与明代王阳明齐名，两者的学说，因为有别于"程朱之学"，并称"陆王之学"，名言"六经注我"，颇能反映其离经叛道，这与其字取自《庄子·应帝王》"渊有九名，此处三焉"，或许不无关系。

提倡"中学为体，西学为用"的晚清官僚张之洞，其名囫囵截取《庄子·至乐》"《咸池》、《九韶》之乐，张之洞庭之野"，类似八股文的截搭题，似乎别无取义，纯以典出《庄子》为荣。

主演《茶馆》的话剧演员于是之，其名像"张之洞"一样，截取自《庄子·则阳》"未尝不始于是之，而卒黜之以非也"。

电影配音演员杨成纯，其名取自《庄子·齐物论》"参万岁而一成纯"。

《希腊的神话与传说》的译者楚图南，其名取自《庄子·逍遥游》大鹏"图南"。

革命家陶铸，其名取自《庄子·逍遥游》"其尘垢秕糠，将犹陶铸尧舜"。

国画家刘旦宅，其名取自《庄子·大宗师》"彼有骇形而无损心，有旦宅而无情死"。

书法金石家邓散木，其名取自《庄子·人间世》："几死之散人，又恶知散木？"别号"粪翁"，则取意于《庄子·知北游》："所谓道，恶乎在？……无所不在。……在蝼蚁……在稊稗……在瓦甓……在屎溺。"顺便一说，这一庄学段子，是后世禅师鹦鹉学舌地大嚷"佛祖是干屎橛"的滥觞。

古人今人的别号，常常充满庄学意味，如某某"散人"，取自《庄子·人间世》。一如喜佛者，往往别号某某"居士"。

甚至法国神甫、汉学家德日进，其中文名也取自《庄子·齐物论》"而况德之进乎日者乎"，看来他已明白，《庄子》是中华文化的命脉所系。

为儿孙取名和自取字号，截取或化用《庄子》自明其志的古人今人，可谓"满谷满坑"。这一纯粹口语，出自《庄子·天运》"在谷满谷，在坑满坑"。

庄子独创的无数名相，诸如"造化"、"江湖"、"游戏"、"众生"、"天籁"、"吊诡"、"达人"、"朝三暮四"、"游刃有余"、"踌躇满志"、"薪尽火传"、"螳臂当车"等等（姑举一打），遍布古今汉语，只不过通常"日用而不知"罢了。

1995年1月9日

（本文选自《故事的事故》。刊于《解放日报》1995年1月15日，署名"妙斋"；《三湘都市报》2005年8月30日。）

从《四愁诗》到《我的失恋》

　　鲁迅是我最敬佩的中国现代作家。他的小说和杂文，是现代文学的开山祖和迄今为止的最高峰，《野草》则是现代散文诗的绝唱。实际上除了《野草》，我很不喜欢散文诗这一非驴非马的文体。现代人作旧体诗词，佳者甚少，鲁迅是其中之一。而鲁迅的学术著作《中国小说史略》，我也佩服之至。因此差不多可以说，鲁迅驾驭任何文体，均能达到极高境界。

　　在新诗领域，鲁迅仅有一首《我的失恋》，其成就之高，也胜过大多数同时代的新诗人。为此我一直奇怪，为何所有的新诗选都不选入？日前偶读清人沈德潜编纂的《古诗源》，读到张衡《四愁诗》，这是中国诗歌史上第一首成熟的七言诗，我才恍然大悟两者之间的关系。鲁迅研究专家大概熟知此典，而我孤陋寡闻，才会少见多怪。或许尚有未闻如我者，录以对观。

　　张衡《四愁诗》：

　　　　我所思兮在太山，欲往从之梁父艰，侧身东望涕沾翰。美人赠我金错刀，何以报之：英琼瑶。路远莫致倚逍遥，何为怀忧心烦劳。
　　　　我所思兮在桂林，欲往从之湘水深，侧身南望涕沾襟。美人赠我金琅玕，何以报之：双玉盘。路远莫致倚惆怅，何为怀忧心烦伤。
　　　　我所思兮在汉阳，欲往从之陇阪长，侧身西望涕沾裳。美人赠我貂襜褕，何以报之：明月珠。路远莫致倚踟蹰，何为怀忧心烦纡。
　　　　我所思兮在雁门，欲往从之雪雰雰，侧身北望涕沾巾。美人赠我锦绣缎，何以报之：青玉案。路远莫致倚增叹，何为怀忧心烦惋。

　　鲁迅《我的失恋——拟古的新打油诗》：

　　　　我的所爱在山腰；想去寻她山太高，低头无法泪沾袍。爱人赠我百蝶巾；回她什么：猫头鹰。从此翻脸不理我，不知何故兮使我心惊。

　　我的所爱在闹市；想去寻她人拥挤，仰头无法泪沾耳。爱人赠我双燕图；回她什么：冰糖壶卢。从此翻脸不理我，不知何故兮使我胡涂。

　　我的所爱在河滨；想去寻她河水深，歪头无法泪沾襟。爱人赠我金表索；回她什么：发汗药。从此翻脸不理我，不知何故兮使我神经衰弱。

　　我的所爱在豪家；想去寻她兮没有汽车，摇头无法泪如麻。爱人赠我玫瑰花；回她什么：赤练蛇。从此翻脸不理我，不知何故兮——由她去罢。

　　由此可知，鲁迅《我的失恋》，是对张衡《四愁诗》的创造性翻译。

　　沈德潜盛赞《四愁诗》的独创性及其不可模仿："四愁如何拟得？后人拟者，画西施之貌耳。"

　　鲁迅为何知其不可拟而拟之？自然是艺高人胆大。

　　鲁迅在《我和〈语丝〉的始终》一文中说："《我的失恋》是看见当时'阿呀阿唷，我要死了'之类的失恋诗盛行，故意做一首用'由她去罢'收场的东西，开开玩笑的。"

　　又在《〈野草〉英文译本序》中再次说明："因为讽刺当时盛行的失恋诗，作《我的失恋》。"

　　鲁迅的同乡兼挚友许寿裳，在《鲁迅的游戏文章》里评论这首诗："他自己标明为'拟古的新打油诗'，阅读者多以为信口胡诌，觉得有趣而已，殊不知猫头鹰本是他自己所钟爱的，冰糖壶卢是爱吃的，发汗药是常用的，赤练蛇是爱看的。还是一本正经，没有什么做作。"

　　我以为鲁迅的翻译极高明。时下盛行古籍今译，如果有一批专家学者，对古典作品做出如此水准的创造性翻译，真是不谙古文的读者之福。

1996年10月1日

　　（本文选自《吊驴子文》。刊于《读者导报》1997年8月20日。）

鲁迅的恋爱昏招

旧时文人进退揖让的虚礼，虽在刊刻的名家尺牍中习见，但许广平是新女性，自然没兴趣研究那些腐儒的文字太极拳，所以在鲁迅回信称"广平兄"之后，她居然在第二封信中认真谦逊了一番："我值得而且敢当为'兄'么？不，不，决无此勇气和斗胆的。先生之意何居？弟子真是无从知道。不曰'同学'，不曰'弟'而曰'兄'，莫非也就是游戏么？"

许广平的少见多怪，让鲁迅犯难了。他是指出许广平的"无知"，并承认自己的"虚伪"好呢？还是诚恳解释并非"居心不良"好呢？两难之下，索性"六合之外，存而不论"，既不做解释，称呼也一仍旧贯。

许广平的第一封信（1925年3月11日）称"鲁迅先生"，第二封信（3月15日）和第三封信（3月20日）改称"鲁迅先生吾师左右"，从3月26日到6月12日则一直称"鲁迅师"，落款则从"小学生"一变为"你的学生"，二变为"学生"，三变为"小鬼"（4月10日到6月30日）。

鲁迅的落款，先是以不变应万变，一直署"鲁迅"。到了6月13日，他终于变招，偷懒少写了一个字，成了"迅"。奇妙的是，许广平6月17日的回信，似乎一时不知如何应变，抬头又倒退为"鲁迅先生吾师左右"，落款则仍是"小鬼许广平"。鲁迅既已变招，当然不肯再缩回去，于是就"吾道一以贯之"，继续署"迅"。

《鲁迅全集·两地书》上海青光书局1933年初版，在1925年6月29日和7月9日之间，有鲁迅自注："其间当缺往来信札数封，不知确数。"这或许有两个原因：一，确有缺失。二，当时的特殊环境，使鲁迅不愿刊出全部通信。鲁、许之子周海婴说："母亲多次嘱咐我，她和父亲的全部文字，包括《两地书》的原信，都可以发表。如果发表，不必作任何修改。"1996年，周海婴将现存鲁迅与许广平的全部通信，交给上海古籍出版社，影印出版了《两地书真迹》。此书补足了1925年6月30日到7月16日这一关键时段的"师生恋"真实史料。

6月30日，许广平恢复"鲁迅师"的称呼，自署仍不变，似有静观待变之意。7月9日，鲁迅再变招，称"广平仁兄大人阁下"，自署加引号的"老师"。7月13日，在鲁迅6月13日变招一整月以后，许广平终于鼓起勇气变招，而且不变则已，一旦深思熟虑做出决定，竟石破天惊地称鲁迅为"嫩弟"，并且首次自称"愚兄"。7月15日，鲁迅回信也戏称许广平为加引号的"愚兄"。这是故意用错的幽默，因为"愚兄"只能用于自称，所以加了引号。但鲁迅此信竟无意中犯了两个低级错误，一是在信末，把7月15日误写为7月16日。更意味深长的是，信末除了这个写错的日期，竟不署名，像一个"此时无声胜有声"的休止符。二是在信封上，把收信人的地址写错，"宣武门内"错成了"宣武门外"，所幸"石驸马大街"未错。不难想象，许广平的呼应虽然迟了一个月，还是令鲁迅"漫卷诗书喜欲狂"，兴奋得有点神魂颠倒，以致大出昏招。

许广平于7月15日当天收到此信，立刻复信。大概她觉得称鲁迅为"弟"，毕竟过于没大没小，自己也感觉不好。然而因"我爱吾师"之故，当然要仿效"一以贯之"的"吾师"故技，也不肯再缩回去，于是改用同音假借和叠字手法，称鲁迅为"嫩棣棣"。同音假借退了半步，叠字又进了半步，依然狂奴故态。但这封信的亲昵语气大异寻常，对鲁迅难得一见的两大"昏招"，当然抓住不放，予以死缠烂打："嫩棣棣：你的信太令我发笑了，今天是星期三——七·十五——而你的信封上就大书特书'七·十六'。小孩子盼日子短似的，好快快地过完节，又过年，这一天的差误，想是扯错了月份牌罢，好在是寄信给愚兄，若是和外国交涉，那可得小心些，这是为兄的应该警告的。还有，石驸马大街在宣内，而写作宣外，尤其该打。"

鲁迅于第二天（7月16日）收到回信，因被称为"嫩棣棣"而受宠若惊，于是文章反做，故意用刻板的高头讲章，表达难以言表的喜悦，硬凑了十一章来自嘲自己的"发昏章第十一"。《第一章、"嫩棣棣"之特征》，欣然接受了爱侣的新赐嘉名，老顽童撒娇之态，跃然纸上。《第二章、论"七·一六"之不误》，耍赖得令人喷饭："'七·一六'就是今天，照'未来派'写法，丝毫不错。'愚兄'如执迷于俗中通行之月份牌，可以将那封信算作今天收到就是。"《第三章、石驸马大街确在"宣外"》，更蛮不讲理地转守为攻："且夫该街，普通皆以为在宣内，我平常也从众写下来。但那天……写了宣外。然而，并不错的。……邮差……已经送到，就是不错的确证。你怎么这样粗心，连自己住在哪里都不知道？该打者，此之谓也软！"严肃的思想家鲁迅，恋爱中居然歪理十九条，真是令人笑倒。两个人都说对方该打，实为"打"情骂俏之无上妙谛。

不难看出，鲁迅一开始颇为严肃，只是不想以老师身份自居，避免许广平过于拘束。为了活跃气氛，乃沿用旧礼称"广平兄"（旧时士人称异姓晚辈为"世兄"），不料许广平因不通古礼而误会，幸而她不仅受宠不惊，反而恃宠而骄地自称起"愚兄"来。鲁迅于个人生活寂寞苦闷之际，笔战生涯紧张激烈之时，遇此小蛮娘一通妙趣横生的胡闹，意外得到了前所未有的放松调剂，索性一再纵容。而勇敢的新女性许广平得寸进尺，竟倚小卖老地对鲁迅称起"嫩棣棣"来。师生互生爱意，大抵许广平萌发在前，只是不太敢，而鲁迅纵容在后，却又顾虑卑劣论敌和愚昧环境之物议。这一番鱼雁互谑的高手过招，真可谓愈出愈奇，妙到毫巅。《两地书》所体现出的至情至性，充分证明鲁迅是真人，是伟丈夫，是"也休息也性交"的"真的猛士"，而非他深恶痛绝的"正人君子"。如果鲁迅没有这一面的性情之真，即非"完全之人"。道学家虚构的"完人"偶像或"圣人"图腾，大抵都是"十不全"之人。如果没有许广平，鲁迅情感世界的这一面，也许永远没有机会表现。得到许广平的爱，是鲁迅的幸运，比许广平得到鲁迅的爱幸运得多。因为像鲁迅这样的伟人，得到平等的男女之爱太不容易了。人们很容易仰视着敬他，但很难平视着爱他，更难以俯视着"打"他。人们比较能接受被这样的人所爱，而不大有勇气主动地爱这样的人。难怪鲁迅一旦得到就欢天喜地，俯首甘为"嫩棣棣"了。

就这样，反传统健将鲁迅巧妙借用名教陋习，开创了这一反名教伟业。而鲁迅的两大超级昏招，竟帮助他一举赢得了中盘完胜。这一人性解放的爱情胜利，丝毫不逊色于鲁迅对腐朽传统的颠覆性批判。尽管从鲁迅时代直到今天的大半个世纪，针对这段师生恋"下石的也有，笑骂诬蔑的也有"，然而"含沙射影者都逐渐自己没入更黑暗的处所去了"（鲁迅《〈两地书〉序言》）。在世上原本没有的路上，有越来越多的后继者络绎不绝地走来。正是：

道可道，非常道。

名可名，非常名。

2000年2月29日

（本文选自《故事的事故》。刊于《文汇读书周报》2000年8月19日。）

鲁迅论九十年代

　　近来重读鲁迅，发现鲁迅对九十年代文化事件的评论，俯拾皆是。鲁迅死于1936年，时隔一个甲子来评论九十年代中国文化，似乎是非常异议可怪之事。然而正如诗人所说：有的人死了，但是他还活着。所以鲁迅评论当代文化并非怪事，挑出一打，供读者玩味和"赏鉴"。

一、论某位"才子＋流氓"的京派大腕作家

　　不过做文章的是南人多，北方却受了影响。北京的报纸上，油嘴滑舌，吞吞吐吐，顾影自怜的文字不是比六七年前多了吗？这倘和北方固有的"贫嘴"一结婚，产生出来的一定是一种不祥的新劣种！（《花边文学·北人与南人》）

二、论某位由科幻小说改写名人传记的海派大腕作家

　　暴露者揭发种种隐秘，自以为有益于人们，然而无聊的人，为消遣无聊计，是甘于受欺，并且安于自欺的，否则就更无聊赖。……暴露者只在有为的人们中有益，在无聊的人们中便要灭亡。（《花边文学·朋友》）

三、论某位据说唯一有实力问鼎诺贝尔文学奖的当代中国作家

　　"□□"是国货，《穆天子传》上就有这玩意儿，先生教我说：是阙文。……不过先前是只见于古人的著作里的，无法可补，现在却见于今人的著作上了，欲补不能。……现在是什么东西都要用钱买，自然也就都可以卖钱。但连"没有东西"也可以卖钱，却未免有些出乎

意表。(《花边文学·"……""□□□□"论补》)

四、论某位酷喜漫骂的"抵抗投降"作家

漫骂固然冤屈了许多好人，但含含胡胡的扑灭"漫骂"，却包庇了一切坏种。(《花边文学·漫骂》)

五、论某位文学老家的老名著之新汇校本

这"不应该那么写"，如何知道呢？惠列赛耶夫的《果戈理研究》第六章里，答覆着这问题——"应该这么写，必须从大作家们的完成了的作品去领会。那么，不应该那么写这一面，恐怕最好是从那同一作品的未定稿本去学习了。……"这确是极有益处的学习法，而我们中国却偏偏缺少这样的教材。(《且介亭杂文二集·不应该那么写》)

六、论某些在国际上获奖的当代中国电影

有些外人，很希望中国永是一个大古董以供他们的赏鉴，这虽然可恶，却还不奇，因为他们究竟是外人。而中国竟也有自己还不够，并且要率领了少年，赤子，共成一个大古董以供他们的赏鉴者，则真不知是生着怎样的心肝。(《华盖集·忽然想到（五至六）》)

七、论各种杂耍型（包括微雕微刻、气功书法之类）艺术家

在方寸的象牙版上刻一篇《兰亭序》，至今还有"艺术品"之称，但倘将这挂在万里长城的墙头，或供在云冈的丈八佛像的足下，它就渺小得看不见了，即使热心者竭力指点，也不过令观者生一种滑稽之感。(《南腔北调集·小品文的危机》)

八、论出版界大量翻印之古旧破烂

不过"珍本"并不就是"善本",有些是正因为它无聊,没有人要看,这才日就灭亡,少下去;因为少,所以"珍"起来。(《且介亭杂文二集·杂谈小品文》)

九、论某些报刊之增广"闲"文

七日一报,十日一谈,收罗废料,装进读者的脑子里去,看过一年半载,就满脑子都是某阔人如何摸牌,某明星如何打嚏的典故。开心是自然也开心的。但是,人世却也要完结在这些欢迎开心的开心的人们之中的罢。(《准风月谈·帮闲法发隐》)

十、论盛行的晚报体小品文

生存的小品文,必须是匕首,是投枪,能和读者一同杀出一条生存的血路的东西;但自然,它也能给人愉快和休息,然而这并不是"小摆设",更不是抚慰和麻痹,它给人的愉快和休息是休养,是劳作和战斗之前的准备。(《南腔北调集·小品文的危机》)

十一、论某些似通非通之文

有本可以通,而因了种种关系,不敢通,或不愿通的。……其实也并非作者的不通,大抵倒是恐怕"不准通",因而先就"不敢通"了的缘故。头等聪明人不谈这些,就成了"为艺术的艺术"家。(《伪自由书·不通两种》)

十二、总评

这不只是文坛可怜，也是时代可怜，而且这可怜中，连"看热闹"的读者和论客都在内。(《且介亭杂文二集·七论"文人相轻"——两伤》)

结论

以过去和现在的铁铸一般的事实来测将来，洞若观火！(《南腔北调集·〈守常全集〉题记》)

1996年8月5日

(本文选自《故事的事故》。刊于《劳动报》1996年12月11日。)

孔乙己的站与坐

《孔乙己》是尽人皆知的鲁迅名篇，是用独幕剧形式写成的短篇小说。最近听说，绍兴的咸亨酒店，隆重推出了正宗的"孔乙己牌"茴香豆，而且商标估价五十万元。孔乙己居然也像米老鼠一样成了广告明星，有了商业价值，真是匪夷所思！我不知道鲁迅对此会怎么想，于是重读了这篇杰作。

研究这位鄙同乡时，我想起了毛泽东那一划时代的声音："中国人民从此站起来了！"我发现，孔乙己偏偏就是不想站起来。他一生的奋斗目标，就是为了坐下来。

孔乙己羡慕除自己以外的那些长衫客，他们可以踱进隔壁雅座，要酒要菜，慢慢地坐喝。但对孔乙己而言，坐与喝如同鱼与熊掌，两者不可得兼。

孔乙己有酒喝的时候，只能站着。这就跟短衣帮们一样了，小伙计也是"整天站在柜台里"管自己的职务。站着喝酒，孔乙己感到耻辱。

孔乙己坐着的时候，没有酒喝。他也曾经坐着，但那是替人家抄书。坐着抄书，跟小伙计在没有顾客时，"合了眼坐着"差不多。小伙计坐着也没有酒喝，来了顾客还得伺候，所以孔乙己要教小伙计识字，"将来做掌柜"。

小说结尾，鲁迅先生用辛辣之笔，让孔乙己既坐且喝。因为是独幕剧形式，所以作为舞台的曲尺形柜台不能动，孔乙己要喝，只能自己走到酒柜前来。但孔乙己却是"用手走来的"。由于偷东西，他的腿被打断了。孔乙己在柜台下的门槛上坐着，喝完酒，然后"坐着用手慢慢走去了"。这就是孔乙己留给我们的难忘背影。坐着的孔乙己，其实是跪着。

孔乙己终于坐下以后，旧时代就结束了。中国人民终于站起来以后，新时代就开始了。但愿不要让终于坐下去的孔乙己们，再站起来。但愿不要让终于站起来的中国人民，再坐下去。但愿不要让"做掌柜"的思想，再次腐蚀我们的民族。但愿我们的下一代，不要再次成为孔乙己主义者。

有一则关于"坐"的谜语："某物行亦坐，站亦坐，卧亦坐。"谜底是青蛙。站起来了的中国青年，只有不做孔乙己式坐以观天的井底之蛙，才能顶天立地走向未来。

1994年1月18日

（本文选自《故事的事故》。获1994年上海市教师节征文一等奖，

获奖文章及名单刊于《上海教育报》1994年12月13日，

《教师博览》1994年第12期，《新民晚报》1995年9月4日，

华东师范大学出版社1995年版《在这片神圣的土地上》。）

母爱的力量

梁实秋《雅舍小品》中有一篇《猫的故事》非常感人，撮要如下：旧时北京的窗户没有玻璃只用窗纸，野猫只须用爪抓破窗纸，就能从窗棂中出入。有一次梁先生半夜听到书房窗纸响，早上发现窗纸被猫抓破了。梁先生重新糊上窗纸，不料第二第三天夜夜如此，每次都把书桌书架弄得凌乱不堪。于是梁家的厨子献一擒猫妙技，在窗棂上用铁丝设了一个机关。次日早上，一只瘦猫果然挂在铁丝上了。厨子要杀这猫，梁先生不忍，厨子乃用铁丝在猫身上拴了一只铁罐然后放走。猫拖着铁罐逃跑，弄出的声响引来野狗的追赶。梁先生不禁有些担心这猫的安危，心想这猫就是不死，吃了这个大苦头，断不会再光顾书房。不料到半夜听见铁罐声由远及近，那猫竟又来了。于是窗纸又被抓破，猫又进了书房。

梁先生不禁奇怪：书房里有什么东西令这猫不顾生死舍命再来？难道这猫也爱看书吗？于是梁先生立刻跟进书房，不见猫的踪影，却听见书架顶上有声音。梁先生搬了高凳爬上去一看：那只瘦猫正拥着四只小猫在喂奶呢。于是梁先生一腔怒火顿时消去，并赞叹道："伟大的母爱实在是无以复加！"

这使我想起唐人牛僧孺所撰笔记小说《玄怪录》中的《杜子春》，也是一篇歌颂母爱的感人故事。

杜子春是个败家子，荡尽家产，为亲友所弃。一天他饿着肚子在长安街头仰天长叹，一位老者问他为何叹气，他诉说世态炎凉。老者问他要多少钱，他说三五万够了。老者让他再多说些，他说十万；让他再加，他说百万；还要他加，他说三百万。老者就约他明日午时在城西取钱。翌日杜子春去了，老者给了三百万，不告名而去。

子春得了三百万，以为终生用不完了，结果一二年间荡尽钱财，于是他又在街头叹息，声音未落，老者又出现了。老者说："你怎么又变成了老样子？不过我愿意再次接济你，这一次你想要多少钱？"子春有愧，不敢说。老者又约他明天午时在城西见面。子春暗暗发誓，今后一定痛改前非。

于是忍愧赴约，得钱一千万。

但子春得钱后故态复萌，三四年间又一贫如洗。老者再次出现，子春羞愧得掩面而走，老者拉住他，又给他三千万，并说："再不改过，你就没救了。"子春猛然省悟老者是异人，有心考验他。发愿用此钱做尽好事，然后任凭老者差遣。于是老者约他明年中元节在老君庙的桧树下见面。子春乃散财济贫，报恩复仇毕，赴老者之约。老者带他上华山绝顶，入一洞，中有炼丹炉。老者让子春面壁坐下，说："从现在起千万不能说话！即便出现神鬼、夜叉、猛兽、地狱，甚至看见你的亲人在受苦刑，也不能开口。因为这一切都是幻象。切记！"子春受言安坐。

老者刚走，一个巨无霸就跳到子春面前，逼问子春姓名，子春不答，巨无霸把剑架在子春脖子上，又张弓猛射，子春终不开口。巨无霸大怒而去。然后又有无数猛虎、恶龙、巨狮、毒蛇向子春扑来，又有山洪涌到座前，子春始终神色不动。又有恶鬼前来逼问子春姓名，子春端坐不应。恶鬼大怒，把子春的父、母、妻、子抓来，一一施以种种酷刑，扬言只要子春开口，就可免刑。亲人或哀哭求救，或痛骂子春忍心，但子春终不言。恶鬼大怒道："此贼妖术已成，不可使久在世间。"一刀把子春杀了。

子春的魂魄被小鬼带到地狱，上刀山下油锅，受尽毒刑，子春铭记老者告诫，始终一声不吭。阎王大怒道："这厮阴毒，不能再做男身，罚做女人。"于是子春投胎到一户人家做了女儿。儿时受尽人间苦楚，终不失声。父母以为是个天生的哑巴。长大后容华绝代，被轻薄后生百般调戏，坚不发声。有个进士慕其美貌，前来求亲。其父以哑相辞。进士说："如果是个贤妻，何必说话？也足以戒长舌之妇。"婚后夫妻恩爱，生一子，才两岁已聪慧异常。其夫抱着儿子与子春说话，子春怕忍不住亲情，别转头去。其夫大怒道："大丈夫为妻所鄙，要这个儿子干什么？"把儿子倒持双脚摔在石头上，儿子当场死去。子春爱子心切，不觉失声惊呼。声音刚刚发出，幻象立刻消失，发现自己还是坐在炼丹洞中，老者顿足叹道："你再忍片刻不出声音，丹药就能炼成，你我都可以成仙。可惜你什么都能忍得，就是忍不住母爱！"

1994年10月18日

（本文选自《吊驴子文》。刊于《三湘都市报》2006年4月25日。）

思维对称与心理平衡

顾城有一首短诗叫《远和近》："你/一会看我/一会看云//我觉得/你看我时很远/你看云时很近"。我不太明白这首故弄玄虚的诗有什么妙处,也很奇怪这首诗为什么会博得不少人的激赏。

张爱玲在散文《私语》中,讲了一件她幼年时的事情。她家的女佣张干,曾以自己是管领少爷的保姆而自豪,因而看不起张爱玲的保姆何干,甚至连大小姐张爱玲,也遭到她的蔑视——她的立场当然是男性本位的。有一次张干奚落小张爱玲道:"筷子抓得近,嫁得远。"小张爱玲连忙把手指移到筷子上端,然后天真地问张干:"抓得远呢?"张干得意地笑道:"抓得远当然嫁得远。"气得聪明伶俐的小张爱玲说不出话来。这一事件使张爱玲"很早地想到男女平等的问题",并发誓"锐意图强,胜过弟弟",但张爱玲对张干那左右逢源的诡辩却毫无办法。

我由此想到,中国人常常以这种似是而非的"思维对称法"来愚弄别人或欺骗自己。中国人对"客观真理"毫无信仰,但对《远和近》式肤浅而整饬的格言俗语却相当信服,无论这种阴阳对称的思维方式是否包含难以克服的内在矛盾——这或许是长期浸淫于唐诗汉赋、骈四俪六的对仗名句而留下的心理残疾。其实谚语俗话这类东西,最是没有道理,几乎每句谚语都能找到与之意思恰好相反的另一句谚语,比如关于筷子远近,苏州人就有一句谚语:"筷子执低,郎君就地;筷子执高,远嫁他乡。"这句话与张干的名言正好针锋相对。可见这种谚语思维多么对称,你需要哪一句,就可以选用哪一句。

阿Q的"儿子打老子"论,也是思维对称的产物,因为中国的老子一向有打儿子的权力。所以阿Q这么"思维对称"一下,就"心理平衡"了。但思维对称决非事实的对称,心理平衡也并非事实的平衡。传统中国可以有儿子对老子的种种心理平衡法,但不可能有老子对儿子事实上的平等;可以有"一阴一阳之谓道"的思维对称法,但不可能有男女之间事实上的平等,更何况还有精通西方文化却迷恋中国礼教的辜鸿铭的"名言":"一把茶壶可以配四只茶杯，但谁见过一只茶杯配四把茶壶呢？"——这句话与大部分中国思想家的名言一样，也是用"思维对称法"炮制出来的货色。为什么茶壶一定代表男人却不能代表女人呢？是中国人最擅长的象形思维。中国人似乎至今还不明白，象形思维是最小儿科的原始思维。

其实小张爱玲不妨"以其人之道，还治其人之身"地对张干说："但古人并不是这样说的。"张干一定会像大多数崇拜古人的中国人那样失去自信，惶恐地问小张爱玲："古人是怎样说的？""古人说，筷子抓得离筷头越远，嫁得越近。"张干自然也免不了一问："那么抓得近呢？"这时小张爱玲就可以大获全胜地欢笑了："抓得近当然嫁得近。"

只要讨个"说法"而非讨个公道，秋菊就能心理平衡；而只要给个"思维对称"的"说法"，张干当然也就心悦诚服。而"说法"即借口，"是最与人方便的东西"（钱锺书语），这种用"思维对称法"熬制出来的心理麻药，是"中国智慧"的基石；在口头谚语或书面成语中，可谓满谷满坑。

如果还需要举个例子，不妨就地取材。"以其人之道还治其人之身"正是中国人祖传的处世法宝；这个法宝，正是思维对称与心理平衡的奇妙结合。但或许很少有人想过：这个法宝大显神通的时候，也正是它彻底失败的时候。因为，如果"其人"是个恶人，应该好好"治"一"治"，那么"其人之道"必是恶道，必是歪门邪道。因此以"恶人之道"惩罚恶人，只是恶道的发扬光大，而非善道和公道的胜利。"以其人之道还治其人之身"，必然导致无止境的恶性循环——我们已见过太多的恶性循环了。如果中国人永远像高喊"二十年后又是一条好汉"（又一句用思维对称进行心理平衡的妙句）的阿Q那样豪气干云，那么二十岁的后生小子就永远成不了真正的好汉。如果华夏妇女不能识破"思维对称法"的"阴阳"怪气，那么聪明如张爱玲也只能无可奈何，纯朴如秋菊也得不到心理平衡；而贤惠如谢烨，也只有任人宰割。

而我们的后人呢？大概会像他们的祖先一样，忘记祖父们的苦难和祖母们的悲剧，代代传诵着那些用思维对称法"精制"出来的，关于"远和近"的所谓"佳句"。

1995年2月20日

（本文选自《吊驴子文》。刊于《散文百家》1996年第1期，

《解放日报》2000年9月13日。）

中华吃药简史

不少动物与同类或异类厮斗，负伤以后，会有意寻找平时不碰的药用植物来吃。灵长类的智力远胜一切动物，恐怕猩猩们没等进化为猿人，早已成了吃药爱好者。

中华文明悠久灿烂，吃药文化尤其发达。中国人甚至认为，民族始祖就是一位吃药爱好者——炎帝。炎帝经常发炎，不得不经常吃药。嘴巴只顾吃药，当然不爱发言。可见热爱吃药却不爱说话，是中国人的祖传痼疾。炎帝神农氏的资格，比黄帝轩辕氏还要老些。神农尝百草，尽管九死一生，到底没被毒死，最后在阪泉之战中，死于黄帝之手。吃药只能治病，不能救命，从吃药的老祖宗那已有定例。因为战败，炎帝神农氏连药祖宗的名头，也被没尝过百草的黄帝轩辕氏分去一大半，所以后世有《黄帝内经》，却没有《炎帝外经》。谁都知道《黄帝内经》是伪书，作者并非黄帝。作者究竟是谁，至今没人知道。我猜想正主儿是炎帝。战胜者剥夺了战败者的著作权，把署名改为自己。这或许是世上首例盗版事件。好在炎黄子孙明辨是非，药王庙里只供炎帝，不供黄帝。运用强权改写历史，终究不易成功。

中国人吃得最着魔的药，是长生不老药。由于有过嫦娥奔月的成功先例，中国人在几千年暗夜行路中，一直被月亮领着走，从未阳光普照。

中国人吃得最高雅的药，是五石散。此药剧毒，吃后不走路行散，就会内热而死。因此，后人就把走路叫作"散步"。热爱散步的中国人，从此更爱吃药。

中国人吃得最投入的药，是壮阳药，因为中国人一向阴盛阳衰。之所以阴盛阳衰，是因为中国人由女神女娲氏创造，先天胎气不足。其他民族大多由男神创造，女人仅用男人的肋骨造就。为此在男权占据绝对优势的古代，其他民族都没有女权理论，唯有中国男人主张阴阳相济。不过并非为了提高妇女地位，而是告诫阴气过盛的中国女人知雄守雌。然而即便中国女人全都恪守妇道，中国男人的阳气依然太弱。为了达到阴阳平衡，中国男人不得不大吃壮阳药。

中国人吃得最亏本的药，当数鸦片。据说近代中国之积弱，主要责任该由鸦片来负。中国人给欧洲人火药，欧洲人发明了来福枪。欧洲人给中国人鸦片药，中国人发明了鸦片枪。鸦片枪与来福枪较量，尚未开战，胜败已定。欧洲人当然不会怪罪中国人给他们火药是让他们吃药，中国人至今仍在抱怨欧洲人给我们鸦片是让我们吃药。给身体有病的人吃药，是为他好。给身体没病的人吃药，当然不是为他好。但是身体没病的人，居然愿意花大钱买药吃，就不能全怪卖药者居心不良，也该怪吃药者自己脑袋有病。鸦片战争以来，中国人一直把上当叫作"吃药"，足以说明中国人的脑袋病至今没好。

中国人吃得最长久的药，是补药。据说这是没病也该常吃的药。吃药者其实身体没病，仅是脑袋有病，所以身体没病偏要吃药。中药房里最多的，正是所谓有病治病、没病强身的补药。补药的主要作用，并非补身体，而是补脑子。只要中国人不停吃补脑子的药，中国人的脑袋病就难以见好。

世上没有免费午餐，同样没有免费药品。欧洲人给中国人吃鸦片药，曾经换走了中国人的大量白银。然而稀奇事多来兮，当代美国人发明新药之后，必定高薪征求试吃新药者。据说试吃新药者，每天可得一百二十五美元，超过第三世界绝大多数人的月薪。既有高薪，自然有人高兴品尝。中国的不少吃药爱好者，或许十分愿意吃药挣钱。吃美国药挣美国钱，还能顺便为国库外汇储备做点贡献，简直就是爱国壮举。可惜当代中国的吃药爱好者没这福气，只能眼巴巴看着美国的吃药爱好者，一边挣钱一边验证新药的药效。药效证实以后，这些美国新药就会被倾销到中国来。正如当年印度的鸦片，正是英国人为中国人定向种植，现在美国人的许多新药，也是为中国人定向研制。其中最为著名的一种，正是中国男人最爱吃的壮阳药，药名雄赳赳气昂昂，唤作"伟哥"。小兄弟，掏钱吧！

2000年6月12日

（本文选自《故事的事故》。刊于《青岛晚报》2001年6月3日，
《青年参考》2004年5月26日，《三湘都市报》2004年8月3日。）

文人之气

庄子认为"通天下一气"，孟子则自称"善养浩然之气"。中国文化与"气"，确实大有因缘。

大致说来，老子暮气，孔子稚气。庄子有清气，杨朱有胆气。墨子有理气，公孙龙有诡气。孙武子有阳谋气，鬼谷子有阴谋气。荀子有霸主气，韩非有酷吏气。屈灵均有弃妇气，司马迁有孤愤气。董仲舒有妖道气，扬子云有腐儒气。王充有通脱气，刘勰有班马气。曹阿瞒有奸雄气，诸葛亮有妾妇气。曹植有才子气，祢衡有烈士气。嵇康有竹林气，阮籍有山林气。刘伶有酒气，陶潜有逸气。顾恺之有虎气，王羲之有龙气。谢灵运有山水气，陈子昂有悲怆气。谢朓有风云气，王勃有灵秀气。玄奘有学究气，惠能有老粗气。李白有仙人气，杜甫有圣人气。王维有清福气，白居易有艳福气。李长吉有金石气，李商隐有草木气。韩退之有头巾气，柳宗元有君子气。李后主有公子气，李清照有佳人气。苏东坡有豪气，王安石有拗气。范仲淹有庙堂气，欧阳修有道学气。辛弃疾有英雄气，陆放翁有书生气。朱晦庵有野狐气，王阳明有家奴气。陆象山假客气，张横渠不客气。司马光有帮忙气，李笠翁有帮闲气。岳鹏举帅气，文天祥正气。顾炎武有大匠气，黄宗羲有叛逆气。李卓吾有玩世气，王夫之有出世气。金圣叹傲气，徐文长狂气。郑板桥有竹气，张宗子有茶气。袁中郎有书卷气，袁子才有书呆气。以上古人。

《诗》关风气，《书》移王气，《礼》养习气，《易》算运气，《春秋》演民气。《三国》有寨主气，《水浒》有流寇气。《西游记》有猴气，《金瓶梅》有驴气。《史记》纯乎阳气，《红楼》粹乎阴气。《窦娥冤》有乖戾气，《西厢记》有情种气。《醒世姻缘》憋气，《儒林外史》解气。《九尾龟》邪气，《镜花缘》妖气。《聊斋志异》鬼气，《三言二拍》秽气。以上古书。

康有为有教主气，梁启超有江湖气，谭嗣同有傻帽气。章太炎疯气，王国维痴气，陈寅恪硬气。鲁迅大气，林语堂小气。周作人苦气，梁实秋雅气。老舍有平民气，曹禺有不平气。郭沫若有市侩气，沈从文有乡土气。丰子恺有赤子气，李叔同有戏子气。胡风有骨气，巴金有勇气。顾准有哲人气，王小波有大淘气。贾平凹有穷酸气，王朔有痞子气。钱锺书阔气，金庸侠气。李敖有流氓气，柏杨有泼皮气。张承志胡吹大气，龙应台虎虎有生气。张爱玲有出尘气，杨绛有顽童气。琼瑶有脂粉气，三毛有旷野气。以上近人和今人，以下略数当代文坛气运。

不知从何时起，中国文学大伤元气，长年不再景气，作家大都缺乏士气。

具体说来，小说家缺乏才气和灵气，批评家缺乏锐气和底气。热衷于床笫的作家有鱼腥气，热衷于官场的作家有市井气。伪历史作家有腐尸气，新写实作家全无活气。儿童文学作家少点孩子气，文化大散文家多点小家子气。小女人文学嗲声嗲气，大男子文学瓮声瓮气。杂文作家谨遵"怨而不怒"的古训，有怨气而不敢有怒气。电视剧作家恪守"止谈风月"的金律，不是平头百姓的柴米油盐气，就是富家豪门的珠光宝气。如果"你有我有全都有"，不妨大家和和气气。倘若你有他有我没有，那便"该出手时就出手"，于是笔墨官司打得乌烟瘴气。打笔仗者多有意气，助拳帮腔者却误以为是义气。揭露时弊的报告文学，时有胆气，但是最后总是漏气。喜欢把好莱坞写成"荷里活"的人，自以为十分洋气，殊不知流露出洋奴气（海外同胞除外）。总之，各类作品产量颇为牛气，质量很不争气。大奖年年在评，得奖与否全凭手气。不少作家颇有名气，可惜没人胆敢神气。

写完这篇文章，未免有些丧气。鄙人不鼓气而专泄气，各位看官切莫动气。

1998年5月8日

（本文选自《故事的事故》。刊于《劳动报》1998年8月5日，
《希望月刊》1999年第8期，《珠海特区报》2008年4月19日。）

独赴孤岛，愿携何书

——答卜雨问

卜雨问：如果让你带一本书去一座孤岛，你会选择哪本书？

首先，荒岛饮食足够，没有野兽，不用"野外生存大全"之类的书籍。

其次，要写出带这本书的理由。

最后，书可列出多种，自选一种。

张远山答：洋书暂且不列。

其一，欲求道术，携《老子·庄子·列子》。伏羲太极图备用。

其二，欲求方术，携《吕览》。《淮南子》备用。

其三，欲知中国，携《史记》。《资治通鉴》备用。

其四，欲知庙堂，携《三国》。《战国策》备用。

其五，欲知江湖，携《水浒》。《金瓶梅》备用。

其六，欲知人情，携《红楼》。《西游记》备用。

其七，欲快乐，携《闲情偶寄》。《三言二拍》备用。

其八，欲愉悦，携《东坡全集》。《陶渊明集》备用。

其九，欲费自己之脑，携《公孙龙子》。《墨子》备用。

其十，欲费他人之脑，携《周易》。《归藏》备用。

其十一，欲游戏，携《吴清源棋谱全集》。扔掉以上诸书。

2008年12月31日

（本文未曾入集。刊于微信公众号庄子江湖2016年4月27日。）

寓言小品

中西寿夭

解剖台上，放着一老一少两具尸体。

解剖学教授一边解剖，一边讲解："我们先解剖这个老人。各位请看，由于生活方式的不文明，尤其是不科学，这位老人浑身是病，真难想象他竟能如此长寿。不过，他的长寿无法证明他掌握了养生之道，更不用说幸福之道。大家知道，吸烟不利于健康，生癌概率很高，但是一个老烟鬼也许不生肺癌而享高寿，一个不抽烟者却可能生肺癌短命。所以这位老人的长寿，只是偶然运气，长寿不能证明其生活方式很文明很科学。相反，浑身是病，足以证明其生活方式不文明不科学。这是摆在大家面前的铁一般事实。"

教授继续说："我就不兜圈子，不讲大道理了，还是摆事实，说小道理吧。请看他猪肝色的肝，嗜酒！请看他枯槁干瘪的肾，好色！请看他溃疡糜烂的胃，贪食！请看他空空如也的嘴，无耻！请看他一毛不拔的秃头，吝啬！请看他蠢蠢欲动的舌头，搬弄是非！请看他青筋毕露的手，酷爱权力！请看他衣袖上的鼻涕，不讲卫生！请看他鞋底的痰迹，随地吐痰！请看他的双眼，一只青光眼，一只白内障，对别人从不一视同仁！请看他这颗冷血的心，冷酷虚伪，自欺欺人，问心有愧！总之，这老头奸诈，圆滑，迷信，世故，虚荣，糊涂，昏愦，悖晦，爱挤热闹，常瞎起哄，两面三刀，不讲信用，贪小便宜，强词夺理……简直一无是处。我们难道不应该从他身上吸取教训吗？"

学生们埋头狂记笔记。我却愣在那里，忘了记笔记，想起了父亲。父亲年轻时，身体很棒，是运动健将。如今他垂垂老矣，日常起居，依赖于从小身体很弱的我。我能否用父亲现在的病弱，推定他年轻时生活方式不文明不科学？

教授得意地停顿很久，转过头去："现在让我们再来看看这位青年，他应该成为有志青年的好榜样。正如格言所说，事实胜于雄辩。这位青年，是多好的青年呐！他的身上，具有文明人的一切优点。他相貌英俊，心胸开阔，口齿伶俐，态度热情，性格开朗。饱满的额头，代表智慧。纯洁的心脏，代表高贵……他的所有器官，都如此健康，足以证明他追求文明，崇尚科学，已经走上通往真理之路。可惜命运不济，风华正茂的他，竟被野蛮的罗马战车撞死了。"

教授无限惋惜，意味深长地扫视着学生，判断是否说服了学生。每个学生，一等教授的目光扫到自己脸上，立刻若有所悟，微微点头。教授的目光扫到我的脸上，我没点头，他的巡视目光，疑惑地停住了。

不等教授开口，我发问道："请问教授，这位浑身是病、寿终正寝的老人是谁？"

"中国人。"

"这位前途无量、英年早逝的青年是谁？"

"希腊人。"

"先生讲得很有道理！我的疑问是：假如把您说的那个偶然结果，换一换，比如说，让中国老人在年轻健康时被车撞死，让希腊青年长寿老病而死，您的解剖结论，是否可能反过来？"

教授愣了一下，刚要说话，下课铃响了。

2000年4月7日

（本文选自《故事的事故》。刊于《八面来风》2000年第5期。）

伤心近代史

　　大二第一学期考试结束以后，全班在文史楼前的大草坪上，举行营火晚会。晚会的基本方式，是击鼓传花。花传到谁手上，谁就摸彩，然后按指定形式表演节目，或唱歌，或朗诵，或讲笑话，或回答问题。晚会的最后议程，是投票评选最佳节目。

　　大部分同学都缺乏表演才能，盼望回答问题。这些问题都很简单，无非是"你有什么爱好"，"最喜欢哪部电影"之类，很容易混过去。尽管回答问题不可能当选最佳节目，但是只要能够避免出乖露丑，令人垂涎的奖品只好忍痛割爱了。直到一位颇有表演才能的女同学接到击鼓传花以前，晚会气氛一直轻松快活。

　　这位女同学摸了一张彩票，交给主持人。

　　主持人展开彩票，念道："请你回答问题……"

　　大家非常失望，发出一声"噢"。

　　女同学也有点失落，她精心准备的拿手节目，今天不能献演了。不过那声失望的起哄，使她得到些许补偿。

　　主持人继续念道："你最伤心的事情是什么？"

　　女同学偏着头想了想，轻声回答说："我最伤心的事情，是读中国近代史。"

　　全场霎时肃静下来，轻松快活的气氛，立刻被冲淡许多。

　　这一回答，或许很煞风景。但与深入骨髓的民族耻辱比起来，一次普通考试轻松过关的快乐，过于轻微。虽然一位男同学讲的笑话，当选了晚会最佳节目，但我一直认为，这位女同学的回答，是那次晚会的最佳节目。许多年后，我的心灵依然受到巨大震撼。

2000年2月14日

（本文选自《故事的事故》。）

正反媚俗

俄国有位作家，叫高尔基，拥护十月革命，是举世闻名的红色文豪。高尔基有个弟弟，叫高尔础，反对十月革命，一声炮响之后，流亡来到中国，住在上海租界，成了白俄。上海租界有位革命作家，叫高尔雅。

俄国的高尔础，与中国的高尔雅，互不相识。

反革命分子高尔础，认为自己是高雅的人，是社会的基础，文化的栋梁。而高尔基是媚俗者，他高尔础要批判所有的媚俗者。

革命作家高尔雅，认为自己是真正高雅的人，是社会的真正基础，文化的真正栋梁。而所有批判媚俗的人也是媚俗者，他高尔雅要批判所有的批判媚俗者。

江南的梅雨时节，上海的天气十分雾数。雾数到什么程度？你必须天天带着伞出门，因为无法预测会不会下雨。太阳当头，转眼就会下雨。乌云密布，偏偏整天没雨。甚至人们走在同一条路上，有些人认为正在下雨，有些人认为尚未下雨。

周末午后，高尔础和高尔雅都带着伞出了门，在霞飞路上相对而行。高尔础认定正在下雨，打起了伞。高尔雅认定尚未下雨，暂不打伞。

高尔础和高尔雅越走越近。高尔础发现高尔雅没打伞，感到自己非常落伍。高尔雅发现高尔础打着伞，暗暗羞愧自己老土。二人佯装镇定，用目力余光悄悄打量对方，擦肩而过。

于是媚俗隆重诞生：高尔础收起了伞，高尔雅打起了伞。

媚俗病菌的传播，超越民族，超越国界，超越政治，超越立场。

媚俗与下不下雨无关，与打不打伞无关。媚俗就是媚俗。

人类一媚俗，上帝就发笑。

2000年4月8日

（本文选自《故事的事故》。刊于《书屋》2001年第2期，《北京日报》2001年11月4日，《课外阅读》2008年第23期。）

夸父与影子

黎明，西山脚下的夸父做了一个梦，他听见一个声音："不要跟随我，跟随你自己。向东方，去寻找新的太阳。"夸父惊醒过来，向东方走去。夸父回头最后望一眼故土，却发现一个巨大的影子正寸步不离地跟着自己。

夸父问道："你为什么跟着我，为什么不跟着你自己？"

影子道："我跟着你，就不必思考应该到哪里去。"

"你打算永远跟着我吗，影子？"

"那可要走着瞧。我放弃了自由，换取了你的保护。如果你保护不了我，我随时会逃离你，逃离你的太阳，逃得无影无踪。那时我就另外再找一个主人。"

"你为什么把我寻找的太阳说成是我的太阳？我是为了你，为了你的同类，才去寻找太阳的。"

"不！那不是我们的太阳。我们从来没有见到过太阳，太阳也从来没有照到过我们。而且我们根本不需要太阳，我们只乞求主人的庇荫。"

"可怜的影子，你不知道自由才是真正的阳光吗？"

影子沉默了。夸父回过头去。咦！影子不见了。夸父正在欣慰，却听见一个遥远的声音在很近的地方冷笑。夸父凝神寻找笑声的来源，猛吃一惊：冷笑竟是从自己的脚底下发出的！夸父惊跳起来，影子乘机钻出来，走到了夸父的前面。

影子冷笑道："自称要为我们带来光明的主人难道我还见得少吗？每当主人们宣告把我们带入了阳光灿烂的正午时，我们恰恰被主人完完全全地踩在脚下。我蔑视你们这些口是心非的主人。你不是要追赶太阳吗？现在太阳已经在你的背后了，你为什么不掉头往回走呢？我以前的主人都是在这里走回头路的。"

"不！那不是我要寻找的新的太阳，它曾诱惑你以前的主人放弃了理想，换取了追随者，半途而废地走回了原地。"

"其实你与他们一样需要影子的追随，如同我们需要主人。"

"我只要阳光，不要影子。"

"这样你就做不成主人了。"

"我不愿做任何人的主人，也决不做任何人的影子。"

影子突然恼羞成怒："可你现在却在跟着我走！刚才我是你的影子，现在你却成了影子的影子。止步吧！你正在与你的太阳背道而驰，你正在逼近黑夜。你正在迫使我做不成你的影子，你正在把我不需要的自由强加于我，对此我不但不会感激你，还会与黑夜同流合污，纠集起全部黑势力来向你复仇。"

但影子的声音却越来越微弱了，最后终于消失了。夸父微笑着，大踏步穿过黑夜，扔下影子，走入崭新的太阳，与火焰融为一体。

1993年4月12日改写《通天塔》片断

（本文选自《吊驴子文》。刊于《新语丝月刊》2000年第3期。）

沙漠中的荷马

阿提卡青年荷马搭乘腓尼基人的商船渡过地中海，来到迦太基城。他参拜了城里每一位先知，发现先知们关于天国的描绘都极为迷人，却互相抵牾。荷马决定去底比斯，设法解除疑窦。先知麦冬告诉他，去底比斯有两条路。一条是商路，先向东绕道孟菲斯，再向南溯尼罗河而上，需半年时间。另一条是朝圣之路，直接从迦太基向南，越过大沙漠，只有三个月路程——但不论走哪条路，所有的朝圣者都一去不返。

荷马带着三个月的干粮和水进入沙漠。晓行夜宿，非止一日。第四天午后，他发现了一个朝圣者的遗体。第七天黎明，他又发现了一具尸骸。两人身上都有干粮和水，显然并非死于饥渴。奇怪的是，两个人都睁着眼睛死去，眼神迷醉而满足。

第九天向晚，在前方不远处泛起奇异的霞光，云气氤氲之中，浮现出一座雕栏玉砌的金色宫殿。那是天堂！荷马惊喜若狂地飞奔上去。但无论他跑得多快，天堂总是近在眼前却又若即若离。他冲到门口，仿佛已经攥紧了门把，只要旋开门钮，永恒就将握在手中。但一阵风沙卷过，不仅天堂之门无影无踪，连整座天宫也瞬间被风吹散，脚边却又发现了几具骷髅。荷马正在惊疑不定，右前方又出现一座更辉煌的琼楼玉宇，比前一座更逼真可信。荷马再次鼓气猛追，谁知依然可望不可即。就这样一天天过去，荷马被层出不穷的天堂弄得晕头转向，疲于奔命，却一无所获。后来荷马明明知道那是幻影，是骗局，是玄虚无凭的诱惑，是永不兑现的许诺，他仍然会在无数次失望以后，再一次燃烧起新的希望。甚至仅仅为了这幻影带来的片刻陶醉而如痴如醉地跟着它，哪怕它把自己引向深渊，引向地狱，引向毁灭，引向死亡。

一天黄昏，荷马正追随着一个幻影，突然被绊倒了。他一低头，无比震惊地发现绊倒自己的，竟是他出发不久遇到的第一个殉道者。他历尽磨难竟回到了原地！荷马绝望地最后看了一眼天国的幻影，毅然举起双手，抠出了自己的两颗眼珠。顿时，魔魇解除了，幻境消失了。荷马站起来，内心一片澄明，在天赋智慧的引导下，他昼夜兼程，迅速穿过大漠，安抵底比斯。

在底比斯街头，盲诗人荷马开始吟唱古代的传奇："一切纷争肇始于帕里斯的眼睛……"于是有了史诗《伊利亚特》和《奥德赛》。

很多年以后，荷马吟游到克里特岛，在米诺斯迷宫前，荷马听见一个稚嫩的童音："老爷爷，我来给你引路！"

荷马问道："你要把我引到哪里去？"

"把你带出迷宫呀！"

荷马暗想，连克里特的小孩也都学会撒谎了吗？但是他宽容地笑道："孩子，玩你的捉迷藏去吧！"

1993年4月22日改写《通天塔》片断

（本文选自《吊驴子文》。刊于《上海侨报》1993年7月27日。）

吊驴子文

驴子是最受人类虐待和侮辱的动物，连动物保护协会也从来没有表彰过可怜的驴子。驴子有史以来得到的唯一一次荣耀来自一位皇帝。拿破仑在远征埃及途中下令："让驴子和学者走在队伍中间！"看来，拿破仑是把驴子和学者相提并论的。但无论是古代的《金驴记》还是现代的《驴皮公主》，驴子在历来的文学作品中，都是悲剧的主角。频频曝光，本来有望成为明星，似乎福星高照、交上好运了，可驴子却偏偏厄运当头。

猪猡有大耳朵算是福相，驴子有长耳朵就遭到非议了，因福薄而眼红的文人编造出鬼话来，说魔鬼长的恰是一对驴耳朵，但没有人拿猪猡开过玩笑。要说人们吃了冷猪肉不好意思再奚落老猪，其实人们又何尝不吃驴肉？俗话说"天上龙肉，地上驴肉"，吃得半点也不含糊。再说不吃驴肉，哪来的驴皮让公主披上，哪来的驴皮膏滋阴补阳？猪猡一生受用，临了挨上一刀，也值。可驴子先得没完没了地干活，而且不能像马那样借着工作的由头到处观光，"一日看尽长安花"。

驴子被蒙了双眼没完没了地推磨，闹个睁眼瞎，从没机会出门开开眼界，长长见识。可半瓶醋的文人不管这些，他们编了谎只对牛吹，抱了琴只对牛弹。驴子压根儿不曾受过知识熏陶，缺乏艺术细胞，能怪驴子不求上进吗？但吃辛吃苦的驴子从没听到有谁夸它半句，苦人们抱怨干的是牛马活，倒好像驴子是个享清福的贵公主娇小姐。苦人们还抱怨吃的是猪狗食，猪猡是天生的美食家，这个冤案也认了，狗的伙食又哪里不好啦？羊肉不是常会自动掉进它嘴里吗？驴子可从来没有这样的口福。据说是因为驴唇不对马嘴，天生的贱命！驴子好不容易因公出差一趟，该好好观光旅游了，可主人在它眼前挂一条极大的胡萝卜挡住视线，引着驴子赶了一程又一程。结果既没享上微薄的口福，也耽误了不会再有的眼福。

驴子历来吃素，本有意做个得道高僧，却被斥为"秃驴"。驴子不得已还了俗，被主人包办婚姻，与白马王子拉郎配，却不幸生下个非驴非马的杂种，也是个受苦受难的奴隶坯子。驴子本是良民，但江洋大盗犯事杀头前，却要坐了"木驴"游街……这都挨得上吗？

可怜的驴子推完了磨，就该卸磨杀驴了。难道受尽虐待的驴子最后不该发发脾气吗？驴的脾气虽然比猪稍微大些，却未必比牛的脾气更大，但驴刚刚一尥蹶子，就被认定缺乏修养。尥了三下蹶子被老虎吃掉，英勇牺牲了，却得不到丝毫同情，反而被嘲笑为黔驴技穷，挨一声恶骂："蠢驴！"这就算是它的悼词了。鸡鸣狗盗之辈死了，也留下些鸡粪狗屎遗臭万年。可驴粪既充不得中成药，也不像牛粪那样能当柴禾烧，因此也从来没有鲜花插在驴粪上面，让驴子流芳百世。最可气的，据说驴子叫唤起来也是个天生的倒霉蛋，"马嘶如笑，驴鸣似哭"。于是乎文人雅士们吊丧的时候，就假惺惺地学两声驴叫。如果被凭吊的正是驴子，总算驴子颇有哀荣，偏偏被凭吊的多属鸡鸣狗盗之流。因此我为驴子放声一哭，呜呼哀哉！尚飨！

1994年1月4日

（本文为《吊驴子文》代序。刊于《杂文》1994年第3期、1995年第6期，
《劳动报》1996年6月8日，《文友》1996年12月增刊，
《深圳商报》1999年7月25日，《侨报》2000年4月14日，
《语文教学与研究》2005年第12期。）

驴子小传

关于驴子的故事，不论中外，都与愚蠢有关。不是说驴子太笨，就是说与驴子相关的人太笨。仿佛可怜的驴子是个周游世界的云游僧，把自己的愚蠢弄得尽人皆知，又把它的愚蠢传染给了撞上它的每一个人。

一　驴子的愚蠢

驴子最早的主人是希腊寓言家伊索。有一次，伊索让他的驴子驮着一座宙斯神像进城，路上的人都拜倒在地。驴子以为人们是向它敬礼，得意起来，就站在原地不肯走了。伊索狠狠地抽了它一棍子喝道："你这头蠢驴，你以为人家是向你鞠躬吗？"

伊索就这样成了世上第一个发现驴之愚蠢的人。伊索想，驴子没有头脑，但有力气，不该让驴子驮神像，而该让它为自己贩盐。伊索赶着驴子驮着盐过一条小溪，溪水只到驴腿的一半。没想到驴子脚下一滑跌入水中，驴子在伊索的棍打下，好不容易站起来。驴子心里暗暗高兴，因为它觉得背上的盐轻了许多。盐被水一浸，已经化去了一大半。伊索这次贩盐折了老本，于是改为贩卖不怕水的海绵。驴子驮着海绵蹚过小溪，心想若是再跌一跤，爬起来定会轻一些。于是它故意滑倒在水里。不料海绵吸足了水，比原来重了好几倍。驴子自作聪明，结果吃够了苦头。

伊索觉得这头蠢驴干什么都不行，不如把它卖了。有个陶匠正愁不知如何把那么多陶器搬到市场上去卖，就买下了驴子。陶匠赶着驴子，运了很多陶器到市场去。不料那驴子竟发起驴脾气来，故意一歪身子，把所有的陶器都摔在地上跌破了。陶匠坐在地上哭哭啼啼。有个印度云游僧路过市场，奇怪地问他道："你这么大的人，怎么像小孩子一样哭呢？"陶匠说："我怎么能不哭呢？这些陶器，我花了一年工夫才烧成，这头瘟驴子，不要一分钟就替我破光了。"和尚一听，高兴得跳起来："这可真是一头能干的驴子。它一分钟工夫，抵你一年工夫。你把它卖给我吧。"陶匠正恨不得打死这头驴子，一听这个和尚要，求之不得。和尚就用云游天下化缘得来的钱买下了驴子，然后骑着驴子回印度见师父。他的师父是印度的著名高僧，尊者伽斯那。伽斯那见徒弟买了一头驴子回来，问他为什么。徒弟说："师父，这头驴子好本领。有个希腊陶匠一年做成的陶器，它身子一歪就毁得干干净净。"伽斯那叹气道："可是它花一百年也做不了一个陶器呀！"

伽斯那一怒之下，罚徒弟面壁三年，然后把这头驴送给了到印度取经的一个中国和尚。那个中国和尚是贵州人，他一见驴子感到很惊奇，因为贵州没有驴子，于是他经也不取了，就带着这头驴子回了家乡。可是到了家乡才发现驴子根本派不上用场，就放生在山下。山里的老虎也从来没见过驴子，一见这么个庞然大物，以为是山神，就躲在树林里偷看。看不真切，又小心地走近一些，但也不敢走得太近，因为心里没底。第二天，驴子突然噜噜地叫起来，躲在树后的老虎以为驴子发现了自己，马上要咬自己了，吓坏了，赶紧躲进树林深处。幸亏驴子没追赶。又过了几天，老虎听惯了驴子的叫声，就不太害怕了。老虎因为驴子的出现，好几天没有捕食，肚子早已饿坏了，它很想咬死驴子饱餐一顿，但到底没把握，不敢贸然扑上去。老虎就在驴子身边转来转去，故意蹭了驴子几下，驴子被弄得不耐烦，发怒地尥起蹶子，蹬了老虎一脚。老虎大喜："原来你就这么两下子。"猛扑上去，咬断了驴子的咽喉，把驴肉吃了个精光。

驴子就这么死了。中国诗人柳宗元，为这头从印度进口的希腊驴子，写了一篇漂亮的悼文。

二 与驴子有关的人的愚蠢

伊索虽然卖掉了驴子，但他因为吃了驴子的大亏，余恨未休，从此留心收集驴子干的蠢事，写进他的《寓言集》。但是后来他逐渐发现，有些与驴有关的蠢事，是因为人自己的愚蠢而迁怒于驴子。比如有父子俩买了一头驴回家，一个路人看见了，嘲笑道："竟有这么蠢的人，放着现成的驴子不骑，苦了自己的两条腿。"父亲听了，就把儿子放在驴背上。一个老头看见了，说闲话道："现在的年轻人真不懂规矩。儿子骑在驴背上，倒让老子跟在后面。"父亲听了，就叫儿子下来，自己跨上了驴背。一个怀抱婴儿的少妇看见了，抱不平道："真不害臊，自己舒舒服服坐在驴背上，倒叫小孩子跟在后面。"父亲听见了，又把儿子也抱上驴背，让他骑在自己前面。一个慈善家看见了，愤怒道："两个人合骑一头驴子，分明是虐待动物心肠硬。"父子俩再也没有办法，只好都下了驴背，两人抬着驴子走。

印度高僧伽斯那趁着徒弟面壁，没人来烦他，就用写《百喻经》来打发时间。其中有一个故事也是关于驴子的：有个地方的人从来没见过驴子，可他们听说驴奶非常好吃，于是就到各地去找驴子，最后终于被他们找来一头公驴。于是大家都争着在公驴身上找奶吃。有人把嘴凑上公驴的嘴，有人把嘴凑上公驴的耳朵，也有人抓驴尾和驴脚。结果，空忙一阵，谁也没吃到驴奶。

颜之推在他的名著《颜氏家训》中批评言不及义、空洞无物的写作是："博士买驴，书券三纸，未有驴字。"但此后一千多年，中国读书人的著作浩如烟海，犯的依然是这位驴博士的老毛病，言不及义。

然而这一切与驴子又有什么相干呢？我实在看不出，有什么理由把人的愚蠢扯到驴子身上。

三 驴子的冤案

自从伊索始作俑以后，无论是希腊人卸磨杀驴，印度人指着和尚骂秃驴，还是中国人骑驴看唱本，驴子总是倒霉。于是德国作家莱辛决定替驴子上诉天庭。

驴子对宙斯诉苦，说人类对它太残酷。"我强壮的脊背承受着人类自己和任何其他较瘦弱的动物都无法承受的重担，可人类还是以无情的鞭打逼迫我加快速度。但是由于负重，即便天性可能，我也无法达到那种速度。

宙斯，请禁止他们如此蛮横无理，人类自己也容不得别人胡作非为。我愿意伺候人类，因为看来你是为此才创造了我，但我不愿无故挨打。"

"我的创造物，"宙斯对驴子说，"这项请求不是没有道理。但我无法让人类相信，你天生的迟缓不是一种懒惰。只要他们仍相信这点，你就还得挨揍。不过我愿意减轻你的痛苦。从现在起，你的感觉会变得迟钝，你的皮肤会起茧抗打，并使鞭打你的人手臂发麻。"

"宙斯，"驴子欢叫了起来，"你任何时候都这样明智仁慈！"

众神之父的骑墙，使驴子再一次受骗。莱辛无奈之下，认为驴子的不幸源于伊索对驴子的污蔑。于是他在《寓言集》里，代替驴子向伊索提出抗议：

驴子对伊索说："要是你再用我写小故事，就让我说一些明智和有意义的话吧。"

"让你说有意义的话？"伊索笑道，"这合适吗？人们岂不会讲，你是道德家，而我是驴子吗？"

莱辛认为，伊索乃至所有对驴子抱有偏见的人，都自命为道德家，然而希腊、印度和中国的道德家骂驴子已经骂了几千年，人类的道德并没有改善多少。相反，恰恰是对驴子的虐待和歧视，倒成了人类道德的最大污点。

如果伊索们只对驴子讲道德，那么驴子的拉"磨"之"难"，就走不到头。

1996年10月16日
（本文选自《吊驴子文》。）

狐狸别传

翻检中外动物寓言，不同的民族大多以狐为多智。比如《战国策》中的狐假虎威："虎求百兽而食之。得狐，狐曰：'子无敢食我也，天帝使我长百兽，今子食我，是逆天帝命也。子以我为不信，吾为子先行，子随我后，观百兽之见我而敢不走乎？'虎以为然，故遂与之行，兽见之皆走。虎不知兽畏己而走也，以为畏狐也。"狐狸不仅靠智谋得以虎口脱险，而且捉弄了愚蠢的老虎，再一次证明了肉食者鄙。当然，狐狸也不是吃素的。

《百喻经》第四十八则《野干为折树枝所打喻》："一个狐狸，蹲在树下，树枝被风吹折断，掉下来正好打在它的脊背上。它立刻闭上眼睛，不想再看到树。"（引自中华书局版周绍良译文）狐狸的智力水平被奚落到这种地步，我没见过第二例。但这唯一的一例出自素以一切自作聪明为愚的印度佛教典籍，又在意料之外的情理之中。《百喻经》的故事无一不是嘲笑世人之愚，或许称"百愚经"更为合适。然而《翻译名义集》中的话，又可以替狐狸翻案："野干似狐而小，颜色青黄，如狗群行，夜鸣如狼。"似狐如狗而又如狼，野干究竟是否为狐狸还很难说。鲁迅出资印行的《百喻经》中，冯雪峰就把野干译为狗。因此狐狸如果读到这一则寓言，大可闭上眼睛，视而不见。

可惜中、印的狐狸寓言不多（狐仙在《聊斋》中大显神通是个异数）。但伊索寓言里的五十多种动物中，狐狸是出镜率最高的主角。以下连缀伊索寓言，为智兽狐狸做一小传，以见其聪明、自作聪明以及聪明误。

一　狐狸的聪明

狮子在伊索笔下的出场数仅次于狐狸，所以狮子与狐狸的故事极多。狮子老了以后，已不能靠奔跑捕杀动物，于是就在洞里装病。许多小动物对他产生了怜悯之心，纷纷去看望他，结果都壮士一去兮不复还。狐狸的疑心病重，看穿了狮子的把戏，远远地站在洞外祝狮子早日康复。狮子请狐狸进去坐坐。狐狸推辞道："要不是我看见只有进去的脚印而没有出来的脚印，我本来是打算进来坐坐的。"

不久老狮子真的病了，除了狐狸，所有的动物都来探望他。狼趁机向病狮进谗，说狐狸一向不把狮子放在眼里。正在这时，狐狸来了，依然远远地站在洞外。狮子对狐狸怒吼起来。狐狸为自己的迟到道歉："我四处为您求医，寻找治病的良药。总算功夫不负有心人，让我找到了治疗贵恙的最佳药方。"狮子命令狐狸立刻把药方告诉他。狐狸说："活剥一条狼，并且趁热把他的皮裹在您身上，您的病就会好。"狼被处死了。狐狸看着狼的尸体笑道："这就是你搬弄是非的下场。大家都应该激发主人的善心，而不是挑起他们的恶念。"狼的所有敌人都称赞狐狸，认为他是正当防卫，伸张了正义。狮子似乎比老虎智商稍高一些，但狐狸还是可以大唱："任你奸似鬼，喝了老娘洗脚水。"

狐狸的聪明不仅表现在行为上，也表现在思想上。狐狸差不多是一位杰出的批评家，虽然往往流于尖刻。比如猩猩曾经指着一排坟墓，对狐狸自夸家世和门第："这里面埋葬着我祖父使唤过又释放了的奴隶们。"这大概是世界文学史上最早出现的阿Q式"先前阔过"论，但狐狸没有叫阿Q"老贵"，而是冷笑道："你尽管大胆吹牛吧，反正没有谁会从坟墓里站起来反驳你。"

狐狸又看见一只乌鸦站在无花果树上，问他在干什么。乌鸦说："我肚子饿，我正在等无花果长大成熟。"狐狸笑道："朋友，你不能靠希望过日子。希望只能让你去追寻，却不能填饱你的肚子。"

狐狸拾到一个悲剧演员用的假面具，嘲笑道："这个面具毫无头脑，却有一张空洞的大嘴，真是个不折不扣的空谈家。"

至于猎豹对狐狸吹嘘自己的美貌，可说是撞在狐狸的枪口上："五彩斑斓的皮毛有什么用，最重要的是灵活的大脑。"

在这些地方，狐狸的意见都十分允当，不愧为杰出的批评家，至于有人把正确的批评叫作"狐说"（胡说），大概是因为在评价葡萄的甜度时，狐狸失去了应有的诚实，导致了信誉破产，于是狐狸从一颗聪明的坚果，变成了一颗自作聪明的酸葡萄。

二　狐狸的自作聪明

愚蠢者豪夺，聪明者巧取。自恃聪明的狐狸一旦堕落，正是投机取巧的骗子。

谁都知道这个故事：乌鸦弄到一块肉，衔回树上正要享用。狐狸及时出现了，他站在树下赞扬乌鸦魁梧英俊，羽毛丰美，魅力四射，唯一的遗憾就是口才太差，否则简直可以成为鸟类之王。乌鸦不想失去鸟类之王的候选资格，急于显示自己的口才，于是大声鸣叫起来，嘴里的肉掉下去，被树下的狐狸候个正着。

狐狸自从得了这个乖，就经常故伎重演。他看到知了在树顶鸣唱，就赞美知了的歌喉，说想请知了下来，让他这个仰慕者就近观察一番，能发出如此美妙声音的动物是什么样的。假如知了愿意伴奏，狐狸甚至愿意特地为知了表演一段狐步舞。知了知道狐狸不怀好意，就抛下一片树叶，狐狸扑上去一口咬住树叶。知了笑道："你上当了。"狐狸想不到还有能让他上当的动物，不服气地问知了是如何识破他的。知了说："你虽然常常自作聪明，但你还没有聪明到配叫作'知了'。自从我在你的屎里看见有其他知了的翅膀后，我就知道应该提防你了。"

可惜狐狸不识汉字，不知道"知了"是什么意思。狐狸当然也没到中国留过学，所以他同样不知道有句中国格言：一之为甚，其可再乎？自从葡萄事件以后，这是狐狸第一次受到如此重大的挫折。

狐狸垂头丧气地离开知了，看见野猪在树干上磨他的獠牙。狐狸问："朋友，眼前没有危险，你为什么不睡个午觉，却要没事找事地磨牙呢？"野猪说："我从来不临阵磨牙。如果我像你这样临时靠小聪明应急混饭，早就饿死了。"狐狸被自己看不起的野猪教训了一顿，又无法反驳，只好讪讪地走开。

无聊的狐狸看到一头母狮带着一头小狮子在玩耍，就没话找话地对母狮假装狐媚道："要是您能像其他动物那样一胎生许多，那该多好啊！"母狮傲慢地说："我每胎虽然只生一个，但却是一头狮子！"自讨没趣的狐狸灰溜溜地走了。

野猪和母狮对自作聪明的狐狸的痛斥，真是替我辈愚人出了一口恶气。

三　狐狸的聪明误

狐狸从此再也不敢卖弄聪明，只好专找弱小动物的晦气。

有一天，公鸡与狗结伴出门春游。晚上公鸡上树安歇，狗在树下的树洞过夜。黎明时分，公鸡啼叫，引来了狐狸。狐狸赞美公鸡道："你的嗓子真不错，我也是个音乐爱好者。请下树跟我来个二重唱吧。"公鸡说："朋友，去树下告诉守门的，让他开了门我好下来。"狐狸去找守门的，狗蹿出来猛扑上去。幸亏狐狸转身极快，只给狗咬掉一大截尾巴。

狐狸把对乌鸦的战术一用再用，而不怕出乖露丑，可见狐狸真的穷途末路了。断了尾巴的狐狸，既无法雪耻，又担心被其他狐狸嘲笑，于是先发制人地对其他狐狸说："尾巴是件不雅观的东西，是身体多余的负担。外国那些时髦的狐狸，早就割掉了尾巴。我刚从外国留学回来，我的秃尾巴是最时髦的发型，奉劝你们也赶上潮流。"然而狐狸骗得了异类，骗不了同类。一只狐狸冷笑道："如果没尾巴真有这么好，你是不会煞费苦心来劝我们弄掉尾巴的。"

断尾的狐狸被逐出了思想家队伍，只好经常饿肚子。饥饿的狐狸开始用卑劣的手段，作困兽之斗。

狐狸听到一只兔子在井底呼救，走过去嘲笑说："你既然能够自己下去，就应该有本事自己上来。"兔子说："狐狸大哥，你这么聪明，想个好办法帮我上去吧！"狐狸说："我的聪明可不是为了帮你的。"说完扬长而去。狐狸是智兽，兔子也素有狡兔之名，后来兔子终于巧妙地从井里脱困。那是后话，按下不表。

且说恶有恶报,不久狐狸也不慎掉进井里。一只山羊路过,天真地问他井水是否好喝。狐狸说:"你不知道吗?这口井素称天下第一井,香洌可口,要不我为什么总是到这里来喝水呢?"山羊一听,不假思索地跳下去喝了个饱,喝完才开始为如何出去发愁。狐狸胸有成竹:"这好办,你把前脚撑在井壁上,我先上去,再拉你上去。"山羊依言而行,狐狸踩着山羊的背跳上井栏,回头笑道:"你就在下面待着吧!"山羊愤怒地谴责狐狸背信弃义。狐狸大笑道:"如果你的心智有你的胡子那么多,就不会在想好出路之前盲目跳下去。"狐狸的聪明用在这种地方,真是智慧的末路了。

　　过了几天,狐狸在路上碰到从井底脱困的兔子,立刻花言巧语道歉,请兔子去他家里吃饭。憨厚的兔子想给狐狸一个改过自新的机会,欣然赴宴。兔子进到狐狸洞里,发现桌上空空如也,自己是唯一的一道菜。而狐狸正在望着自己邪恶地狞笑。就这样,狐狸背信弃义地害死了自己的朋友兔子罗杰。兔子尽管不是狗友,却是著名的狐朋,所以丛林传言兔死狐悲。

　　残害朋友使狐狸在丛林里变得"声名狼藉",意思是跟狼的名声差不多,从此弱小动物不再轻易上当。狐狸穷凶极"饿",居然吃了上岸观光的螃蟹。狐狸成了第一个吃蟹的勇士。

　　然而持螯下酒固然风雅,毕竟吃不饱。狐狸饿瘪了肚子,在一个洞口狭小的树洞里意外找到了猎人藏着的面包和肉,他钻进树洞吃光了面包和肉,想要出来时,狭小的洞口卡住了胀大的肚子。另一只狐狸路过,嘲笑他道:"你难道没听说过'进入天堂的是一扇窄门'这句话吗?谁叫你不愿做思想家,倒愿下海做大腹便便的商人呢!"

　　就这样,狐狸在树洞里束手就擒,被猎人带回了家,剥制成一张美丽的狐皮,做了贵妇人的围脖。至于狐狸的肉,因为那股刺鼻的狐臊臭,谁也不敢问津。

1996年10月22日

(本文选自《吊驴子文》。刊于《女友》1997年第6期,
台湾《网与人》2001年第2期。)

猴子外传

讲到年代久远，人们常说"猴年马月"，可见猴子是历史悠久的民族。至于传统是否优秀，可谓一言难尽。

一　不幸与人类太相像

在伊索寓言中，猴子被一个水手带上了船。不幸船遇风暴沉没了，猴子与水手们一起掉进海里。恰好一条海豚游过，把猴子驮到自己背上。海豚问："你是雅典人吗？"猴子夸口说："怎么不是？我出身于雅典的名门望族呢。"海豚说："那么你一定知道比雷埃夫斯吧？"猴子说："怎么不知道？他是我最亲密的朋友。"海豚生气道："你这个撒谎的家伙，比雷埃夫斯是雅典的港口。我本来想把你从比雷埃夫斯送上岸去，既然比雷埃夫斯是你朋友，那么你自己去找它吧。"海豚身子一沉游走了。

难怪海豚弄错，猴子是动物中最像人的，爱吹牛正是人的主要特点。莎士比亚说人是"万物之灵长"，所以动物学家把猴子归于"灵长类"。后来达尔文论证了"人是从猴子变来的"，猴子与人就亲如一家了。可惜猴子不求上进，只会模仿人类。于是人类利用猴子的这一弱点，把人类的发烧友要了个够。

古代中国猎人，挑一担酒到山里，自己先喝个过瘾，以便让猴子模仿，然后走开。猴子等人去远，跳下树来，像孙悟空痛饮蟠桃酒一样把酒喝光，醉倒在地。猎人叫着"倒也倒也"走回来，把猴子牵到菜市口卖掉。

用这法子尽管省事，但要费一担酒。克雷洛夫寓言中的俄国猎人，更会做没本钱买卖。他在草地上张好网后，就在网上翻起跟斗来，前空翻，后空翻，托马斯全旋……树上的猴子看得技痒难耐。猎人又把网罩在身上跳起舞来，探戈，华尔兹，迪斯科，弗拉门戈，忠字舞……猴子觉得滑稽极了。猎人走后，猴子迫不及待跳下树来，学着猎人的样子大练体操，最后把网套在身上，唱了一曲拉网小调。刚刚舞到兴头上，躲在一边的猎人走出来，捉住网中的猴子。俄国猎人比中国猎人会省钱，但是自己也演了一回"猢狲出把戏"。

莱辛在寓言中，辛辣讽刺了猴子善于模仿而缺乏创造。猴子问狐狸："你说有哪个动物灵巧到我不能模仿？"狐狸反唇相讥道："可是有哪个动物会下贱到来模仿你呢？"莱辛以此嘲笑那些没出息的德国作家。

二 不幸没有自知之明

猴子只知模仿不懂创造，显然智商很低。《庄子》有个寓言说，一个隐士住在山里，养了一群猴子，替他摘果子，隐士坐享其成。猴子们觉得这样不公平，去跟隐士交涉。隐士说："我不会让你们白干的。每天早上给你们每人三颗栗子，每天晚上给你们每人四颗栗子。"猴子们嫌少，吵嚷不休。隐士说："好吧好吧。早上四颗，晚上三颗。"猴子一听早上多了一颗栗子，立刻欢呼起来，又兴冲冲去摘果子了。

这位隐士是耍猴儿的祖师爷，因为猴子们不知道，他们吃的是自己的劳动果实。这些猴子还算幸运，毕竟还有东西吃，不是被吃。

克雷洛夫挖苦了猴子的缺乏自知之明。猴子看见镜子里有一只动物，就指着他嘲笑道："瞧你这个丑八怪，还对我做鬼脸。我要是有一丝一毫像你，早就伤心得去上吊了。"他不知道痛斥的正是自己。

不用等他去上吊，人类已为猴子准备好了下处。鲁迅说整部历史只是"吃人"二字，与人相似的猴子，自然难逃与人相似的命运。古人有一种特制的桌子，桌分两半，中留一孔。合上桌子，枷住猴子的脖子，用锤子敲开猴子的天灵盖，就能用调羹舀着活吃猴脑。爱吃猴脑似乎是人的某种传统，至今猴头菇还是一种滋补品。其实猴子最没头脑，爱吃猴脑的人，显然自己没头脑，不得已才运用"吃啥补啥"的原理，用猴脑来做代用品。

《百喻经》也嘲笑了猴子没头脑。猴子得到一把豆子，不小心掉了一颗，就把手里的豆子放在地上，到处找那颗丢失的豆子。那颗豆子滚入地缝，弄了半天也弄不出来。等猴子回头来拿地上那把豆子，豆子已被小鸡啄光。猴子不像孔乙己那样读过《论语》，不知道捏住手上的茴香豆吟诵"多乎哉不多也"，活该没豆子吃。

不过猴子并不总是被侮辱被损害，在印度寓言集《五卷书》里，猴子终于有了报复的机会。国王宠爱一只猴子，让他做自己的贴身侍卫。有一次国王在御花园玩累了，在花房里休息，命令猴子保护圣驾。国王睡着后，一只蜜蜂飞进花房，围着国王的脑袋转悠。猴子挥剑赶走蜜蜂，蜜蜂飞了一圈又停在国王头上，猴子挥剑劈向蜜蜂，砍掉了国王的脑袋。

猴子可能是故意的，他自己没头脑，所以嫉妒人的头脑。就像身材矮小的拿破仑，对一位比他高出一个脑袋的将军说："我可以轻易消除我俩身高上的差别。"猴子以为，砍掉国王的脑袋，自己就是拿破仑了。因为俗话说——

三　山中无老虎，猴子称大王

猴子尽管与人相比智商太低，但在动物界却是天才儿童。"朝三暮四"里的中国猴子，辛辛苦苦干一天活，总共吃了七颗栗子。但在拉封丹寓言里，猴子运用自己的聪明，痛痛快快地饱吃了一顿糖炒栗子：猴子与猫闻到香味，闯进一户人家，看见炉子里正烤着栗子，飘出阵阵香味。猴子就夸奖猫有一对灵巧的爪子。猫被猴子恭维得浑身骨头轻，于是伸出爪子把栗子从火中一个一个取出来。猫取一个，猴子吃一个。猫烫伤了爪子，猴子吃饱了肚子。这时主人来了，猴子一溜烟逃跑了。猫的爪子已被烫伤，没法逃走，被主人逮住一顿好打。

在《五卷书》中，海边的阎浮树上住着一只猴子，树上的阎浮果多得吃不完，猴子就用它招待常来做客的海怪，还让海怪把果实带回家给老婆吃。海怪老婆告诉海怪，猴子常吃这种甘露果子，心里也有甘露，吃了猴心会长生不老。她让海怪把猴子的心弄来。海怪不同意，他老婆就一哭二闹三上吊。海怪没办法，只好到猴子那里，假称他老婆想招待丈夫的好朋友。于是海怪驮着猴子，把猴子骗到了海上。他觉得对不起猴子，半路上说了实话："我老婆要吃你的心，我没办法。你祈祷吧！"猴子叹气道："你怎么不早说呢？害得我把心放在树上没带来。"海怪说："那就赶快回去取吧。"回到岸上，猴子痛骂海怪忘恩负义，以怨报德。

没头脑的猴子，总算在动物界还是有心人，只是常常忘在树上。所以猴子必须记住：少下树，更不要下海。其实我说了也白说，是猴子就一定不会记住，因为猴子屁股一刻都坐不住，所以猴子一定会下树，一定会下海。

在伊索寓言中，猴子因为是动物界的有心人，被动物们推举为王。嫉妒的狐狸把猴王哄下了树，引到捕兽夹那里说："这块肉是我献给陛下的贡品。"猴王大喜，伸手就拿，手被夹住了。猴王大怒，斥责狐狸犯了欺君之罪。狐狸冷笑道："凭你这点智力，就想在动物王国称王？"

猴王不仅受到智兽狐狸的嘲笑，还遭到了小鸟们的奚落。冬天，猴子冻坏了，抓来许多萤火虫取暖。麻雀告诉猴王，这是愚蠢的。猴王不听，麻雀继续进谏。猴子嫌他啰嗦，抓住麻雀往石头上一扔，摔死了麻雀。后来下起了雨，猴王冻得活蹦乱跳，百灵鸟规劝猴王搭个窝："你有手，也有脚，看起来很像人类，为什么不盖一座房子，竟在寒风里受罪？"猴王认为百灵鸟是讥笑他不如人类，恼羞成怒，非但不迷途知返，反而爬上树拆了鸟窝泄愤。沐猴而冠的猴王就是这样，自己缺什么，就夸耀什么。假如别人有他没有的，就非要把它毁了。

1997年4月7日

（本文选自《吊驴子文》。刊于《四川书摘报》2002年12月9日。）

狮子正史

狮子原产非洲，中国本土没有，因此关于狮子的中国寓言，我一个也没找到。佛教传入以后，中国人才知道狮子，比如文殊菩萨的坐骑，就是一头青狮。狮子吼作为一种神通，是禅宗的看家绝活。于是中国人把狮子当作龙凤龟麟一类的神兽，让他烫着卷发，坐镇在官府和豪宅门前，民间则有舞狮子的国粹。关于狮子的常用典故"河东狮吼"，源于苏东坡对一位怕老婆朋友的嘲笑，意思与"雌老虎"相同。我找到的唯一一篇关于狮子的中国"寓言"《施氏食狮史》，出自语言学家赵元任手笔。照录如下："石室诗士施氏，嗜狮，誓食十狮。氏时时适市视狮。十时，适十狮适市。是时，适施氏适市。氏视是十狮，恃矢势，使是十狮逝世。氏拾是十狮尸，适石室。石室湿，氏使侍拭石室。石室拭，氏始试食是十狮尸。食时，始识是十狮尸，实十石狮尸。"这是一个语言游戏，用于说明有些文字只能看不能读。

一 狮子与人

与人的面容最相像的动物，并非猴子或猩猩，而是狮子。这或许是埃及法老把自己雕刻成狮身人面像的部分原因，当然也因为法老是人中之王，狮子是兽中之王。在希腊神话中，人面狮叫作斯芬克斯，他出了一个谜语：何物早晨四足爬，中午两足行，晚上三足走？没猜对的过路人，都被他吃掉。后来杀父娶母的俄狄浦斯（弗洛伊德用他的名字来命名据说是人类固有的恋母情结）猜出谜底是"人"，斯芬克斯就跳下悬崖自杀了。

狮子与人，各自夸耀自己的强大。人指着一座赫拉克勒斯（希腊神话中的英雄，相当于中国的打虎英雄武松）徒手制服狮子的雕像说："你看我们人类多么强大。"狮子说："如果由我来雕刻的话，你就会看到一座狮子扑杀人的雕像。"狮子虽然头发很长，但是见识却不短。狮子的上帝，一定是一头完美的狮子。

头发长长的狮子像个艺术家，这位多情的艺术家爱上了农夫的女儿，一位美丽的村姑。狮子向她父亲求婚。农夫说，他很愿意狮子做自己的快婿，但他女儿害怕狮子，狮子必须先拔掉牙齿，剁掉爪子，才能举行婚礼。堕入情网的狮子立刻照办，然后喜滋滋地前去迎接新娘，却被农夫用棍子赶了出来。爱情的力量竟使狮子放弃了暴力，倒让我觉得狮子比某些人可爱。

另一则伊索寓言讲述了狮子与人的友谊。一个奴隶受不了主人的虐待，逃进山里。他走进一个山洞，看见里面趴着一头狮子，他恐惧得不敢转身逃跑。狮子却没有扑上来，反而发出了痛苦的呻吟，伸出红肿而淌血的爪子给奴隶看，原来一根荆棘扎进了他的脚掌。奴隶小心地拔出荆棘，狮子感激地舔了舔奴隶的手。不久奴隶在另一个城邦被人认出并且抓住，押送归回原来的主人。奴隶主为了杀一儆百，让逃奴在斗兽场上与狮子格斗。奴隶站在圆形剧场中间，一声令下，栅门打开，一头被饿了几天的狮子从里面冲了出来。观众以为饿狮会一下子扑向奴隶，不料狮子走到奴隶面前，亲昵地舔了舔奴隶的手。观众欢呼起来，要求皇帝赦免奴隶。奴隶讲述了与狮子结识的经过，皇帝深受感动，当场释放了奴隶，给予公民身份。狮子也获得了自由，被放回森林。

其实古希腊没有人狮格斗的风俗，更没有罗马式圆形剧场，只有供戏剧演出的半圆形剧场。这一"伊索寓言"，显然是罗马人创作的。

二　狮子的胜利

狮子和野猪正要搏斗，突然看见站在树上冷眼旁观的秃鹫。狮子对野猪说："我们彼此做朋友，比做秃鹫的美餐强多了。"狮子懂得两败俱伤的道理，及时中止了战争，取得了比打败野猪更了不起的胜利。

随后狮子与豹子为了独霸森林而决斗，大战三百回合不分胜负。豹子建议休战进行谈判。豹子说："我派猫做我的代表，因为猫清心寡欲，平正公允。我建议你派驴子做代表，因为驴子出身高贵，到处受人尊敬。"狮子笑道："凡是受到敌人称赞的，准是对我不利的。"于是狮子派狐狸做自己的代表，结果谈判破裂，战斗重新开始。最后的结果谁都知道：狮子打败豹子，成了兽中之王。

狮子看见一头驴子与一只狐狸在一起。狐狸跑过来说，如果狮子饶他一命，他就把驴子交出来。狮子同意了。于是狐狸出卖了朋友，把驴子引到陷阱那里。狮子见驴子掉下去了，就把狐狸也逮住了。在中国寓言中，狐狸是老虎的帮凶。在希腊寓言中，狐狸是狮子的帮凶。然而结果相同：所有的帮凶都没好下场。狡兔死，走狗烹，这就是暴君的逻辑。

狮子抓住一只老鼠，老鼠哀求他放了自己，说一定报恩。狮子轻蔑地笑了，但还是放了老鼠。不久狮子掉进了猎人的网里。老鼠听见狮子的哀叫，咬断了网绳，救出了狮子。狮子的一念之仁，涓滴之恩，得到了巨大回报。

狮子如此强大，但是关于他获胜的故事很少，最后一次胜利，竟是在老鼠帮助下的胜利大逃亡。或许寓言家们认为，失败的教训对强者更有教育意义？

三　狮子的失败

狮子虽然强大，却对付不了蚊子。蚊子嘲笑狮子说："你不过就会女人的两下了：用爪子抓，用牙齿咬。我可比你强大得多！"蚊子吹着喇叭，发起了冲锋，专咬不长毛的狮鼻。狮子奇痒难忍，朝自己脸上噼噼啪啪大扇耳光，抓破了自己的脸。狮子不必因为被小小的蚊子战胜而惭愧，比狮子更加战无不胜的人类，也对蚊子无可奈何，不得不经常打自己耳光。

除了蚊子带来的烦恼，狮子也不能消除爱情带来的苦恼。母狮嫌雄狮嘴巴里的气味难闻。雄狮为此心情不好，去问绵羊："老弟，你倒是说说，我有口臭吗？"老实的绵羊说了实话，被雄狮一口咬死。雄狮又去问狼，狼说："大王，你嘴里的气息芬芳宜人，就像春天的花香……"狼还没说完，就被雄狮生气地咬死了。雄狮又去问狐狸，狐狸先干咳两声，然后哑着嗓门说："大王，真不巧，我今天感冒，什么气味也闻不出来。"雄狮只好让狐狸走了。由于私生活的不幸而迁怒他人，这是人类社会大部分不幸的根源。但是狐狸的感冒一旦在人类中流行起来，那就谁也别想听到真话了。

狮子在教育后代的事情上，也同样失败了。为了给小狮子挑选教师，他一一筛选：狐狸很聪明但是个骗子，撒谎不是为王之道。鼹鼠工作起来极有条理，然而鼠目寸光。豹子有勇无谋不够仁慈，大象忠厚有余学问有限……总之没有一个合适的帝师。天上的王者雄鹰听说了狮子的难题，毛遂自荐做小狮子的老师。狮子很高兴，还有比另一个国王更适合做王子老师的吗？时间一年年过去，树林里的小鸟不断来向狮子报告王子在学业上的飞速进步。小狮子学成归国，拿出雄鹰颁发的博士文凭："父王，从大雁到鹌鹑，怎么生活，下什么蛋，我无所不知。如果你把治理国家的重任交给我，我马上就可以教臣民们营巢筑窝，下蛋孵鸟。"狮子长叹一声，这些关于飞禽的学问，对治理走兽毫无用处。

学非所用的小狮子，最后被公牛用角顶死了。狮子伤心地哭了起来："命运对我多么不公平啊。"野猪过来劝道："你想想，有更多的人因为被你咬死了亲人，正在哭泣呢。"只要狮子不放弃丛林法则，就无法摆脱丛林法则的报复。

狮子追赶一只羚羊，眼看就要追上了。更令狮子高兴的是，一条峡谷挡在羚羊前面，阻断了他的逃路。但是狮子吃惊地看到羚羊高高跃起，跳过宽阔的深谷，在对面的绝壁上稳稳站住，回过头来嘲弄地看着狮子。狮子气坏了，狐狸走过来给狮子打气："大王，凭你的力量、敏捷、速度、胆量和无与伦比的弹跳力，难道还比不上一头小小的羚羊？只要你愿意，你就能轻轻松松地跳过这条小沟。"狮子顿时热血沸腾，胆气冲天，退后两步，一个冲刺向峡谷对岸跳去……正如狐狸预料的，狮子坠入了深渊。狐狸得意地绕道下到谷底，把狮子拖回洞里，做了一个月的口粮。狐狸无疑是奸臣，可惜狮子永远不明白"亲贤臣，远小人"的道理。

狮子老了，睡在石头床上，粗大的骨节硌得生痛，于是把熊和狼招来："朋友们，石头床对我这老头子来说太硬了。你们不管毛丰的还是毛稀的，每人缴上一撮毛，征集好了给我送来，让我铺一张松软暖和的床。"熊和狼立刻拿着鸡毛当令箭，到处去抓那些兽毛稀疏却无力反抗的牛、驴、兔，把他们的毛拔光。熊和狼不但一毛不拔，还乘机给自己和亲朋好友都弄了一床毛茸茸的褥子。狼和熊无疑是忠臣，但是他们以狮子的名义横征暴敛，中饱私囊，使狮子失去了群兽的敬爱。

狮子曾与动物们约定：想要避免灭种，必须每天提供充足的食物给他。轮到兔子的时候，被选定的那只兔子拖到傍晚才来到狮子的洞口。狮子早已饿坏了，质问兔子为何这么晚才来，而且一只小小的兔子也不够他吃。兔子说："我们一共来了五兄弟，路上碰到另一头狮子，说他才是王，而你是个贼。他扣押了我的四个兄弟，派我来叫你去见他，跟他比一比谁更配称王。"狮子被激怒了，命令兔子带路。兔子把狮子带到井口，狮子对着井里的倒影大吼，井里传出更大的吼声。狮子狂怒地扑了下去……

狮子以为敌人是另一头狮子，其实唯一的敌人是自己。因此弱者总是被强者战胜，强者总是被自己打败。

1997年4月8日

（本文选自《吊驴子文》。）

狼的野史

中国的动物寓言很不发达，偏偏出了个意外：狼来了！来的是家喻户晓的中山狼，当然还有大名鼎鼎的东郭先生。除了孙猴子，没有第二头动物比中山狼的知名度更高，它在《红楼梦》里也轧上了一脚："子系中山狼，得志便猖狂。"马中锡的《中山狼传》在中国寓言史上的地位，相当于曹雪芹的《红楼梦》在中国小说史上的地位。与中山狼齐名的狼故事只有一个，那就是伊索的"狼来了"。它可能是世界上流传最广的动物寓言，已经成了教育孩子不要撒谎的最佳教材。

一个孩子独自去山上的草地放羊，为了逗自己开心，就在山上大喊："狼来了，狼来了……"老乡们拿起锄头、木棍急急忙忙赶来，他们的狼狈相让小孩乐坏了。小孩见这一招挺逗乐，便一而再，再而三地大叫"狼来了"，老乡们多次上当后，再也不相信了。后来狼真的来了，小孩声音惶急地大声呼救。老乡们互相看看说："这孩子这回装得真像！"谁也不去救他。结果他的羊不是被狼吃了，就是被狼咬死了。幸亏他跑得快，拣回了一条小命。

周幽王的爱妃褒姒是个不爱笑的冰美人，为了逗她开心，周幽王点起了烽火台上的狼烟。狼粪燃烧后冒出的黑烟笔直而高，风吹不散。各地诸侯见了狼烟，急忙赶来勤王，他们的狼狈相让褒姒乐坏了。周幽王见这一招能把褒姒逗笑，就一而再，再而三地点燃烽火，诸侯们多次上当后，再也不相信了。后来北方的犬戎真的入侵了，周幽王惶急地点起狼烟。诸侯们心想："周幽王又拿我们寻开心了。"谁也不来救驾。结果周幽王和褒姒都被犬戎杀死，西周便灭亡了。

中国史实与伊索寓言竟有如此惊人的巧合，并且都与狼有关，不禁令人感叹事实比想象更离奇。这进一步启发我们，由于有太多现成的历史典故足以替代寓言的功能，中国人确实无须创作更多的寓言了。

一　狼与羊

民以食为天，狼把羊当饭。关于羊应该被狼吃，狼有十分充足的理由。狼看见小羊在河边喝水，想找个借口吃他，就抱怨小羊把河水搅浑，害得他没法喝水。小羊说自己只用舌头轻轻沾了一下水，况且他站在下游，狼站在上游，自己不可能搅浑上游的水。狼又说："可你去年说过我的坏话！"小羊说："去年我还没生下来呢！"狼大怒道："即使不是你，也是你兄弟。你再怎么能言善辩，反正我要吃你！"

狼的强词夺理引起了公愤，动物议会经过充分讨论，颁布了一条法律："如果狼侵犯羊群，羊有权将狼当场抓住，扭送丛林法庭依法严惩。"据说这条公正的法律，给羊的悲惨命运带来了重大转机。可惜羊们缺乏法治意识，从未扭送过任何一头狼去丛林法庭。

狼邀请悬崖上的山羊下来，吃他身边的嫩草。山羊说："我这里虽然没草吃，但你的午饭也没着落。我到你身边虽然有草吃，但你的午饭就着落在我身上了。还是让我们一起挨饿吧！"

羊顶多对狼隔岸幽默一下，很少有机会战胜狼。羊的唯一一次辉煌胜利，十分偶然。一头受伤的瘸腿狼，没法捕猎。他看见两头公羊在相斗，地上流了不少血。公羊相斗，就是退后，前冲，再退后，再前冲。狼在公羊退后的间隙，去舔地上的羊血，可是因为瘸腿，来不及闪开，竟被两头公羊顶死了。

羊十分明白，要战胜狼，必须得到牧羊犬的帮助。小羊落在羊群后面，被一头狼赶上。小羊转身对狼说："我知道我会成为你的口中食，可最好不要让我悄悄地死去，你吹箫让我跳个舞好吗？"狼觉得在进食前，让羊表演一个舞蹈，给自己开开胃也不错，于是有恃无恐地吹起了箫，小羊跳起了舞……箫声引来了狗，狼逃跑时后悔道："谁让我不做美食家，却改行做音乐家呢！"

狗拼命追赶，狼拼命逃跑。狗以为狼害怕自己，不料狼突然停下向狗反扑。狼狞笑道："你这狗仗人势的东西，以为我真的怕你吗？我真正怕的，是刚才跟在你身后的猎人。”

狼的看法是，狗虽然是狼的劲敌，但是人远比狗可怕。近来对狼的赞美声不断，看来人类打算学好，决定改行做狼了。

二　狼与狗

狼是羊的天敌，狗是狼的天敌，人生观截然不同。

面有病容的饿狼，碰到皮毛丰润的狗。狼诉苦道："表弟，你吃的是什么好东西？气色真不错呀！我一天到晚在觅食，还是吃不饱。"狗夸口道："堂兄，我只要对主人忠心，就不愁吃穿。你要是愿意，就跟我回去。"狼高兴地跟着狗走，突然看见狗脖子上的东西，问道："你的脖子上为什么套一条铁圈？"狗说："你懂什么？这是颈圈，就像女主人的项链一样时髦。其实主人很少把我拴起来，你看我现在不是挺自由吗……哎怎么啦，你上哪儿去？""再见吧！"狼说，"去吃你的山珍海味吧。至于我，宁愿挨饿，也不愿失去自由。"

狼对狗的好意如此多疑，难怪人们把"狼顾"与"狐疑"并提，因为狼走路时习惯于不断回头，唯恐遭到背后袭击。狼的疑心病太重，每次回洞，都要对山洞说话："山洞呀山洞，你为什么不回答我，难道你忘记了吗？我跟你约好，每次我回来都要问你，是否还想请我继续住下去，如果你今天不再请我进去，我就到别的山洞去了。"一头狮子正好躲在洞里等狼回来，心想：看来山洞是狼的朋友，不肯让狼进来被我吃掉，于是压低嗓门说："请进来吧！"狼转身就跑。

可见生活在险恶的丛林中，狼的多疑并非总是多余。然而多疑并不等于多智。小狼对狐狸说："我父亲可真是一位了不起的英雄。他在丛林里威名远扬，一生中战胜过两百多个敌人。如果不是最后一次不幸的战斗，他将是一个胜过狮子的常胜将军。"狐狸冷笑道："你的话虽然差不多是事实，但那是只适合在葬礼上演讲的悼词。如果一个诚实的历史学家写进书里，应该是这样：狼接连战胜的两百多个敌人是羊和驴，而第一个打败他并且把他永远消灭的，是一头他竟敢袭击的公牛。"真正的怀疑主义者狐狸，看不起多疑的狼。狐狸怀疑悼词的真实性，无愧于思想家的美誉。

　　狼要不劳而获，骗吃骗喝活下去，靠的是不要脸的流氓手段和无赖伎俩。有一次狼吃羊，一块骨头卡在了喉咙，请求仙鹤把骨头取出来，承诺一定重谢。仙鹤把头伸进狼嘴，叼出骨头，问狼给他什么重谢。狼狞笑道："我给你的重谢就是，让你的头从我的嘴里平安地出来。难道你还嫌不够？下次你再落到我的嘴里，我就不会这么客气了。"

　　狼肚子不饿时，也会假充善人。有一次狼去看望生病的驴子，他伸手摸摸驴子，问他哪里不舒服。驴子说："就是你摸的地方。"狼只好悻悻走开。过了几天，驴子看见狼向自己奔来，知道这次不妙，便装出瘸腿的样子。狼假惺惺地问驴，怎么弄瘸的。驴说："我刚才过篱笆，让刺扎伤了。你不必假充好人，我知道你今天饿着肚子。但我劝你在吃我之前，先替我把腿上的刺拔出来，免得扎伤你的喉咙。"狼捧起驴的腿找刺。驴猛蹬一脚，踢断了狼的牙齿。狼逃走时后悔说："谁让我不做吃货，又改行去当医生呢！"这是为小羊吹箫以后，狼的第二次改行。由于每次改行都没带来好运气，狼拒绝洗心革面重新做狼。

　　平心而论，狼并不比虎豹更凶恶，然而人们对狼的痛恨远远超过对虎豹的痛恨。狼有时确实背过黑锅。比如狮子喜欢驴肉和兔肉，不喜欢羊肉的膻味。但是羊却与驴子和兔子争夺草地，使狮子常常吃不饱。狮子召来熊和狐狸，问他们怎样才能不让羊侵犯驴子和兔子的天赋权利。熊说："非常简单，把羊全都掐死！"狐狸说："这样有损大王的仁慈美名。最好给羊划出一片草地，为免羊群越界，让狼负责管理。"狮子采纳了狐狸的建议，经常派遣狐狸听取羊群对领导的意见。羊的意见非常一致：狮子是明君，狼是奸臣，狐狸是忠臣。

三　狼与人

　　一头饿狼，夜里外出觅食，闻到一股牛肉味，伸头就咬，咬了个空，被什么东西套住了脖子。惊惶之下左冲右突，来回奔跑，想要甩掉脖子上的东西……早上农夫牵着牛来犁地,不见田垄上的犁套,抬头一看,发现一头狼钻在犁套里,差不多耕完了两亩地。不禁大笑:"你这个坏坯子,要是不再干坏事,常常像这样干点农活多好。"羊做了一辈子好事,很少受到表扬,狼偶然做了一回好事,就被登报嘉奖。不过人的立场十分鲜明,批评狼而同情羊。人对狼的评价早已尽人皆知,饿狼、色狼、野心狼等等,现在不妨听听狼对人如何评价。

狼在暮色中走过一家农舍,无意中听见妈妈吓唬哭闹的孩子:"再不停止哭泣,就把你扔到门口喂狼。"狼信以为真,一直等在门口。孩子哭了一夜,狼也傻等了一夜,妈妈却没把哭闹不休的孩子扔出门来。疲惫不堪的狼抱怨道:"原来人说的是一回事,做的是另一回事。"

一头狼在羊圈附近转来转去,寻找吃羊的机会。看见牧羊人从羊群中挑出最肥的一只绵羊宰了,旁边躺着的狗站都没站起来,就像什么事也没发生。狼悻悻然走开,自言自语道:"要是宰羊的是我,不知道这些狗要怎样穷凶极恶地狂叫呢!"人对羊的损害,确实超过了狼对羊的损害。人对狼的损害,也超过了狼对人的损害。人类用来写字的毛笔,只有两种:一种是羊毫,一种是"狼"毫。羊毛出在羊身上,狼毫出在狼身上。面对人类,狼和羊都没占到丝毫便宜。

通常情况下,用狼毫笔的人,为狼辩护;用羊毫笔的人,为羊祈祷。偶尔也会反过来,用狼毫笔的人,也可能颂扬羊的温柔;用羊毫笔的人,也可能推崇狼的无情。人是比狼和羊远为复杂的高级动物!

1997年4月9日

(本文选自《吊驴子文》。)

兔子与刺猬的赛跑

龟兔赛跑的圈套被解开之后，事情又有了最新进展。

刺猬来向兔子挑战，双方约定了比赛日期。刺猬回家兴奋地把这一消息告诉妻子，刺猬太太吃惊道："你疯啦！你怎么敢不自量力地与飞毛腿兔子赛跑？简直是犯傻！"刺猬说："你只知其一，不知其二。他的腿快，但我的脑子快。你只要按我的吩咐去做就是了。"

到了比赛日子，刺猬和兔子在田垄的一头开始跑。兔子一下子就把刺猬甩开了。这一次兔子吸取了输给乌龟的惨痛历史教训，半道上再也不敢睡觉。他一口气冲向终点，大惊失色地看见"刺猬"（其实是刺猬太太，由于刺猬夫妇长得太像，兔子分不出来）正悠闲地坐在终点的田埂上嗑瓜子呢。

"刺猬"微笑道："兔子，你输啦！"

兔子不明白刚才还落在他后面的刺猬怎么会跑到他前面的，不服气道："你敢再跟我比一次吗？"

"刺猬"笑道："乐意奉陪。"

这一次兔子更不敢轻敌（尽管上一次他也没偷懒），再次发力狂奔，很快又把"刺猬"远远甩开。但兔子冲刺到终点，看见刺猬正潇洒地坐在终点的田埂上抽烟呢。刺猬大笑道："兔子，你服不服气？不管你冲刺来冲刺去，我永远在你前面。你的冲刺，莫非就是冲我刺猬而来？"

兔子心里犯嘀咕：难道"冲刺"一词，早就预言我命中注定要输给刺猬？然而永不言败的兔子，从不相信命运。于是比赛再次开始……

就这样，兔子在两只几乎一动不动的刺猬之间，一次又一次地来回狂奔，最后力竭而死。

不难看出，刺猬远比乌龟坏得多。在龟兔赛跑中，乌龟毕竟还在坚持不懈地爬，愚弄兔子的并非参赛者乌龟，而是比赛主办者；但现在刺猬既是参赛者，又是比赛主办者，愚弄兔子的正是刺猬。乌龟赢得尊敬，靠的是努力。兔子赢得尊敬，靠的是实力。而刺猬攫取实利和虚名，靠的是狡智。

叔本华说，人类就像刺猬，由于怕冷不得不挤在一起，但挤在一起又会互相刺痛，不得不挪开一些，保持不远不近的距离，这就是人类社会人与人的常态。

这不远不近的距离，正是田垄两头的距离。兔子正是在田垄两头之间狂奔。

在这一寓言中，刺猬最终"战胜"兔子的终极奥秘，就是所有刺猬都一模一样，所有刺猬都毫无个性，所有刺猬都自作聪明，所有刺猬都作弊捣鬼。刺猬"战胜"兔子的原因，决不是因为在数量上占优势。刺猬的数量固然大大多于兔子，但乌龟的数量更大大多于刺猬。然而刺猬不仅"战胜"了数量大大少于他们的兔子，同样也战胜了数量大大多于他们的乌龟。愚弄兔子和弄愚乌龟的，正是刺猬。在乌龟看来，刺猬是真兔子，比真兔子更真，因为真兔子都给刺猬"打败"了。然而在真兔子看来，刺猬是假兔子，刺猬不过是乌龟中的"成功人士"罢了。

证明刺猬并非凭数量"战胜"兔子的证据是，即便在作为兔子集中营的高等学府或研究机构里，兔子也总是输给刺猬。因为兔子之所以是兔子，就因为他不仅与乌龟和刺猬不一样，还与任何其他兔子都不一样。如果这只兔子与那只兔子竟然一样，那么这两只兔子一定是假兔子，是假扮成兔子的刺猬——乌龟可没有假扮兔子的能力。

真正的兔子永远孤立无援，即使一大群兔子与两只刺猬斗，由于每只兔子都各自为战，而两只刺猬永远合力愚弄兔子，因此所有兔子都会一一输给合伙的刺猬。所有兔子都会像那只寓言兔子一样，前仆后继地"重蹈覆辙"，在两只一模一样的刺猬之间疲于奔命，最后力竭而死。

人类历史之所以热闹，人类文化之所以精彩，就因为人们不断地看到一只又一只极具个性的兔子在狂奔。"悟透了这一点"的兔子是否可能停止狂奔呢？不可能！兔子的命运就是永远狂奔，不管有没有观众，有没有喝彩，有没有锦标，兔子都会永远狂奔。以为兔子是为了观众而跑，为了喝彩而跑，为了锦标而跑，只是乌龟和刺猬的见解而已。兔子确实一只接一只地在刺猬们之间"重蹈覆辙"地狂奔而死，然而没有一只兔子会重蹈覆辙，因为没有两只兔子一模一样。每一只兔子的世俗失败，都是极具新意的失败，正如每一只刺猬的世俗成功，都是乏味落套的成功。每一只兔子都在创造自己的独特命运，谱写人类文明的新篇章。

真正重蹈覆辙的，是那些凭借作弊捣鬼获得世俗成功的刺猬，以及那些并未获得世俗成功却在看台上为刺猬起哄的乌龟，他们的最终命运都一模一样，正如他们长得一模一样。他们最终都是历史的过客，文化的看客。解剖一只刺猬，就能了解所有的刺猬。解剖一只乌龟，就能了解所有的乌龟。但是即使了解一千只兔子，还是无法预知第一千零一只兔子会带来什么，因此人类历史永远惊心动魄，人类文化永远新鲜刺激。

乌龟和刺猬以为，兔子是在听从刺猬手上的发令枪而狂奔。乌龟和刺猬以为，兔子是因为害怕刺猬手上的发令枪而不得不跑。乌龟和刺猬以为，如果兔子不跑，就可以用发令枪枪毙兔子。他们得意洋洋地宣布，刺猬掌握的发令枪是因，兔子的不得不狂奔是果。其实兔子之所以狂奔，仅仅因为他是兔子。兔子的狂奔，看上去以发令枪为起点，以刺猬为终点。然而有发令枪和刺猬也好，没有发令枪和刺猬也罢，根本不影响兔子狂奔。站在田垄上的刺猬，除了挡住兔子的跑道，别无作用。坐在看台上的乌龟，除了干扰兔子的发挥，也别无作用。

兔子尽管不是为了乌龟和刺猬而跑，但乌龟和刺猬对未来的期待，却是对下一只兔子的期待。如果说乌龟和刺猬在等待戈多，那么戈多就是下一只兔子的名字。倘若没有兔子，坐在看台上对兔子喝倒彩的乌龟，除了无聊，还能看些什么呢？倘若没有兔子，站在田垄上对兔子作弊捣鬼的刺猬，除了无聊，还能干些什么呢？

乌龟和刺猬，永远在翘首期盼下一只兔子走上跑道。

1998年12月1日

（本文未曾入集。刊于《南方都市报》2002年5月6日，
《中国青年》2002年第10期，《三湘都市报》2004年9月23日，
入选刘洪波主编《2002年中国杂文精选》。）

刺猬与狐狸

刺猬只此一招，狐狸随机应变。究竟孰优孰劣？真是一言难尽。

刺猬认为：刺猬是专业的，狐狸是业余的。

狐狸认为：狐狸博学淹通，刺猬孤陋寡闻。

旁观者认为：刺猬是讽刺家，狐狸是幽默家。

旁观者有时喜欢刺猬，有时喜欢狐狸。好恶的变化，随着刺猬之讽刺，狐狸之幽默，与旁观者之相关度，而不断转移变迁。

对于刺猬的讽刺，如果旁观者觉得与己无关，就会认为刺猬目光敏锐。即便刺猬尖锐刻薄，也被视为深刻。如果旁观者自动对号入座，就会认为刺猬心胸狭窄。即便刺猬犀利深刻，也被视为尖刻。

对于狐狸的幽默，如果旁观者觉得与己无关，就会认为狐狸高妙独特。即便狐狸老奸巨猾，也被视为宽容大度。如果狐狸的幽默，嘲笑的是你本人，被开涮又难以还击的你，就会觉得狐狸过于阴损。即便狐狸宽容大度，也被视为老奸巨猾。

可见究竟是刺猬好，还是狐狸好，难有公认标准。褒之贬之，既在于评价者是刺猬还是狐狸，还要看评价的刺猬、狐狸，是专业的还是业余的。好之恶之，更在于你的立场和你的利益，能够超越立场与利益的人非常罕见。

某人属于狐狸型，还是属于刺猬型，也是相对而言。比如说，哲人与学人相比，哲人就是专业的刺猬，学人则是业余的狐狸。但学人们认为，自己是专业的，有权说出不合常识、不通世务的昏话。然而学人的专业程度能与哲人比吗？学人的专业程度，不过略胜文人罢了。

与文人相比，学人确实更像刺猬，文人确实更像狐狸。即便是狐狸型学人，也比刺猬型文人更专业；即便是刺猬型文人，也比狐狸型学人更业余。所以仅以哲人、学人、文人三者相较，他们的序列是：

刺猬哲人＼狐狸哲人＼刺猬学人＼狐狸学人＼刺猬文人＼狐狸文人

百科全书型的大师和通人，既可以说是刺猬，又可以说是狐狸，其实既不是刺猬，又不是狐狸，而是充分发展了的至人。至人超越刺猬型和狐狸型的限定，可以借用拿破仑对歌德的评价："您是一个完全的人！与您相比，其他人不过是人的碎片。"

大部分人虽然生为"万物之灵长"，却愧对这一分类标签。生为这一族类的人类个体，大多只有狐狸的狡智，而无人类的长处。人类与动物相比，先天具有智力优势，可惜大部分人没把智力用于正途，仅仅滥用于歧途。

从滥用智力的业余狐狸，变成慎用智力的专业刺猬，必须经过永不懈怠的漫长修炼。根据每个人的智力极限和意志强弱，也许修炼成了鞋匠，也许修炼成了会计，也许修炼成了律师，也许修炼成了教授，也许修炼成了科学家，也许修炼成了政治家。修炼过程永无极限，唯有死神方能终止。修炼使自然人变成文明人，兽的成分渐少，人的成分渐多，趋近大师和通人。然而大师和通人，一旦以为修炼已经完成，必将被兽性迅速夺回失地。无数大师和通人，在其修为达到顶峰并且开始自满以后，走向了人性的衰败与堕落。

只有达到自身潜能的巅峰，并且永不懈怠地终生修炼的至人，才是真正的"万物之灵长"。

2001年12月28日

（本文未曾入集。刊于《青岛晚报》2002年2月19日，
《东方早报》2004年7月5日，《三湘都市报》2004年11月9日，
《深圳商报》2005年4月5日，《杂文选刊》2005年6月上半月刊。）

乏味的好人

　　生活中乏味的人很多。尽管乏味的人大多不是坏人，然而乏味的好人使许多人对生活失去了热情，比如乏味的薛宝钗逼得贾宝玉出家做了和尚。许多男人喜欢薛宝钗，因为他自己就是乏味的人。林黛玉显然比薛宝钗"坏"，但她不乏味。小说或影视里的正面人物如果乏味，读者和观众就宁愿喜欢不乏味的坏蛋。我写这篇文章，就是希望好人们都有趣起来，让有趣的坏蛋们失去"魅力"。下面略举好人之乏味种种，供渴望变得有趣的好人引以为鉴。

　　讨厌的人，或者相反，可爱得讨任何人喜欢的人。令人讨厌可以有很多原因，但主要原因是他不想讨任何人喜欢，他只要自己喜欢自己就行。太可爱的人却相反，他自己可以不喜欢自己，但只要别人喜欢就行。

　　面目可憎的人，或者相反，可爱得只剩一张画皮的美人。面目可憎固然与相貌有关，但并非一回事。一个有两只招风耳的人，可能像马三立一样有趣。许多自然灾害严重的人，都娶了大美人。人们常常对生活中相貌不般配的夫妇感到惊讶，我相信不般配的那位一定很有趣。面目可憎的人，就是觉得整个世界"欠我多，还我少"的人，真正面目可憎的，其实是长期恶狠狠的表情。非关天灾，主要是人祸，而且是自己惹的祸。长得好看本来讨人喜欢，但仅仅因为上帝的青睐，就觉得自己不必再有任何长进的人，除了乏味还能剩下什么？

　　啰嗦的人，或者相反，对任何话题永不发表意见的人。在前传媒时代，啰嗦的人充当了义务信使，把任何鸡毛蒜皮传得尽人皆知。而在传媒时代，他却会把昨天晚报上的任何鸡毛蒜皮，在今天逢人就说。如果昨天的晚报没有投递，他今天就没完没了地声讨邮局。另外一种人干脆走向另一个极端，他们抱着"日里讲到夜里，菩萨还在庙里"的态度，对一切都充耳不闻，对一切都三缄其口。

　　不知趣的人，或者相反，不识抬举的人。不知趣的人脑袋里缺根筋，他什么都想知道，人家正在说不足为外人道的体己话，他偏要挤进来，打听别人在说什么。如果人家表示不值尊耳一听，那么他正好有一个乏味的消息要告诉你。你们的聚会不邀请他，他偏要参加，而且坚持由他做东，使你难以拒绝。他坚持要在双休日上你家看看你新买的家具，晚饭后你已经哈欠连连，他却兴头正高，坚持要试试你家的卡拉OK效果如何。不识抬举的人正好相反，你为他设想好了一切，他死活不要。你央求他成全你的善举，他却坚持不肯欠任何人的情。

不可理喻的人，或者相反，对任何歪理都心悦诚服的人。不可理喻已有公认的标准：你动用了一切生动的比喻和铁一般的逻辑来证明"四七二十八"，他就是坚信"四七二十七"。但也有人对任何歪理都从善如流，今天某报说朝左睡好，他就朝左睡，明天某杂志说朝右睡好，他就朝右睡。不管说得对不对，只要"人家说"了，他就恭行如仪。

胸无点墨的人，或者相反，无所不知的万事通先生。胸无点墨的人仿佛生活在真空里，你说的任何东西他都不知道，要你解释明白，但你刚开始解释又出现了他不明白的，于是又要解释，最后你被搅得完全忘了一开始在说什么。万事通先生也乐于打断你，但他不是要你解释，他要代替你说下去。有时候确实让他料到了，更多的时候他却料错了，但他坚持是你记错了，因为他永远不会错。

不懂装懂的人，或者相反，明明知道你要干傻事也决不劝阻以便看你好戏的人。不懂装懂的人认为世上所有的权威都是糊弄人，所以他从不认为自己有不懂的事，仿佛他也经历了佛陀在菩提树下的大彻大悟，根据"一法通，万法通"，他对任何事情都可以提供一个忠告，就像某歌星在广告中所说："听我的，没错的！"明哲之士正好相反，他也大彻大悟了，他认为任何忠告都不会起作用，而忠告如果有效，就失去了一次看白戏的机会。

预言家，或者相反，马后炮。预言家的目的就是让你扫兴。正因为对结果没把握，你才有兴趣。但预言家喜欢剥夺你在过程中的乐趣，他乐于把故事的结局预先告诉你。马后炮事前决不肯泄露天机，但事后他一定说早就料到了，而且能举出人证。从未听说此事的好好先生则一定帮腔，说确实听马后炮预言过，连细节都准确无误。好像马后炮是写分镜头剧本的导演，而好好先生做了义务场记。

看破一切的人，或者相反，热爱一切的人。看破一切的人对任何人的热情都要泼冷水："这有什么意思！"热爱一切的人要证明自己比任何人更热爱生活，你喜欢音乐，他立刻声称自己是超级发烧友。我喜欢绘画，他马上宣布缺了美术就活不下去。

搬弄是非的人，或者相反，不相信世上有任何是非的人。搬弄是非的人认为蛋黄比蛋白好吃还是蛋白比蛋黄好吃，属于大是大非，为此打离婚甚至打仗都十分值得。否认是非的人却认为，任何纠纷都与小人国里的战争一样，由吃鸡蛋应该磕破小头还是磕破大头这样的无事生非引起。

毫无幽默感的人，或者相反，幽默得一见到你就要说个笑话的人。毫无幽默感的人，等人家把笑话讲完，所有的人已经笑完，还在问"后来怎样"。幽默家则把"后来怎样"又编进了笑话。还没等人家笑，他自己就已经笑了。他一开口，就是"我给你说个笑话"。

道学家，或者相反，除了房帏秘事对什么都没兴趣的人。道学家认为一切都与"性"有关，他都要批判。道学家造就了后一种人，他只有"性趣"。

毫无原则的人，或者相反，在任何场合都坚持唯一一条原则的人。毫无原则的人是"后入为主"者，他把听到的最时新观点，奉为金科玉律。坚持原则的人是"先入为主"者，他把自己知道的最古老观点，奉为金科玉律。

赞成一切的好好先生，或者相反，对一切都要说不的人。好好先生不会说不，只会说好。不好先生只会说不，不会说好。对他们说什么都是白搭。

以上列举的乏味种种，主要体现在男人身上。身为男人，我以为既然世界的美丽主要由女人负责，那么世界的有趣即不乏味，就理应主要由男人负责。正如我们在生活中到处都能发现，美丽的女人与有趣的男人具有相当的相关性：有趣的男人常常有一个美丽的妻子，而美丽的女人往往有一个有趣的丈夫。如果某个男人抱怨自己的太太不够漂亮，那么旁观者立刻可以得出结论：这个男人一定相当乏味。

1998年4月7日

（本文选自《吊驴子文》。刊于《交际与口才》1999年第1期，
《特区文学》2001年第1期,《青岛晚报》2001年8月19日,
《三湘都市报》2007年2月13日。）

礼物的怪圈

我不喜欢送礼物，也不喜欢收礼物。

不喜欢送礼物，容易理解，大多数人都不喜欢送礼物。人们不喜欢送礼物，却不得不经常送礼物，是因为喜欢送礼物以后得到的好处。但我不喜欢只有送礼物才能换来的好处，所以把不得不送礼物的应酬，减少到了几近于无。

不喜欢收礼物，较难理解，谁会不喜欢别人送礼物呢？我就是一个，衷心希望你也是，那么我将非常乐意交你这位新朋友。结交之前，我必须坦白：我真正不喜欢的是收礼之后的还礼，所以如果你给我送礼之后，允许我不还礼，那么我会很喜欢你给我送礼。如果我的坦白交代，促使你来访之时不带礼物，你我就能无礼一身轻地发展纯粹的友谊。

以上仅是我的理想，理想与现实毕竟有相当距离，尤其是在号称"礼仪之邦"的中国，总是避免不了礼尚往来。于是你送礼，我还礼……所谓"靡不有初，鲜克有终"，只要开了头，就会无休无止，折腾不完。

假如你大年初一来我家做客，送我价值一百元的礼物。我大年初二回拜，按照礼仪，我不能也送价值一百元的礼物，否则你会觉得我是还债，过于人情寡淡。我必须送价值一百五十元的礼物，才算不失礼。谚云"礼多人不怪"，但对"礼"字的理解，古今有别。按旧俗，礼仪多，人不怪。按新俗，礼物多，人不怪。现在移风易俗，除旧立新，大抵遵循新俗，意为在不尚往来的单方面送礼中，即便你一而再，再而三地送礼物，人家也不会见怪。我没有这种单方面"优势"，所以理解又与新俗略有不同。所谓"礼多人不怪"，是指还礼比收礼多，人家才不会见怪。如果收礼价值一百元，还礼价值五十元，人家就会见怪。倘若事情止于收礼一百元，还礼一百五十元，尽管损失五十元，但我毫不在乎。可恨的是，事情远远没完。因为我送了一百五十元礼物以后，你不好意思了，觉得欠我一份人情。

于是妇女节你第二次来访，送我妻子一份二百元的礼物。你不肯只送五十元，那样像是结清差额，宣布断交。你也不肯只送一百元，否则你误以为礼少我要怪，其实我根本不会怪，但你事先没问我，我怕你误以为我用反语暗示，也不敢告诉你。即便我不怕你误会，冒昧直告"千万别送礼"，也没用，你依然会送二百元礼物。这回轮到我不好意思了，也觉得欠你一份人情。

于是劳动节我不得不第二次回拜，送你妻子一份二百五十元的礼物。

于是儿童节你第三次来访，送我孩子一份三百元的礼物。

于是国庆节我不得不第三次回拜，送你孩子一份三百五十元的礼物。

姑且假设到此暂告一个段落，其实哪有如此好事，小结一下：一年下来，你送了我六百元礼物，我还了你七百五十元礼物。我不得不告诉你，我很不高兴。但我不是因为损失了一百五十元钱而不高兴。即便你我角色换一换，我净赚一百五十元，我还是不高兴。因为你送我的礼物，大都是我不需要的东西。有些东西尽管我很需要，但是款式，造型，颜色，我都不喜欢。我这人很疙瘩，趣味古怪恶俗，流行的东西一概不喜欢。你这人虽然趣味时尚高雅，流行的东西大都喜欢，但我按照流行趣味，煞费苦心为你挑选的礼物，你也同样不喜欢。

花钱本该开心，你我都花了钱，却都不开心。收礼也该高兴，你我都收了礼，却都不高兴。这到底是为什么？因为你和我，身不由己地合伙做了一件超级蠢事：你的钱，却由我做主，买了你不喜欢的东西。我的钱，却由你做主，买了我不喜欢的东西。你我还心甘情愿赔上车马费，为对方义务送货。我真不明白，咱俩为什么非得这么干？

我还没来得及告诉你，由于不喜欢你送我的礼物，我自作聪明地在大年初三去拜访一位老朋友，把你送我的礼物转送给了他。不料老朋友大年初四前来回拜，也还了礼。我和他也陷入了恶性循环，端午节、中秋节频繁互访，替对方做主，花对方的钱，买对方不喜欢的东西，倒贴车马费送货。老朋友虽然与我相知甚深，堪称知己，但他送的礼物，我照样不喜欢。为了把他的可恶礼物，嫁祸于人地处理掉，我又鬼使神差地在大年初五，去拜访一位算不上朋友的熟人。结果不必再说，我与那位没啥交情的熟人，也陷入了恶性循环，重阳节、圣诞节殷勤互访，替对方做主，花对方的钱，买对方不喜欢的东西，倒贴车马费送货，还都装出一副喜滋滋乐颠颠的样子。

事情就是如此糟糕，由于你开了不好的头，你、我、我的老朋友和老熟人，四人瞎忙一年，硬要花掉别人的余钱，逼着人人买下自己不喜欢的东西。我们似乎不像朋友，反倒更像仇人。既然如此，你们三位不如每年元旦，空手来到我家，带上去年的余钱。我们四人不必攀什么交情，索性围着桌子坐下来，打四圈麻将，把口袋里的余钱挪来挪去，然后带着或多或少剩下的钱直奔商店，买下早就想买却一直没买的东西。这也比浪费时间精力穷折腾一年，要强得多。

2000年3月1日

（本文选自《故事的事故》。刊于《大江晚报》2000年12月2日，《特区文学》2001年第1期，《三湘都市报》2004年9月2日，《新闻世界》2008年第1期，《杂文选刊》2008年第3期，《特别关注》2008年特刊，《桂林日报》2009年9月9日。）

皇帝的口才与文才

罗马帝国的早期皇帝都是军人出身，因为没有各军团的拥护几乎不可能当上皇帝，然而令人吃惊的是这些皇帝差不多都饱读诗书，具有杰出的口才和卓越的文才。因为他们必须经常向元老院、士兵乃至民众直接演说，以提高威望和赢得支持。几乎每一个皇帝都是自己撰写演说辞。塔西陀《编年史》说："在掌权的皇帝中，尼禄是第一个需要别人写演说辞的皇帝。"

西塞罗在《布鲁图》一文中列举了一些演说家后指出，恺撒不比其中任何人差些。他认为，恺撒的风格不仅优美、明白，而且雄浑，甚至可以在某种程度上说，有些高贵。西塞罗还认为，恺撒的《高卢战记》"理应受到赞美，它们简捷明了而又不失优美，没有演说术的堂皇词句的装饰。虽然他的目的在于给那些打算写历史的人提供素材"。希尔提乌斯对此进一步赞叹道："《战记》受到所有评论家如此高的赞扬，以致他好像不是为作家们提供了机会，而是剥夺了他们的机会。可我们对它们的赞扬比其他人还要高，因为他们只知道这些战记写得多么优美，多么准确；可我们另外还知道，他写这些战记写得多么不费劲，多么迅速。"

苏维托尼乌斯所著《罗马十二帝王传》记载了那句恺撒名言的来历："在本都凯旋式上，游行队伍的展品中赫然可见一幅仅三个词组的标语牌：'我来了，我看了，我胜了。'他这样指明战争结束之快，而不像其他凯旋式那样用标语牌列述战争事件。"不能不赞叹恺撒确实高明。那些喜欢雇用御用文人撰写长篇颂文的愚蠢统治者，如今有谁记得呢？

恺撒的继任者奥古斯都对写作的迷恋，发展到了怪僻的程度：他甚至把对个人的甚至是对妻子利维亚的谈话内容写在一个笔记本上，然后照本宣读，因为他担心无准备的谈话会说得太多或不充分。

当然，奥古斯都有他自己的虚荣心，一旦他发现了自己的某个拼写错误，他不是在下一次写到这个词的时候加以改正，而是时刻记住按他第一次拼错的样子继续错下去，他认为这样人们就不会把以前的拼写错误看成是错误，而是把错误看成是"习惯"。

卡里古拉对写作的爱好则有些邪恶。他在处理政务之余，自告奋勇为在元老院受审的人分别拟写一份控告辞和一份辩护辞，然后比较两者，如果控告辞写得较好，就判被告有罪，如果辩护辞写得较好，就判被告无罪。不管被告事实上是否有罪。

克劳狄的写作热情更高一些，他常常当众朗读自己的作品。有一次，听众中有一个肥胖的家伙坐断了长椅，引起轰堂大笑；笑声虽然很快平息下去，但克劳狄自己读着读着，还时不时地想起这件事，并情不自禁地发笑。这老家伙的童心实在旺盛得有趣。

1995年11月28日

（本文选自《吊驴子文》。刊于《三湘都市报》2006年2月28日。）

好皇帝与坏皇帝

开创了古罗马黄金时代的奥古斯都，是一个节俭的皇帝。他最慷慨时，一次宴会只上三到六道菜，没有不必要的奢侈。他的节俭帮助他完成了一项了不起的伟大成就，使他在晚年可以自豪地宣称："我得到的是一座砖土的罗马，而我交出的是一座石头的罗马。"

罗马皇帝奥托的"伟大气质"令人感动，当有人为了与他争夺皇帝宝座而发动内战时，他自杀了。因为他为自己夺取最高权力而让国家和人民遭受那样大的危险感到耻辱。对内战深恶痛绝的他说："一个人为大家而死，要比许多人为一个人而死更符合大义！"

最让人厌恶的两个罗马皇帝，是卡里古拉与尼禄。

卡里古拉是滥用权力的暴君典型，曾说："让他们恨我吧，这样他们可以怕我。"他甚至常常公开表示遗憾：他那个时代不曾有任何全国性重大不幸事件。他说，奥古斯都统治时期以瓦鲁斯战败而闻名，提比略统治时期以费德那的大圆形剧场坍塌而著称，可他自己的时期则由于普遍的富裕而将遭到淡忘。为此，他时常希望自己的军队被击溃或出现饥荒、瘟疫、火灾甚或地震，以便他自己借着这些天灾而青史留名。这虽然疯狂，仍比主动制造人祸的尼禄好些。

一次宴会上，卡里古拉突然哈哈大笑，坐在他身旁的两位执政官谄媚地问他为何发笑，他说："因为只要我一点头，你们两人的喉咙就能被割断。"这个可怕的皇帝在吻妻子或情妇的脖子时常说："多好的脖子呀！但是只要我一声令下，它就要搬家。"他威吓说，如果需要，他将诉诸拷打，从他亲爱的卡桑尼娅嘴里弄清楚，他为何如此深情地爱着她。他甚至打算任命自己的一匹爱马做罗马城的执政官。

卡里古拉的一句话发人深省，他说："为什么柏拉图可以把荷马逐出他所建立的理想国，而我就不可以这样做呢？"这话令我震惊。就智力而言，帝王们常常是平庸的，他们顶多是某个大思想家的学说的片面信奉者。思想家们的思想霸权和语言暴力，常常是某些一意孤行的统治者的最佳理论武器或神圣借口。其实柏拉图不必把诗人或艺术家赶出理想国，因为理想国的人们必然明白，艺术家不适合做统治者，尼禄就是一个最好例子。

尼禄是掌握了不该有的巨大权力的疯狂"艺术家"。尼禄几乎接触了当时的全部文艺作品。人们公认，在歌唱方面，他可与阿波罗相媲美，而在驾车方面，他也可同太阳神相抗衡。他热衷于参加歌唱比赛，然而在比赛中，他像普通参赛者那样认真遵守规则，因为他坚信自己的艺术天才无人能及。不过一旦他担心对手比自己技高一筹，他甚至会通过行贿让对手输给他。尼禄不亲自撰写演讲辞，但他确实在元老院演讲。然而他却从不向士兵发表演说，因为向士兵演说必须在广场上大喊大叫，那会损害他的嗓子。尼禄在罗马帝国各地参加了无数次歌唱比赛，他赢得的桂冠，竟有1808顶之多。

尼禄相信没有一个人是贞洁的，甚或身体某一部分是洁白无瑕的，人们只是掩饰自己的恶行，狡猾地给它们盖上遮羞布。因此，凡向他供认自己淫荡的人，他连他们的一切其他恶行都饶恕了。由于尼禄对人性有如此极端阴暗的看法，所以他是古今中外的皇帝中，刻意要把皇帝做坏的一个极端例子。当有人在谈话中引用一位愤世古人的名言说："我死后，愿大地一片火海。"尼禄打断道："不，在我活着的时候。"他果然做到了。他点燃的罗马大火，燃烧了六天七夜，烧掉了奥古斯都留下的石头罗马的一大半。

他的倒行逆施引起了人民的痛恨，并最终导致自己被迫自杀。但最令人惊奇的是，尼禄始终能忍受人民的唾骂和斥责，对那些用挖苦话和打油诗攻击他的人尤其宽大为怀。当他们中的某些人被告密者报告给元老院之后，他禁止严惩他们。尼禄在自杀前痛哭流涕地说道："一个伟大的艺术家就要死了！"多么可怕的艺术家！

罗马皇帝图密善，则是一个孤独而无聊的暴君。除了捕捉苍蝇，并用铁笔刺杀它们之外，他什么事也不做。有人问谁与皇帝在一起，侍卫说："连苍蝇都没有。"

1995年11月28日

（本文选自《吊驴子文》。刊于《领导文萃》2003年第2期，
《三湘都市报》2006年3月14日，《杂文选刊》2006年4月下半月刊。）

博尔赫斯式逆转

　　博尔赫斯是一位令人着迷的奇异作家，在其众多独创中，有一种独创最能体现他作为杰出文体家的才华，那就是无论什么文体（小说、随笔、论文），他在作品结尾必定安排一个出人意料的大逆转。他的小说《〈吉诃德〉的作者彼埃尔·梅纳德》，如此描述主人公："由于他的一种宽容或者嘲讽的习惯，使他喜欢宣传的恰恰是与他自己所赞同的完全相反的思想。"这或许正是夫子自道。

　　博尔赫斯否认自己是思想家，但他承认自己关心的唯一哲学问题是"时间"："除萦怀的时间问题外，我对任何哲学问题都没有得出结论。"（《作家豪尔赫·路易斯·博尔赫斯谈博尔赫斯》）于是我们有幸读到被美国作家厄普代克称作"他最具雄心的"长篇论文《对时间的新驳斥》，文中他以百科全书式的渊博，广泛援引了唯物论者卢克莱修、唯心论者贝克莱、神秘主义者艾克哈特、怀疑论者休谟、意志论者叔本华、柏拉图主义者普罗提诺，以及中国的庄周、印度的佛经、犹太法典《密西拿》等等，来论证时间的不真实和世界的不真实。在读者几乎被他说服的时候（幸而我没被说服），他在论文最后竟然全盘推翻了自己的论证："然而否认时间的连续，否认天文学的宇宙，是表面的绝望和暗中的安慰。我们的命运并不因其不真实而令人恐惧；它令人恐惧是因为它不能倒转，坚强似铁。时间是组成我的物质。时间是一条载我飞逝的大河，而我就是这条大河；它是一只毁灭的老虎，而我就是这老虎；它是一堆吞噬我的火焰，而我就是这火焰。不幸的是，世界是真实的；不幸的是，我是博尔赫斯。"

　　他的随笔，首先设法感动你，最后又嘲弄你的感动。比如在名文《博尔赫斯和我》中，他坦言作为一个生活在凡庸的痛苦生活中的人，与一个功成名就的名作家之间的人格分裂："我活着，我让自己生活下去，博尔赫斯才能构思他的诗文，而这诗文又成为我的辩护。我无需否认他的确写了一些值得一读的篇章，但这些篇章救不了我，或许因为好的事物已经不属于任何人了，甚至也不属于那个人，而只属于语言和传统。……我只有在博尔赫斯，而不是我自己（倘若我是某人的话）身上留存，但与他的书籍相比，我在许多别的书里，在一把吉他累人的演奏之中，更能认出我自己。多年来我一直努力从他那里挣脱出来，我从城市郊区的神话流浪到与时间和无限的游戏，但如今连这游戏也是博尔赫斯的了，于是我只得构想别的事物。就这样，我的生活成了一种逃亡，我丧失了一切，一切都归于遗忘，或是归于那另一个人。"不幸的是，这一次我真的被感动了。然而博尔赫斯在文章的最后让我啼笑皆非："我不知道在我俩之中，是谁写下了这一页。"

在他最擅长的文体小说中，这种博尔赫斯式的大逆转，取得了最为辉煌的成功。当他已经把故事说得令你信以为真，当你顺着种种暗示和提示，自以为对作者设置的悬念了然于心之时，他在小说最后突然告诉你，你信以为真的，正是假的，种种暗示和提示，均为误导，目的是为了把你的想象力引入歧途，引入迷宫。但这一切并非故弄玄虚，博尔赫斯的最后逆转具有真正的力量。比如在小说《刀疤》中，博尔赫斯叙述了文森特·蒙如何用革命思想教育"我"，但在实际战斗中又如何怯懦；"我"如何舍生忘死地保护文森特·蒙，救了他的命，最后文森特·蒙却贪生怕死出卖了"我"。"我"讲完全部故事，最后说："我把这个故事用这种方式讲出来，是为了使您可以一直听到底。是我告发了庇护我的那个人！我就是文森特·蒙！现在您唾弃我吧！"

这就是令人赞叹的博尔赫斯式大逆转。哪怕你事先知道在博尔赫斯的每篇作品结尾必有大逆转，但每次你还是会被震惊，并深深倾倒于这种绝妙的艺术奇迹。在小说《特隆，乌克巴尔，奥尔比斯·忒蒂乌斯》中，博尔赫斯写道："一本书如果不以反对它本身而结束，就被认为是不完整。"博尔赫斯所说的"不完整"，或许是指不完美。在这种匪夷所思的大逆转中，博尔赫斯履险如夷地抵达了他的艺术峰顶。

1997年3月7日

（本文选自《吊驴子文》。刊于《广州日报》1997年12月20日，
《深圳风采周刊》1997年第196期，《文汇读书周报》2000年11月11日，
《三湘都市报》2006年2月21日。）

抢椅子

男角五：武夫，文士，农人，工匠，商贾。

女角一：少女。

道具：椅子四，锣一，鼓一，其他相应道具若干。

第一场

（幕启：舞台中央，四把椅子背靠背朝向四面。五男角皆少年，首尾相衔僵立不动。武夫横槊，文士握卷，农人荷锄，工匠持锯，商贾携尺，衣冠相应；少女司锣鼓。）

少女擂响战鼓。五人绕着椅子兜圈子。鼓点快则快跑，鼓点慢则慢行。

忽然一声锣，五人赶紧抢椅子，武夫、文士、农人、工匠得座。商贾兀立无座。

已而武夫高踞庙堂，搂少女于膝上，文士跪坐己踵，农人仰卧田垄，工匠俯卧竹榻。

商贾被罚沿街叫卖，不得坐店。

（幕合。）

第二场

（幕启：场景同前。五男角皆已壮年。少女颜色如前。）

少女擂响战鼓。五人绕着椅子兜圈子。鼓点快则快跑，鼓点慢则慢行。

突然一声锣，五人赶紧抢椅子，文士、农人、工匠、商贾得座。武夫兀立无座。

已而文士高踞朝堂，少女跪坐已踵，农人仰卧田垄，工匠俯卧竹榻，商贾坐于曲尺形柜后。

武夫被罚门外站岗，不得坐朝。

（幕合。）

第三场

（幕启：场景同前。五男角皆已中年。少女颜色如前。）

少女擂响战鼓。五人绕着椅子兜圈子。鼓点快则快跑，鼓点慢则慢行。

猛然一声锣，五人赶紧抢椅子，武夫、农人、工匠、商贾得座。文士兀立无座。

已而武夫高踞庙堂，搂少女于膝上，农人仰卧田垄，工匠俯卧竹榻，商贾坐于曲尺形柜后。

文士被罚站着讲课，不得坐堂。

（幕合。）

第四场

（幕启：场景同前。五男角皆已老年。少女颜色如前。）

少女擂响战鼓。五人绕着椅子兜圈子。鼓点快则快跑，鼓点慢则慢行。

铿然一声锣，四人赶紧抢椅子，发现无人与之争抢。武夫、文士、农人、工匠皆得座。商贾傲然兀立。

商贾俟四人坐定，微笑上前，出囊中钱，一一买下四人座椅，正反叠起，高坐其上。

商贾复出囊中钱，命少女擂鼓。文、武、农、工绕着高椅兜圈子。鼓点快则快跑，鼓点慢则慢行。

商贾示意，少女锵然一声锣，文、武、农、工互殴混战。商贾仰天大笑。

少女掷下鼓槌，攀爬高椅而上，坐于商贾膝上，摸其囊中钱，随手掷下，文、武、农、工罢斗而扑地抢钱；武夫、农人、工匠各得多寡不等，唯文士不胜力，废然负手侧立。

商贾示意，文士拾地上鼓槌，复擂鼓，武夫、农人、工匠复绕高椅兜圈子。鼓点快则快跑，鼓点慢则慢行。

商贾搂少女于怀，狂笑乱颤，高椅倾倒……

（幕闭。）

1994年11月8日

（本文为《文化的迷宫》代跋。

刊于《三湘都市报》2005年8月23日，

《杂文选刊》2005年12月上半月刊。）

无肠公子飞升经

道藏佚经，东海张公杜撰

如是我闻：一切有情，资深吃货，均可参赛食蟹世界杯。喜用蟹八件等工具者，均属吃瓜群众，只配吃瓜，不宜食蟹，遑论参赛。

比赛时间：每年仲秋，桂花香时。

比赛规则：一人一蟹，蟹重相等。

比赛方法：尽食其肉，尽留其骨。

比赛宗旨：留其全尸，尸解登仙。

无肠公子者，虫也。尸解飞升者，仙也。虫而尸解，故名为蟹。

公子列于仙班，玉帝放之东海。龙王升于高台，拜为龙宫大将。公子凭其巨螯，而成傲骄巨虫。统领虾兵，是为蟹将。

如此食蟹，绿色环保，物尽其用。乘物游心，利己利物。助虫登仙，功德无量。

食蟹既毕，蟹壳全者，可助一蟹尸解登仙，即授吃货初段。

蟹骨称重，轻者为胜。骨头最轻者夺冠，荣升吃货九段。其余参赛吃货，轻骨头程度各有差等。段位虽异，非复泛泛吃瓜群众矣。

吃货高段，每食一物，即助一物尸解登仙。所食愈多，骨头愈轻，渐具仙风道骨。尽其天年之时，即为功德圆满之日，亦得登假尸解。玉帝准其列于仙班，下世再为吃货，遍食三山五岳、九州四海。食万物而助万物，道生万物同登仙籍，共列仙班，皆入极乐世界。

异日，吃货群众食尽地球生物圈，耗尽太阳系能量。唯有转世恒河沙数之若干顶级吃货，得入超光速飞船，尸解飞升，遇神食神，遇佛食佛。食尽太阳系，食尽银河系，食尽河外星系。终至食遍宇宙，食尽万物。

蟹状星云消失之际，本届宇宙即告终止。旧终新始，终始循环。造化无尽，未始有极。

异史氏曰：

本经收入道藏经洞灵部，名曰《无肠公子飞升经》；收入大藏经食货志，名曰《无肠公子超度经》。世人嫌其语繁，习称《食蟹经》，别名《吃货经》。天下吃货皆曰：春啖东坡肉，秋食张公蟹。

东海张公附识：

本经各条，无典可据，均属不经之谈。乃为东海张公求道之余，乘兴求技所得。不拟申请专利，无偿赠送天下吃货。持诵本经，不宜小和尚念经，有口无心；而宜知行合一，理论指导实践，有口有福。至人自适其适，尽其所受乎天；吃货自食其食，尽其所受乎物。切记切记，善哉善哉！

2018年10月29日写于自京返沪高铁之手机
（本文未曾入集。刊于微信公众号庄子江湖2018年11月10日。）

先驱们，悠着点

当先驱走在大众前面五步时，先驱有很多崇拜者，更有无数追随者。

先驱看见有那么多追随者，感到极大满足。然而满足仅是一瞬间的感受，先驱很快就开始对自己不满，他觉得自己过于迁就大众的惰性，走得太慢了。为了赢得更大的历史荣耀，他加快了步伐。

渐渐地，先驱拉开了与广大追随者的距离。

当先驱走到大众前面五十步时，大部分追随者已经累垮，他们不得不恢复到原来的行进速度，重新蹒跚而行，如同先驱根本没有出现过。但是少数热烈崇拜者依然紧跟先驱，尽管都已气喘吁吁。

先驱对愚昧的大众开始不满，他回头怒斥缺乏远见的大众，命令崇拜者用鞭子驱赶他们。

先驱只对极少数最狂热的崇拜者表示满意。但是这些狂热的崇拜者，却对先驱的某一点越来越不满意，他们认为先驱不该过于迁就落伍的大众，因为只有少数人能够领悟真理，只有少数人才能享有幸福，只有少数人才能获得拯救。

于是先驱在极少数狂热崇拜者的颂歌声和催促声中，不得不一再加快步伐，他终于决定不顾一切地去赢得有史以来的最大荣耀，像上帝一样的荣耀。于是崇拜者中的大多数，也成了落伍者，他们眼睁睁看着自己竭尽全力紧跟的先驱，渐行渐远。只有极少数最狂热的崇拜者，还在先驱的影子中亦步亦趋。

终于，先驱走到了大众前面五百步。

那些保持原有步速的大众，因再也看不见先驱的身影，终于绝望地回家睡觉去了。时代的进步，没有在他们的生命中留下任何印迹。由于看不见先驱的身影，大众根本不再相信先驱走在他们前面。由于不知道先驱在哪里，大众根本不承认先驱曾经存在过。健忘的人们一觉醒来，已经完全不记得自己曾经是先驱的崇拜者和追随者。他们打着哈欠，伸着懒腰，无可奈何地过着像祖先一样充满烦恼和无聊的痛苦生活。大众中的疑神疑鬼者，甚至疑心原来的先驱不过是伪先驱。他们猜想，没准"先驱"已经远远落在大众后面。但是由于看不见"先驱"的身影，怀疑者们毫无把握，私下里腹诽不已，小范围争论不休。

这时，大部分崇拜者已被先驱远远甩在身后，所有人都已累垮，连大部分最狂热的崇拜者，也已精疲力竭地倒毙在路旁。承认自己平庸愚钝，早已不再紧跟的大众，倒没有承受如此厄运。极少数勉强苦撑的狂热分子，也已身心透支，濒临最后崩溃的边缘。尤其让狂热分子始料不及的痛苦是，现在连他们也看不见先驱的身影了，他们失去了紧跟的目标。但他们已深入不毛之地太远，深陷在迷雾茫茫的沼泽之中。他们回头望去，大众也已不见踪影，他们不可能再回到大众那里去。他们穿上了永不停止的红舞鞋，已经没有任何退路，只能盲人瞎马地一条道走到黑。尽管信念已经动摇，他们仍然不得不自欺欺人地坚信：先驱一定还在前面！自己赔上全部老本、押上全部身心的紧跟，决不会错！决不该错！决不能错！一切已经太晚，他们已经错不起，只能等待最后的灭顶。

当先驱离追随者和崇拜者越来越远时，他的高大身影却越来越小，最后终于在所有人的视线中彻底消失。先驱不知道，走得太快的人，不仅不会被历史永远记住，反而会被历史永远忘记。

人类历史上，有过许许多多先驱。有些伟大的先驱带领人类走向了光明，有些邪恶的先驱带领人类走向了灾难，而更多的先驱因为过于陶醉在自己的领先优势中，根本没有发挥任何历史作用，仅仅被视为疯子而留下笑柄。

历史老人是迂缓的，文明进步是迂缓的，人性迁善是迂缓的。想改变这种本性、加速这种步伐的人，并非真正的先驱，仅仅是逆天而行的愚人。历史对这种超级愚人的唯一教诲，是一句心平气和的老生常谈：欲速则不达。只有顺从历史之自然本性的人，才能推动历史前进，或者阻止历史倒退。耶稣说：在前的将会在后，在后的将会在前。

先驱们，悠着点！

2000年4月22日
（本文选自《故事的事故》。
刊于《八面来风》2000年第5期，
《书屋》2001年第2期。）

思想小品

路灯错觉

今不如昔，人心不古；礼崩乐坏，世风日下。这是"衰退论"者的十六字真言。

"衰退论"者认为，当代不如现代，现代不如近古，近古又不如远古，总之文化在不断衰退，道德在持续滑坡，精神在日益贬值；现在的作家不如以前的作家，现在的画家不如以前的画家，现在的科学家不如以前的科学家。"衰退论"者总是把当代的科技新发明和物质新进步当作"衰退"的替罪羊，铁路、电话、电视、电脑、网络都曾被认为是导致文化衰退和道德滑坡的洪水猛兽。

其实这是不真实的错觉。人们常说文化伟人是引领文明的灯塔，那么让我们借用路灯来看一看，一个人倘若过于自信，以为"眼见为实"，可能会产生怎样的错觉。

任何人站在街头都会发现，近处的路灯较稀，远处的路灯较密，而且越远越密，但事实上每一盏路灯的间隔是相等的。近处的路灯并不特别稀，远处的路灯也非特别密。文化伟人不为同时代人所知是历史铁律，因为文化的光芒具有递增效应，文化伟业被人熟知具有滞后性。莎士比亚在世时并未蜚声国际，哥白尼临死前才敢出版其划时代著作，梵高生前根本无人问津，这些文化伟人现在名声煊赫，不是因为同时代人都崇敬他们，而是因为他们死后的每一代有识之士不断赞扬他们，知道其杰出的人越来越多，于是当时间抵达我们的时代，我们才会不精通文学却相信"莎士比亚仅次于上帝"，不了解绘画却相信梵高是超级天才，对科学很无知却听说过"哥白尼革命"。

各文化领域的当代伟人你可能根本没听说过，或者完全不了解，因为这些伟人的声名刚刚开始在小范围传播，而他周围那些知道他的人，又"太了解"他的庸常，"太了解"他的弱点，成为"先知在其家乡必被误解"、"仆人眼中无英雄"、"熟知并非真知"的当然牺牲品。太阳只能远观，不能近看，伟人的光芒也只能被遥远的后人感知和理解。因此尼采说："星光很遥远，到达人们的眼睛需要许多时间。"我们看到的阳光，是八分钟前的阳光。我们看到的遥远恒星的光芒，可能是二十亿年前的星光。发出这些星光的天体，可能在一亿年或十九亿年前已经毁灭和消失。

不过"衰退论"者主要存在于文化领域。在政治领域，"进步论"者却要比"衰退论"者多得多。政治上的"进步论"者永远对政治现状持乐观态度，永远认为现在的政治比以前的政治透明、纯洁、高尚。因为以前是"奴隶"的、"封建"的、"殖民"的，而现在是"民主"的、"法治"的，全心全意为人民服务的。

这同样是不真实的错觉。人们常说政治巨头是创造历史的英雄，也让我们借用路灯来看一看，一个人倘若过于轻信，以为"眼见为实"，可能会产生怎样的错觉。

任何人站在街头都会发现，近处的路灯较亮，远处的路灯较暗，而且越远越暗，但事实上每一盏路灯的亮度都是相等的。近处的路灯并不特别亮，远处的路灯也非特别暗。政治黑幕不为同时代人所知也是历史铁律，因为权力的光晕具有递减效应，政治黑幕被人熟知同样具有滞后性。许多过去的政治巨头现在臭名昭著，不是因为同时代人都唾弃他们，而是因为在他们死后的每一代有识之士不断揭露他们，知道其肮脏的人越来越多，于是当时间抵达我们的时代，我们才会不精通历史却知道尼禄烧掉了半个罗马，不了解政治却断言希特勒是个疯子，对世界很无知却听说过古拉格群岛。

莎士比亚的同时代人大多不知道莎士比亚却知道当时的英国女王，但知道莎士比亚的后人却不知道当时的英国女王是谁。哥白尼的同时代人大多不知道哥白尼却知道当时的罗马教皇，但知道哥白尼的后人却不知道当时的罗马教皇是谁。梵高的同时代人大多不知道梵高却知道当时的荷兰元首，但知道梵高的后人却不知道当时的荷兰元首是谁。人们对当代的政治巨头如数家珍，但对历史上的政治巨头早已忘却，人们对当代的文化伟人一无所知，但对历史上的文化伟人却耳熟能详。

每一时代的人，最熟悉的必然是前一时代文化伟人的思想、杰作、成果，他们对同时代文化伟人的思想、杰作、成果不熟悉；每一时代的人，最了解的必然是前一时代政治巨头的阴谋、隐私、肮脏，他们对同时代政治巨头的阴谋、隐私、肮脏不了解。因此人们总是贬低所处时代的文化成就，认为比前一时代退步；人们又总是拔高所处时代的政治成就，认为比前一时代进步。这种双重颠倒，就是"路灯错觉"。

2002年7月11日

（本文未曾入集。刊于《新语丝月刊》2002年第9期，

《青年参考》2004年6月2日，《散文百家》2004年8月下半月刊，

《三湘都市报》2005年8月9日，入选刘洪波主编

《2002年中国杂文精选》，长江文艺出版社2003年版。）

故事家与道理家

语言有两种用途：讲故事和讲道理。这是语言的两只脚，语言靠两只脚走路，但走路的时候，重心总在一只脚上：故事讲得好，是故事家；道理讲得好，是道理家。不过重心在左脚时，右脚向前；重心在右脚时，左脚向前。所以故事家也可能讲道理，道理家也可能讲故事。因此有四种人：一，讲道理的故事家。二，不讲道理的故事家。三，讲故事的道理家。四，不讲故事的道理家。

最好的故事家，不把道理讲出来，道理在故事之中。这样的故事家，是小说家。最好的道理家，不把故事讲出来，故事在道理之中。这样的道理家，是思想家。最好的小说家，讲的故事百听不厌，他的故事是独创性的；最好的思想家，讲的道理万古常新，他的思想是独创性的。戏剧家兼有故事家与道理家之长，但其重心落在故事这只脚上，他不讲道理，而是对道理提出质疑。伟大的戏剧，是伟大的提问。伟大的思想家，常被伟大的戏剧家问得钳口结舌，只好顾左右而言他。

讲道理的故事家和讲故事的道理家，比较容易混起来。不过只要明白了他们各自的立足点，不同的思维方式，就不会搞混。然而问题在于，也许他们自己也没明白自己的立足点和思维方式，甚至没明白自己究竟想干什么。所以，讲道理的故事家，常常故事没讲好，不得不用道理来救故事之穷，而救故事之穷的道理，往往并非独创性思想，乃是老生常谈。讲故事的道理家，常常道理没讲透，不得不用故事来救道理之穷；而救道理之穷的故事，往往并非独创性故事，乃是老掉牙的故事。老生常谈的道理，以及老掉牙的故事，谓之俗套。他们想走路，却不仅没能向前，反而往后了。倒走也许是锻炼身体的好方法，但肯定不是走路的好方法。于是需要幽默家，对各种背道而驰的行为，予以嘲讽。让过于紧张的故事家，过于僵硬的道理家，稍息。

幽默家还让人明白一条真理：语言的两条腿不应只顾赶路，而更应该舞蹈。语言的舞蹈，就是诗。幽默本身不是诗，但幽默消解不是诗的一切语言。幽默家从来不拿诗人开玩笑，因此幽默家是诗人的朋友。诗人不讲故事，也不讲道理，诗只是语言的狂欢。赶路的故事家和道理家，都想超越前辈与同行，努力把故事讲得更有趣，尽量把道理讲得更透彻。这种进取心固然值得赞赏，不过长远来看，没有无法超越的故事，也没有无法超越的道理，只有真正的诗才无法超越。因为舞蹈的诗人，不以超越任何人为目的。诗人发现美，创造美。真正的美无法被超越，不同的美却可以共存。倘若越来越多的不同形态之美，能够共存于世，世界就越来越接近天堂。目的性太强的故事家与道理家，常常与诗人话不投机。作为赶路的人，他们太在乎"进步"了，至少要竭力跟上"时代的步伐"。所以道理家要驱逐诗人，而故事家则奚落诗人，但舞蹈不以"进步"为目的。人类走路的目的，不是为了赶到某个地方去，而是为了在某个风景优美的地方停下来，驻足凝望，吟诗唱歌，聆听天籁人籁，欣赏美丽画卷，与天地万物一起舞蹈。

　　散步介于赶路与舞蹈之间，所以散着步看着沿途风景的语言，叫作散文。越来越匆忙的现代人，常常只顾赶路，忘了观看沿途风景，更不敢停止前进自由舞蹈。连本该舞蹈的诗人，现在也在急匆匆地散步了。然而人生的意义并非赶路，而是在大自然的风花雪月之中，尽情地自由舞蹈。

1998年11月20日

（本文为《故事的事故》代序。刊于《深圳商报》1999年8月22日，
《中国文化报》2000年11月21日,《青岛晚报》2001年2月19日,
《北京日报》2001年6月10日,《南方都市报》2001年6月18日,
《南方周末》2001年6月28日,《读者导报》2001年7月某日。）

完美主义者

世界是不完美的，人类也是不完美的。每个人都希望世界能够完美，起码对他个人来说显得完美。要做到这一点，有两条可能的途径：让世界接受委屈，或者让人类接受委屈。

然而没有人能够让不完美的世界接受委屈。如果不完美的世界愿意接受委屈，那么世界早就很完美了，起码能够让一个人觉得完美，至于其他人是否觉得接受委屈的世界变得完美了，他无暇顾及。

没有人能够让不完美的全体人类接受委屈。如果不完美的人类愿意接受委屈，那么人类早就很完美了，起码能够让一个人觉得完美，至于其他人是否觉得接受委屈的自己变得完美了，他无暇顾及。

这样的强人，古今中外都有。不完美的人类中，强人是少数，弱者是多数。

强人要求世界和别人接受委屈，但不会委屈自己。弱者无力让世界和别人接受委屈，只能委屈自己。

完美主义者与强人的相似之处是，他不会委屈自己。完美主义者与强人的不同之处是，他不会要求世界和别人接受委屈。完美主义者与弱者没有相似之处，他不会像弱者那样委屈自己，这是他与弱者的最大不同，但他不要求世界和别人接受委屈，却并非不能，而是不愿。

完美主义者如此不同于强人和弱者，所以强人和弱者都不是完美主义者。完美主义者既不委屈不完美的世界，也不委屈不完美的人类，更不接受不完美的世界和不完美的人类给自己的委屈。完美主义者是不完美的世界和不完美的人类无法消化的，完美主义者让世界和人类消化不良。自有历史以来，极少数完美主义者与不完美的世界和不完美的人类始终僵持和对峙着，成为由不完美人类主宰的不完美世界中的不协和音。

强人与弱者总是能够达成妥协，达成妥协的结果就是和谐，因此强人与弱者的生活比完美主义者的生活显得更"完美"。

由于不肯接受委屈，完美主义者与强人的矛盾无法调和；由于不肯委屈别人，完美主义者与弱者的矛盾也无法调和。完美主义者永远无法与强人和弱者达成妥协，他的整个生活就是不妥协的，他的生活没有和谐可言，因此完美主义者的生活比一切非完美主义者的生活更不"完美"。

世界的不完美，已经使完美主义者的精神很痛苦。不肯委屈世界也不肯委屈别人更不肯委屈自己导致的处处碰壁，使完美主义者的生活也很痛苦。完美主义者在双重痛苦之下，依然一意孤行，因为既不委屈世界，也不委屈别人，更不委屈自己，使他保持了高贵的尊严，这种高贵的尊严为他带来了快乐。

世界的不完美，固然也使强人和弱者精神略有痛苦，但远没有完美主义者那么强烈。

委屈别人的过程，固然也使强人良心自责，但委屈别人的结果却令强人满意，良心自责后的利益膨胀为他带来了犯罪的快乐。他会忘掉良心自责和犯罪感，只记得快乐。

委屈自己的过程，固然也使弱者尊严受挫，但委屈自己的结果却令弱者满意，尊严受挫后的利益补偿为他带来了卑贱的快乐。他会忘掉尊严受挫和卑贱感，只记得快乐。

完美主义者的快乐不多，然而是高质量的。强人和弱者的快乐很多，然而是低质量的。完美主义者追求质量，强人和弱者追求数量。

完美主义者的少量快乐和大量痛苦都纯度很高，绝少烦恼杂质。

强人和弱者的大量快乐和少量痛苦都纯度很低，充满烦恼杂质。

所谓烦恼，就是患得患失。完美主义者不在乎得失，永不患得患失；要么全部拥有，要么一无所有。由于世界的不完美和人类的不完美，完美主义者最终总是一无所有，仅仅留下尊严，失败的尊严。

强人与弱者的全部烦恼就是患得患失。强人总是委屈别人，但不知道应该在什么分寸上适可而止，如果欺人太甚，强人也会像完美主义者那样一无所有。弱者总是委屈自己，但不知道应该在什么分寸上守住底线，如果底线失守，弱者也会像完美主义者那样一无所有。

然而强人和弱者的一无所有，比完美主义者的一无所有更惨：一无所有的强人不仅丧失了利益，而且丧失了人性；一无所有的弱者不仅丧失了利益，而且丧失了尊严。

强人的最大烦恼，就是在委屈别人之后，依然没有达到罪恶的目的。弱者的最大烦恼，就是在委屈自己之后，依然没有达到卑微的目的。然而完美主义者并不是因为预见到这一点，才不委屈世界不委屈别人不委屈自己的，如果是这样，就也是患得患失的算计，只不过是更高的算计。完美主义者之所以不委屈世界不委屈别人不委屈自己，是因为完美主义者认定，委屈自己就是失败，委屈世界和委屈别人之后得到的成功是罪恶的成功，是更大的失败。丧失自己的利益不算失败，丧失自己的尊严才是真正的失败，而侵犯别人的利益和尊严则是犯罪，委屈世界或委屈别人获得的利益不能让他快乐。

很难说完美主义者和非完美主义者究竟哪个更好。因为价值观不同，完美主义者眼中的"好"，却是非完美主义者眼中的"坏"；非完美主义者眼中的"好"，却是完美主义者眼中的"坏"。

究竟是利益更好，还是尊严更好？究竟是失败更好，还是成功更好？这是完美主义者与非完美主义者争论不休的问题。

无论是完美主义者还是非完美主义者，都把完美主义者称为"有个性的人"。完美主义者认为"有个性"是好的，非完美主义者却认为"有个性"是坏的。

尊严和利益的临界点究竟在哪里？失败与成功的临界点究竟在哪里？这是全体非完美主义者争论不休的问题。

对临界点的不同看法，就造成了不同的"性格"。

完美主义者有个性但没有性格，非完美主义者有性格但没有个性。

完美主义者认为非完美主义者都是一样的，因为他们"没有个性"。非完美主义者认为完美主义者都是一样的，因为他们"没有性格"。由于全体完美主义者确实非常相似，而全体非完美主义者确实差别极大，所以看起来非完美主义者似乎更有道理，但之所以"有道理"，是因为非完美主义者远比完美主义者多得多。所以完美主义者的看法，在主宰不完美世界的全体非完美主义者眼里，总是"非常奇怪"的。

所有的完美主义者，都是天生的完美主义者。所有的非完美主义者，都是后天的非完美主义者。非完美主义者在"成熟"以前都是完美主义者。大体说来，青春期以前的人，都是完美主义者，但大部分人在度过青春期以后就"成熟"了，从完美主义者变成了非完美主义者。

　　非完美主义者固然分为强人与弱者，但强弱总是相对的。

　　没有在所有方面永远强的强人，也没有在所有方面永远弱的弱者。每个非完美主义者都时强时弱，在此时此地此人面前强，在彼时彼地彼人面前弱。强与弱不断转换，在此时此地委屈别人，在彼时彼地委屈自己。一旦碰到更弱的弱者，弱者就会像强人一样委屈别人。

　　强人与弱者是一对好搭档，强人愿意委屈别人，弱者愿意委屈自己，周瑜打黄盖，一个愿打，一个愿挨，不关完美主义者什么事，然而完美主义者偏偏对这对好搭档横竖看不惯，但他看不惯还是要看，他看不惯的人却根本不看他，全力以赴地演好各自的对手戏，对完美主义者不屑一顾。世界属于非完美主义者，也属于完美主义者，但归根结底属于非完美主义者。

　　人类确实是不完美的，然而世界原本却是完美的。拒不接受人类对世界的委屈，正是世界原本完美的铁证。世界不会接受人类的"完美"观念，人类眼中的"完美"，在世界眼里恰恰是不完美，所以人类改造世界的冲动和要求世界接受委屈的痴念，常常遭到世界的严厉报复和无情惩罚。再强的强人也不可能把自己的意志强加于世界，再强的强人也不可能把自己的意志强加于人类，所以任何强人试图通过委屈世界、委屈别人使世界和人类仅对他一人显得完美的痴念从未实现过，但不完美的世界和不完美的人类倒被这些强人的痴念折腾得更不完美了。

　　完美主义者是不完美人类中的异数，不完美的人类却是完美世界的炎症，不完美的人类使原本完美的世界变得不完美甚至病入膏肓，而完美主义者试图恢复世界原初就有的完美和健康。

2003年12月18日初稿，2004年2月25日定稿
（本文未曾入集。刊于《金隆》2004年第6期，
《社会科学论坛》2004年第11期,《博览群书》2004年第12期。）

大师现形记

呼风唤雨的泡沫"大师",一个又一个现出原形,读者一次又一次大跌眼镜。其实这些庞然大物,原本就是庸才。但是庸才处于默默无闻、小有名气、声名日隆三种状态,读者的"看法"完全不同。

对默默无闻的庸才,读者使用的是平面镜。平面镜的注视面积很大,然而没有焦点。读者对默默无闻的庸才总是没有看法,对其长处和短处一概漠视,因此未享大名使庸才相当安全。然而渴望成名的庸才牢骚满腹:没有赞扬使他深感怀才不遇,没有批评也令他爽然若失,因为批评总比无视好啊。"眼球经济"不管批评抑或赞扬,只要能招徕眼球就行。

对小有名气的"名家",读者使用的是放大镜。放大镜比平面镜的注视面积小得多,然而有焦点。读者对"名家"的看法总是各执一偏,不是放大其长处,就是放大其短处。而通常是放大其长处,因此成为"名家"对庸才十分有利。然而成名容易使庸才头脑发昏,对放大其短处的批评暴跳如雷,认为批评者不够公允。对放大其长处的赞扬则照单全收,还认为赞扬者认识不足,应该再放大,把他放大成"大师"。

对声名日隆的"大师",读者使用的是显微镜。显微镜比放大镜的注视面积更小,焦点更集中。读者对"大师"的看法总是各走极端,不是极化其长处,就是极化其短处。而通常是极化其短处,因此荣膺"大师"对庸才相当危险。庸才原本希望吸引过来的眼球都是斗鸡眼,仅仅极化其长处,而不极化其短处,甚至把短处极化为长处。可惜斗鸡眼们只会极化其短处,不会极化其长处。连庸才赖以成名,曾在放大镜下满目锦绣的赫赫名文,也在显微镜下硬伤累累,惨不忍睹。

不过也无须太失望,须知时代不同了,人类已从前传媒时代进步到了传媒时代。

前传媒时代是精英时代,平庸之辈不可能成名,成名之士不可能平庸,一旦成名,必定品质精良,保鲜期极长。传媒时代是平庸时代,传媒的基本功能就是炮制一批又一批新鲜出炉的泡沫名人，因此一举成名非常容易，身败名裂也很平常。昨天的新闻人物，今天就被淡忘。今天的焦点人物，明天就会消失。为了延长保鲜期，庸才们无不竭尽全力跻身"名家"之列，"名家"们又无不竭尽全力摆出"大师"造型。可惜传媒时代的"大师"不要说与前传媒时代的大师相比，即便与前传媒时代的泛泛名家相比，保鲜期也短得多，品质更是大打折扣。

前传媒时代的大师，都被众多专家在显微镜下做过无数次切片化验，鉴定结论高度一致：每字每词皆可推敲挑剔，足以发掘出不可思议的微言大义；每句每篇皆可蒸煮煎炒，足以咀嚼出历久弥新的无尽回味。当代"大师"常常只能一次性消费，如何承受得住切片化验?

跻身泡沫"名家"，不失为庸才得逞一时的美梦。荣膺泡沫"大师"，却是庸才沦为笑柄的噩梦：风光加冕之时，正是原形毕露之日。

2005年3月17日

（本文未曾入集。刊于《时代人物周报》2005年5月9日，

《文学界》2005年第11期。）

成名综合征

假设庸才的作品质量恒定不变，读者在其默默无闻、小有名气、声名日隆时，分别用平面镜、放大镜、显微镜观察，其短处就会由隐而显、由显而极地大白天下。

然而庸才们的作品质量不可能恒定不变，更不可能持续上扬，而是持续下滑，成名是庸才的致命拐点。这是何故？因为成名综合征是庸才的终极杀手。

在默默无闻阶段，庸才尽管做不到"板凳须坐十年冷"，毕竟还有一些定力，时常投机取巧地杂览书报。庸才尽管做不到"文章不写一句空"，但是为了赢得编辑垂青，获得发表、出版机会，必定全力以赴地投入写作：选择自己最为熟悉、最有感悟、最具天分的领域，精心构思，慎重选题，勤查资料，反复推敲，精耕细作一年半载，千锤百炼三年五年，才敢心里没底地拿出一篇习作。他像尚未赢得意中人芳心的痴情少年，羽毛不剪齐整，不敢出门见人。他发挥才智极限，使尽浑身解数，终于如愿以偿成其小名。然而正因竭尽全力，成名之作遂成毕生巅峰。当其登临自身绝顶之时，下坡路已在脚下展开，一直延伸到生命尽头。

一旦成了小有名气的"名家"，发表、出版作品已不再困难，然而写作却难以为继。他固然也想再接再厉，更上层楼，然而其人生阅历和知识积累，在成名之前业已耗尽。成名使他轻狂浮躁，自我膨胀。他不再广泛阅读，不再深入观察，不再深思熟虑，不再数易其稿，除了质量远不如前的自我重复和自我抄袭，他开始被命题约稿牵着鼻子走。从惊喜地发现命题约稿纷至沓来的那一刻起，他再也没有新鲜感悟，再也没有妙手偶得，再也没给读者带来任何惊喜。因为这些命题约稿，涉及诸多他素无研究的陌生领域，而他对能够增广名利的每一个发表机会和出版机会，都舍不得放弃。轰动事件，必发谬论；市井八卦，必欲插嘴。自恃艺高人胆大，于是霸王硬上弓，不再遍查资料，不再慎重选题，不再精心构思，不再反复推敲。原本需要一个月完成的作品，现在他三五天就匆匆出笼。于是明明灵感枯竭，江郎才尽，却自以为文思泉涌，倚马可待。他像骗得美人归的登徒子，即使丑态百出，也敢招摇过市。然而作品质量的持续下滑，并不影响他成为媒体追捧、读者拥戴的宠儿。交口赞誉，频繁亮相，反而使他自我感觉越来越好，俨然以"大师"自居。

一旦自居"大师"，他就不再穷于应付命题约稿，而是疲于奔命，到处应酬，日程排得极满。充当嘉宾，公开露面，接受采访，发表演讲，实在忙不过来，哪有工夫认真写作？编辑再也不敢向他命题索稿，只能请他随便赐稿。既然有权随便，他就开始任性，百忙之中挤出半天时间，急火攻心地胡涂乱抹，急不择言地一挥而就，自信其才如海，无有尽时。这些粗制滥造的急就章，倘若不署尊姓大名，原本会被编辑扔进字纸篓，现在却被置于头版头条，还被广泛转载，受到肉麻吹捧。他已跻身"成功人士"，尽情享受着功成名就带来的世俗幸福，定力尽失，脾气见长。任何公正批评，都会令他恼羞成怒。于是庸才一露嘴脸，读者一哄而散，喜剧终于落幕。

对浪得虚名的庸才，读者的态度永远是：由误会而爱戴，因了解而唾弃。

2005年3月22日—24日

（本文未曾入集。刊于《时代人物周报》2005年5月16日，

《文学界》2005年第12期。）

失败是成功之母

人人渴望成功，没人愿意失败。

对才智平庸的弱者，失败没有任何好处，只有一种作用：使之人穷志短，意志薄弱，从一次失败走向下一次失败，直至人生的大失败和总失败。

对才智卓越的强者，失败却有双重作用：一方面使之身心痛苦，饱受折磨，另一方面使之卧薪尝胆，自强不息。所以强者的失败总是暂时的，而暂时的失败对强者不仅有益，甚至必需。倘若未经暂时失败就迅速成功，反而不利于强者充分挖掘生命潜能。

问题在于，"暂时"是多久？

强者能够忍受的"暂时"必有极限，一旦超过极限，无论多么坚强的意志也会崩溃。所有的强者能够忍受的"暂时"失败，有一个不可逾越的共同大限，就是生命大限。没有一个强者能够忍受失败长久到生命告终。因为人仅有一生，没人愿意用生前的失败换取死后的成功。生前失败的布鲁诺、梵高、李白、曹雪芹，无不希望生前不要如此失败，并且死后仍然成功。何况没人能向强者担保死后必能成功，因此无论多么强的强者，即使坚信自己死后必能成功，只要死前未能成功，必定心有不甘，忿忿不平。

坚信"死后必能成功"，与"死后确实成功"毕竟不同，因为或然不等于必然，"信心"未必变成"事实"。即便死后的成功由上帝担保一定兑现，强者也不能亲见。即便强者晚年有幸亲见，但是已经无福享受成功。所以即便是强者，在这一点上与弱者毫无区别：每个人追求的成功，都是生前的成功，而且希望成功越早越好。因为成功越早，享受成功的时间就越长，幸福总量就越大。因为追求成功，正是追求幸福。人皆有追求幸福的天赋权利，追求成功并享受成功带来的幸福，原本无可厚非，只要取之有道。

对强者而言，直到生命告终的"暂时"失败，就是"永远"的失败，然而对人类而言，强者直到生命告终的"永远"失败，确实是"暂时"的失败，这就是庄子所言的"小年"、"大年"之别。强者一生是短暂的"小年"，人类历史是漫长的"大年"。与人类历史相比，与强者死后赢得的长久成功相比，强者一生短如一瞬。对人类文明做出最大贡献的，恰恰是那些终生"暂时"失败的悲剧人物。

感伤主义的软弱者，希望这种悲剧最好不要发生。一厢情愿的短视者，对阻碍悲剧人物生前获得成功的环境乃至个人横加指责。两者都不能阻止下一例悲剧发生，反而阻止了两者对悲剧根源的认知：悲剧既是环境造成的，也是强者自己造成的。强者用不愿适应环境的方式，"配合"环境阻止了自己的生前成功。环境只是悲剧舞台，强者才是悲剧主演。没人邀请强者出演悲剧，是强者主动选择了出演悲剧。环境原本要求强者采纳人人采纳的喜剧剧本，然而强者坚持要用自己创作的悲剧剧本。于是失败陪伴强者跑到了终点，迫使他终其一生永不懈怠，把生命潜能发挥到了极致，抵达了科学、艺术的巅峰。

在人类文明的星空中，迅速成功的泛泛强者是流行一时的流星，屡经失败的超级强者是天行有常的行星，终生失败的绝对强者是光照千秋的恒星。

2005年3月26日

（本文未曾入集。刊于《时代人物周报》2005年5月23日。）

成功是失败之父

弱者会被失败击倒，强者却会被成功击倒。强者通常只知道失败是成功之母，却不知道成功更是失败之父。成功是一把双刃剑，可以打败对手，也可以打败自己，甚至可以用于自杀。

失败会激发强者的意志，命令他"立正"，成功却会涣散强者的意志，命令他"稍息"。勤奋者一旦成功，往往立刻变成了怠惰者：辛苦了那么久，应该休息一下了。然而财产上小富即安有利有弊，成就上小富即安却有弊无利。精神一旦"稍息"，就会"永远安息"。

休息一下，那么干吗呢？当然是享受一下。享受使成功者已经涣散了的意志进一步薄弱，于是成功前的人性优点荡然无存。成功常把成功者打回原形，一阔脸就变，显露出人性的庸常本性。成功又常把成功者彻底异化，一阔心就变，暴露出人性的邪恶底色。

"享受一下"通向显性失败的例子极多，成功促成了更大的失败。然而再多的前车之鉴，也难以帮助成功者避免这一结局。因为成功者常常自我膨胀，自作聪明，盲信自己可以例外。

"休息一下"通向隐性失败的例子更多，成功阻碍了更大的成功。然而旁观者大多不知，当事人也无自知。因为成功者既有成就的余光，照耀着乏善可陈的余生，使之陶醉在自我感觉良好的幻觉之中。无数的隐性失败者，终生都以"成功人士"自居。

仅有极少数成功者，开着成功之车转入了高速公路。大多数成功者，都把成功之车停在车库，悠闲地转入了步行街。追求成功和幸福，是每个人与生俱来的强力发动机，然而小成功带来的一时满足，导致了发动机的永久熄火。永不满足是小成功之后的强力发动机，然而并非每个人都配有双引擎。不同的人，对成功的定义也不同，所以能够使之满足而怠惰的目标也不同。弱者眼中的成功，被强者视为失败。强者眼中的成功，又被超级强者视为失败。超级强者眼中的成功，仍被绝对强者视为失败。

雅典凭借不完善的民主制变得空前强大，于是任性地休息一下。苏格拉底深知休息的危险，自愿充当义务"牛虻"，希望雅典从怠惰中醒来。不幸的是，雅典人不识好歹，任性地享受一下，用不完善的民主制判处多嘴的苏格拉底死刑，于是雅典很快灭亡了。

巴尔扎克轻而易举地确立了文学声誉，于是任性地休息一下，把挣来的版税用于投资。如果投资成功，他肯定会任性地享受一下，《人间喜剧》就不可能完成。幸运的是，他投资惨败，背上了巨大债务，不仅不能享受，甚至不能休息，于是成就了不朽伟业。

庄子说："道隐于小成，言隐于荣华。"止步于小小成功，就不能亲证大道；陶醉于荣华富贵，就难以领悟至言。

孟子说："生于忧患，死于安乐。"失败者没有安乐死的机会，也没有惨败的可能。成功者有安乐死的专利，更有惨败的特权。满足于已有的成功，正是惨败的预兆。开元之治的下一站，就是安史之乱。奥斯特里茨的下一站，就是滑铁卢。

2005 年 3 月 27 日
（本文未曾入集。刊于《时代人物周报》2005 年 5 月 30 日，
《文学界》2005 年第 10 期，《三湘都市报》2006 年 5 月 11 日，
《天天爱学习（六年级）》2013 年第 3 期。）

山峰与山谷

　　只有山峰能够看见山峰，山谷只会膜拜眼前的小土丘。在山谷眼里，这座小土丘是天下第一峰。由于视野完全被小土丘挡住，因而山谷坚信：世上不存在比这座小土丘更高的山峰。因此，真正的山峰对这座小土丘的无视，即便并非主观的贬低，而是客观的正视，也会被山谷认定是对小土丘的冒犯，更是对无限推崇小土丘的山谷之侮辱。

　　山峰是否就一定无所不见呢？并非如此。与山谷看不见远处的山峰相似，山峰也看不见远处的山谷。但与山谷看不见远处的山谷不同，山峰能够看见远处的山峰，而且山峰能够看见的，是不止一座的山峰。山峰不仅能看见许多比自己低的山峰，更能看见所有比自己高的山峰。山峰永远比山谷更有自知之明，山峰永远比山谷更清楚：自己的高度十分有限。

　　山峰不仅看不见另一座高山背后的山谷，甚至也看不见被那座高山挡住的小土丘。山谷的愤怒在于，被自己无限崇拜的小土丘，居然没被山峰放在眼里，这使山谷屈辱地感到：自己连不被山峰放在眼里的资格都没有。确实如此！

　　小土丘知道，自己仅仅位于高山的山腰，因此常常自惭形秽地沉默着。但无限仰慕小土丘的山谷，却不仅愤怒于山峰对小土丘的无视，更因小土丘自惭形秽的沉默而恼羞成怒。于是山谷愤怒地跳起来，然而愤怒的山涧仅仅溅湿了山脚。即便山涧暴发为山洪，水位漫过了山腰，也不可能淹没山顶。令山谷始料不及的是，暴发的山洪却把原本被山谷推崇为世上最高峰的小土丘彻底淹没了。如果山谷有先见之明，就会知道：他不应该跳起来，跳起来的最大受害者，有时是唯一的受害者，是山谷自己。在山峰看来，山谷的宁静，倒不失为一种恰当而知趣的低姿态。

　　山峰愿意向另一座山峰致敬，不管另一座山峰是否比自己更高，只要是真正的山峰，山峰就愿意致敬。因为山峰知道，尽管所有山峰的高度都有限度，但是山峰的未来高度不可限量。山峰同样知道，成长的不可预测性，同样适用于土丘乃至山谷，因此山峰虽然不会向今天的土丘和山谷致敬，却愿意向所有的土丘和山谷致意。山峰相信，只要土丘和山谷愿意努力，今天的山谷会成长为明天的土丘，今天的土丘会成长为明天的山峰。

然而，山谷永远不会向另一个山谷致意，山谷更不能容忍另外的山谷与自己平等。山谷不相信，平等是有价值的。山谷愿意小土丘不平等地对待自己，因而也不愿意平等地对待他看不见的其他山谷和其他山峰。山谷总是把自己看不见的山峰，想象为比自己低得多的山谷。

由于被山峰互相挡住，山谷与山谷之间永远无法真正沟通，更不可能相互理解，因而也永不可能真正平等。尽管此山谷与彼山谷，实际上是相等的。可惜相等并非平等，相等只是一种世俗计较，平等却是一种崇高精神。这种崇高精神，只有山峰才会具有。

2002年1月31日

（本文未曾入集。刊于《东方早报》2004年6月28日。）

小资与愤青

　　小资和愤青是当代中国青年的两大阵营，似有"席卷天下，包举宇内，囊括四海，并吞八荒"之势，仿佛每个青年非得做出"不归于杨，必归于墨"的抉择不可，其实不属两大阵营的青年更多。不过两大阵营目前确实势头很盛，所以很容易用流行术语对他们予以简单区分：小资的标签是"帅呆"，愤青的标签是"酷毙"。

　　就思想倾向而言，小资是右派，愤青是左派。就职业或经济状况而论，小资大抵是白领，除现役白领之外，也包括预备役白领和心理白领，不过小资一般以白领为基本满足。愤青尽管大部分属于蓝领，却未必一定是蓝领，也可能是银领乃至金领。

　　大体说来，愤青的一切言行，都与小资对着干。比如小资戴假发，愤青剃光头。小资染发，愤青文身。小资佩一对耳环，愤青挂一枚耳坠。小资衣帽光鲜，愤青蓬头垢面。小资抽烟，愤青吸毒。小资喝水，愤青喝酒。小资如果喝酒，则是啤酒和葡萄酒，愤青则必白酒。小资吃麦当劳，愤青蹲大排档。小资打的，愤青飙车。小资安安静静日光浴，愤青疯疯癫癫裸奔。小资用香肠喂自家的狗，愤青用硫酸泼公家的熊。小资在家上网，愤青啸聚网吧。小资去新马泰，愤青就登山。小资蹦迪，愤青蹦极。小资反对恐怖主义，愤青拥护恐怖主义。小资爱说洋话，愤青爱操国骂。小资迷琼瑶和村上，愤青迷金庸和格瓦拉。小资看大片，愤青看毛片。小资合租，愤青同居。小资女人恨不得嫁给老外，以表示自己是"世界公民"；愤青男人恨不得娶个洋妞，以显示自己的"爱国主义"。愤青骂小资是"汉奸"，小资就骂愤青是"爱国贼"。不妨设想如下情景：小资女人嫁了个愤青男人，或者更绝，小资男人娶了个愤青女人，那就家无宁日了。概而言之，小资是颤抖的甜果冻，愤青是愤怒的酸葡萄。小资玩的是深沉，愤青玩的是心跳。小资倾向于把品味装得比国民平均水准略高，愤青倾向于把品味装得比国民平均水准略低，以此掩饰实际上的更低，他让你有一个想象空间，误以为他的品味比显示出来的高很多，甚至深不可测。

通过以上描述不难看出，小资大抵是附庸风雅者，其中的极少数有望抵达风花雪月之妙境，但愤青却不是附庸风雅者。由于小资正如附庸风雅者，处于精神和物质的中流，因此境界高于和低于他们者，都看不起他们。高雅者看不起小资，似乎容易理解，粗鄙者也同样看不起小资，就有点出人意表。其实粗鄙的愤青看不起小资，是因为愤青只崇拜抵达目标的胜利者，而对尚未抵达目标的努力者，只有一味嘲笑。

高雅者对附庸风雅者的轻蔑，一般不会直接而大量地表露出来，只是很含蓄地偶尔流露一下，但高雅者对附庸风雅者的偶尔轻蔑，却成为愤青攻击小资的有力武器。高雅者之阳春白雪的大量金玉良言，愤青们一无所知，高雅者奚落附庸风雅者的片言只语，愤青们却频频引用。那些暴露高雅者之势利弱点的片言只语，经过愤青们的反复称引和转述，就从"偶尔"变成了"经常"，从"偏见"变成了"常识"。追求高雅之彻底性的高人，遂被追求粗鄙之彻底性的愤青们，一厢情愿地视为同盟军。

由于"文革"时期的中国青年以愤青为主流，而当代小资的人数比当代愤青的人数多得多，这使我有理由对当代青年的总体评价，较前一时代略高。一个以小资为主流的时代，显然比一个以愤青为主流的时代更为进步。

当代愤青的人数虽少，言论能量却比小资大得多，在互联网上尤其如此，原因在于愤青较为狂热。一个愤青的声浪，可能比十个乃至百个小资的声浪更大。在曾经盛行"宁左勿右"的中国，小资似乎先天具有某种犯罪感。这部分是因为，小资比愤青更有自省能力。小资是防守型的，而愤青是进攻型的。小资的心理状态是：我不如你，我就惭愧。愤青的心理状态是：你不如他，你就应该惭愧；至于我是否不如他，你管不着，因为我不像你这么臭美！愤青们颇有"我是愤青我怕谁"的冲天豪气，小资们则有"我是小资我心虚"的底气不足。两个实力相当者放对，取攻势者，胜算总要大些。小资尽管实力稍强，然而永远只守不攻，落败也就难以避免。

平心而论，小资和愤青都很幼稚肤浅，只不过方向相反：小资更有建设性，愤青更具破坏性。小资的未来，具有极大的上升空间；而愤青的未来，若非停滞于原地，就是更趋末流。由于愤青差不多已经落到最低点，就有点破罐破摔的泼皮相。小资知道自己比上不足，比下有余。"比下有余"固然使小资时不时流露出小人得志的某种优越感，但"比上不足"的隐痛却使小资不敢骄横。由于小资的目光更多地投向精神的至高境界，并且愿意通过持续努力，不断趋近至高境界，因此小资们更强烈地意识到自己的"比上不足"。愤青们基本上没有"比下有余"的心理空间，因此"比上不足"不再是隐痛，而是难以隐忍的刺痛。这种刺痛使之成为愤怒的刺猬，除了向上攻击，别无出路释放郁积过多的心理能量。小资恰巧位于离愤青最近的上方，于是小资成了愤青最为方便的攻击目标。高雅者在离愤青更远的上方，根据"远交近攻"原则，高雅者对处于其下方的小资的轻蔑，就成了愤青们攻击处于其上方的小资的最佳武器。因此当愤青借助高雅者的权威攻击小资时，小资几无还手之力。然而令愤青们意外的是，他们固然在一时的口水大战中占尽上风，但是口舌之争的失败却成了小资发愤图强的进一步动力。小资们愿意用自己的持续上扬，不断成功，来为自己雪耻，成了"走自己的路，让别人说去吧"的身体力行者。

　　高雅者也同样出于"远交近攻"原则，仅对紧邻其下方的小资不无轻蔑，而对处于更远之下方的愤青，则不仅极少攻击，甚至常常别有用心地予以褒扬。这是因为，附庸风雅的小资已对高雅者的优越地位，构成了一定程度的威胁，有可能成为分一杯羹者，而粗鄙的愤青们远不足以对高雅者的优越地位构成威胁，尚无资格被高雅者视为假想敌。所以高雅者常常言不由衷地礼赞"无知者的淳朴"和"粗鄙者的豪放"，这使无知而粗鄙的愤青们误以为，自己比小资优越。

　　被愤青和高雅者两面夹击的小资，其中一些很快会成长为真正的高雅者。可悲的是，一旦成为真正的高雅者，这位昔日小资由于"比上不足"的心理压力大为减轻，因此目光也不再向上，而是向下。这位高雅新贵向下俯视的轻蔑目光最先投注到的，正是现役小资，于是也像无数高雅前辈一样，偶尔会轻蔑地用一些刻薄话打击现役小资。这位昔日小资兼高雅新贵的一时"名言"，就再次为愤青无偿输送了攻击小资的最新武器。

具有上进心的小资，每时每刻都在分化。其中的大部分人，或许永远是小资，但大抵有望成为"脱离了低级趣味的人"；其中的极少数佼佼者，凭借其禀赋、努力和机缘，会成为真正的高雅者。但是愤青极少分化，很可能永远是"脱离了高级趣味的人"，很可能永远是愤青，很可能永远攻击小资。

愤青之所以有可能永远是愤青，是因为缺乏上进心，即便在生理年龄上已经不属于愤青，照样可能成为愤中、愤老，其心理年龄固置在毫无建设性的"愤怒"和"不平"之中，欲把所有上进者向下拉齐到与己相当的心理病菌，使之容不得与自己原本彼此彼此的小资脱颖而出，用绝尘而去，来羞辱自己。

愤青之所以永远有足够多的攻击目标，是因为仅有极少数小资会羽化登仙为高雅者，而且有更多的预备役小资在源源不断地加入小资的洪流。尚未抵达风花雪月之彼岸的小资，确实天然具有诸多不足，犹如学步的丑小鸭那样可笑，甚至像蠕动的蛹虫那么丑陋，因此助长了愤青的优越感。小资们的进取心无疑是可敬的，只有不怯于学步并且不怕嘲笑，才能最终成为临风起舞的彩蝶，一飞冲天的天鹅，这是愤青们难以理解和不可企及的。预备役小资、现役小资、预备役高雅者、登顶的高雅者，构成了一个良性循环，为人类文化的日益丰富和屡创新高作出了贡献，而愤青们仅仅在促使小资们发愤图强这一点上，如同取经路上的妖魔鬼怪，成了"送佛送到西"的玉成者。可惜愤青们在用其反作用力玉成小资的同时，却被无益的怒火烧毁了仅有的一生。

中国的小资多是真小资，但中国的愤青却多是假愤青。真小资尽管无害，但也非常无用，他们只关心一己的私利，而不关心国家的现实和未来。假愤青关心国家大事，但更可能把国家再次拖向以大乱为大治的深渊。假愤青更关心国际局势，但他们只会为恐怖主义欢呼，却不会真的成为恐怖主义分子，这是唯一让我略感宽慰的地方。中国的愤青固然比中国的小资有害得多，但其害处也不太大，最大的受害者是愤青自己。作为一种中国特色，中国的小资老了，依然是汗不敢出的老顽童；中国的愤青老了，依然是敢怒不敢言的愣头青。

2002 年 10 月 7 日

（本文未曾入集。刊于《金隆》2002 年第 12 期，
《博览群书》2003 年第 1 期，《外滩画报》2003 年 1 月 17 日，
《社会科学论坛》2003 年第 9 期，《三湘都市报》2004 年 11 月 23 日，
《特别关注》2008 年特刊。入选《精神嘶鸣》，广西师范大学出版社 2006 年版；
入选《读书滋味长》，广西师范大学出版社 2007 年版。）

石头与陶罐

犹太谚语说：石头砸陶罐，倒霉的是陶罐；陶罐砸石头，倒霉的还是陶罐。

中国谚语说：鸡蛋碰石头，自讨苦头吃。秀才碰到兵，有理讲不清。

这些谚语都是在说强弱，重点都在告诫弱者：务必识相！

从摩西到大卫，犹太人好不容易立了国，周围都是虎视眈眈的大国。从大卫到耶稣，犹太人最终还是失了国，失国后的犹太人不得不寄人篱下，散居世界各大强国。犹太人认为，即使个体之间很团结（他们确实很团结），作为群体他们永远很弱小——其实比不团结时要强大得多。因此作为个体，犹太人以陶罐自居，作为群体，犹太民族更以陶罐自居。全体陶罐认为，他们的集合体还是陶罐——实际上已经变成了石头。经过两千年的自强不息，弱小的犹太民族终于成了大多数个体都很强大的优秀民族。

从秦始皇一统天下至今，虽经多次分裂割据和异族入侵，中国人一直生于斯长于斯，周边主要是小国。近代以来尽管积贫积弱，但瘦死的骆驼比马大，自大心态始终不变。中国人认为，即使个体之间不团结（我们确实很不团结），作为群体我们永远很强大——其实比团结时要弱小得多。因此尽管大多数中国人作为个体都以鸡蛋自居，面对强暴和欺凌无限退缩，但作为群体，中国人却始终以石头自居。全体鸡蛋认为，他们的集合体是石头——实际上比鸡蛋强不了多少。经过两千年的离心离德，庞大的中华民族终于成了大多数个体都很弱小的老朽民族。

赫拉克利特说："上坡路与下坡路是同一条路。"然而走上坡路与走下坡路，过程完全不同；推着石头抵达山顶与看着石头滚落谷底，心情更不相同。

2004年6月3日

（本文为《文化的迷宫》代序。刊于《青年参考》2004年6月16日，
《散文百家》2004年第11期，《文化博览》2005年第3期，
《淹城旅游报》2010年4月21日。）

我们都是木头人

小时候，与小伙伴们玩过一个游戏。

大家一起喊："一，二，三，我们都是木头人，不许说话不许动！"一声令下，每个人都像中了孙悟空的定身法，立刻挺住自己的姿势一动不动。谁要是动了，谁就出局，第一轮游戏就结束了，剩下的人进入第二轮，直到最后两人决出最终的胜利者。

这一儿童游戏的淘汰法则是：去掉一个最高分！每一轮的出局者，一定是全体游戏者中的最调皮者。第一轮的出局者确实是最调皮者，然而第二轮的出局者却仅仅是次调皮者，只不过在剩余者中依然是最调皮者。到最后一轮时，出局者其实已经毫不调皮了，但与最后的胜出者相比，还是略显调皮。调皮者出局的原因是：他不肯老老实实摆一个省心省力的姿势，而是别出心裁地摆了一个高难度姿势，不容易长时间坚持。游戏的最终结果必然是：保留一个最低分！谁最安分守己，谁最老实听话（起码假装如此），谁就是最后胜出者。

这一淘汰法则，不仅适用于儿童游戏，而且适用于中国社会的一切成人游戏。这一法则严酷地规定着中国社会，导致中国生活缺乏新奇惊喜，少有别出心裁，只有几千年如一日平庸乏味的单调重复，令人感到"悲凉之雾，遍被华林"。

我不知道这一有中国特色的经典游戏产生于何时，由谁发明。我生于二十世纪六十年代，那是个热火朝天的贫乏年代，小孩们没啥可玩，玩玩这个似乎情有可原。然而现在已经是与时俱进的新世纪了，小孩们可玩的东西多了，我却依然经常看到小孩们玩这个游戏，一般是在父母们带着孩子搞集体活动时。这时大人玩大人的游戏，小孩玩小孩的游戏。大人们的游戏五花八门，小孩们就玩"我们都是木头人"。有时是小孩们自发地要玩这个游戏，但更多的时候是父母们建议的。父母们为了得到一时半刻的耳根清净，常常阴险地加以鼓励和嘉许。父母们希望小孩们安静，别打搅了大人们的游戏。因此即使是小孩们自发地玩这个游戏，也未尝没有讨好父母的意图。

既然普通人为了渺小的目的，很愿意自己的孩子暂时变成木头人，那么大人物为了伟大的目标，就更有理由要求小人物永远变成木头人。

2004年6月16日

（本文未曾入集。刊于《青年参考》2004年6月23日。）

诗朗诵中的伪抒情

英国有位悲剧演员，能把一份菜单念得声情并茂，催人泪下。听众不是被菜单的内容，而是被念菜单的声调所感染。这种声调，我称为"伪抒情"。

也许这位悲剧演员只是开个玩笑，斥为"伪抒情"，未免缺乏幽默感。或许这位悲剧演员正是用他的杰出演技，表达了他的讽刺，提出了他的警告。或许这位悲剧演员特意选择了内容极为空洞而且极不艺术的菜单，来揭穿和解构他的声音"魅力"，促使听众在无端感动之后有所醒悟：人的心灵，多么容易受到莫名蛊惑。

中国大型主题晚会上的诗朗诵，几乎一成不变地依靠演员的伪抒情来感染观众。朗诵者的声音是那么矫揉造作和不自然，有时把语速放得很慢，制造一些不值得期盼的悬念；有时把音量压得很低，制造一些缺乏理由的紧张。突然，他的语速加快，郑重其事地报告一个毫无新意的"重大"消息。突然，他的音高暴升，陶然欲醉地宣告一个"激动人心"的时刻已经来临……然而与朗诵者的夸张表演形成讽刺性对照的，是平庸之极的诗句。这些朗诵诗的作者，根本不是诗人。这些命题朗诵诗，都是主题先行的应景之作，无一例外不配印成铅字供人拜读。平庸的"诗句"，本该使人昏昏欲睡，但是观众的瞌睡，却被朗诵者时不时的一声惊雷，时不时的一声怒吼，时不时的抒情大喘气"哈啊……"驱散了，观众不得不强打精神，洗耳恭听。中国观众是充分善良的，他们总会相当配合地进入自己被派定的角色，于是在朗诵者辅以僵硬造型的最后"警句"吼出之时，观众总会如释重负地慷慨鼓掌，用掌声如仪来感谢这次艰难而疲劳的旅程，终于结束。

这种平庸之作，有时确实也能通过朗诵者一惊一乍的煽情表演，把人"感动"。包括以前的我在内的许多中国观众，都曾被感动得眼中闪着泪花。不过观众们大多不知道，使他们感动的，仅仅是作为表演形式的声音，而非作为实际内容的诗句。大多数观众不明白这一点，于是把被声音的表演形式感动，错位地移情为对诗句的虚假内容感动，于是晚会主办者达到了目的。

语言的实际内容是理性的，声音的表演形式是非理性的。因此，朗诵者用非理性的手段，干预、控制了观众的理性。换言之，观众受到了蛊惑。诚如鲁迅所言："一切文艺固是宣传，而一切宣传却并非全是文艺。"音乐是非理性的，我们欣赏音乐受到感动，不能算受到蛊惑。语言是理性的，我们阅读文学作品受到感动，也不能算受到蛊惑。然而用非理性的声音，催眠性地使观众接受他们在清醒状态下不会接受的拙劣说教，就是蛊惑。大部分流行歌曲也是如此，它们用优美的旋律，推销拙劣的词句。同样，如果用理性的诡辩逻辑，迷惑读者的智力，让读者误以为拙劣的非理性音乐是好音乐，也是蛊惑。

一切使用蛊惑性手段的都是宣传，不论是政治宣传或商业宣传，都不是真正的艺术。也许现实需要宣传，但是不能误把宣传当成艺术。当然，被形式迷惑，进而对形式背后的实质丧失鉴别力，远不止于诗朗诵，诗朗诵不过是其中一例而已。这种长期以来广泛存在于艺术领域的伪抒情，极大地伤害了中国人的精神世界。伪抒情和伪艺术的感染力越强，观众的审美能力、纯朴情感和独立人格，也被破坏得越彻底。这种精神病菌的感染，污染了中国人的审美能力，愚弄了中国人的善良情感，摧毁了中国人的独立人格。

伪抒情除了激越高亢的"豪放"，完全不知人性中还有温柔缠绵的"婉约"。伪抒情的甚嚣尘上，放逐了中国人的天赋善良。因而一旦从伪抒情中解脱出来，许多人也同时失去了感动能力。现在，被什么东西感动，几乎成了一种可羞的不成熟，成了感情用事的弱智。曾几何时，人道主义也成了一项罪名，是立场不坚定、意志不坚强的表现。当年沉浸于伪抒情之中的人们，无不坚强如铁，也僵硬如铁，男人成了"铁蛋"，女人成了"铁梅"。从伪抒情中解脱出来的许多人，现在只剩下赤裸裸的自私。鸠山引用过的"人不为己，天诛地灭"，如今成了无数人的人生指南。

1998年5月8日

（本文选自《故事的事故》。

刊于《三湘都市报》2005年1月29日，

《杂文选刊》2005年4月上半月刊。）

文章劣选法

我中小学的强项是数理化，语文则是相对弱项，因为我写不好也最讨厌命题作文，尽管考试也常第一。高中毕业时，我理所当然打算报考理科。然而高考前一个多月，我突然鬼使神差地决定改考文科。可是我校从未开过历史、地理课，只好临时借读到一所重点中学的文科班补习。不料那里每天要写一篇命题作文，更没料到的是，我的每篇作文都被语文老师当众朗读，并用于训诫原校学生："你们看看借读生某某某，人家是理科改考文科的，作文却像六七十岁老先生一样老辣。你们老文科反倒远远不如他。"每次都把我闹个大红脸。

尽管我轻松考进了中文系，但我自知文科是弱项，所以废寝忘食恶补了四年，依然自惭形秽，大学毕业后还是不敢轻易写作，又有计划地苦读十年。随后我买了电脑，开始写作投稿，为了确保命中，先是小心翼翼趋近流行文体，居然一投一个中，全然不知文学前辈所谓"首次发表"的艰辛。于是又按计划离职，成了职业作家。不料编辑们只喜欢我那些毫无个性的"时文"，不喜欢我有自己思想锋芒的文章。编辑索稿，我寄上两篇样品，常常退一用一。较有思想锋芒的那篇总是退稿，用的总是毫无个性的那篇。据说已有专找这类拙作读的人，这类文章也会发头条，被转载，甚至开设专栏，常常得奖。

我不敢辜负编辑错爱，希望让编辑觉得我的文章越写越好，所以尽可能一篇比一篇更有思想，一篇比一篇更有独创性，不料发稿周期越来越长，最终停发了我的文章。或者是编辑胡乱删改我的文章，剔除思想锋芒，甚至改得与原意相反，把我惹恼了，我就停止向该报刊投稿。

有些编辑看得起我，命题约稿，我一概不识抬举，断然拒绝。我苦读这么多年，可不想回过头来再写我最讨厌的"命题作文"。这样我又惹恼了编辑，又停发了我的文章。我不得已转投其他报刊，于是类似过程重演一遍。几年下来，我依靠自己投稿敲开的报刊大门，何止四五十家，但是一家一家又先后对我关上了大门。

六年下来，文章发表不少（每年百篇左右），都是我的文章中最差的那些，或是较好文章中的最差部分。为了发表，有时我会故意写得差些，或者索性把没写好的文章投稿。这种"出丑"性质的发表，已经没啥乐趣。那些能够发表的文章，未必及得上我的中学作文。我的最好作品，只能躺在电脑硬盘里"囤积居奇"。这让我觉得太冤：早知如此，何必浪费十五年时间艰苦准备？不谦虚地说，我的未刊作品，不仅比我的已刊作品好得多，也比许多浪得虚名的名家代表作略好一些。由于这一时代性尴尬非我一人独有，所以我还相信：那些不为人知的中国优秀作家的未刊作品，一定比我的未刊作品出色。

我把这种"优汰劣胜"现象，称为"文章劣选法"，而把"去其精华，取其糟粕"的删改原则，称为"文章改差法"。我想编辑们大概也有苦衷，并非他们有眼无珠，看不出文章好坏优劣。从有些退稿信就可见一斑，比如"大作太深奥"，或是"大作虽佳，但是读者恐怕读不懂"等等。我不相信编辑或出版家们，真的如此低估读者水平。我又深感纳闷，我居然已经深刻到不配发表了。我更无法想象，中外文学史上那些大作家的作品，会因为"深刻"的缘故而被退稿。当然，更多的退稿没有理由。虽然所有编辑都不认识，但是个别编辑气味相投，已有神交，如此"不礼貌"地一声不吭，招呼也不打，一定别有隐衷。过一阵子，他们又会来电来信索稿，提也不提我上次寄的稿子。

只要"文章劣选法"与"文章改差法"正在有意无意贯彻，那么真正的杰作即便已经被人写出来了，也发表不了，出版不了。这既是作家的不幸，更是读者的不幸。用鲁迅的话来说："这不只是文坛可怜，也是时代可怜，而且这可怜中，连'看热闹'的读者和论客都在内。"

1997年9月9日

（本文选自《故事的事故》。刊于《文学自由谈》1998年第1期。）

第十名现象

　　长期担任小学毕业班班主任的周老师，花了十年时间，对685名毕业生的成长经历，进行追踪调查，发现一个奇怪现象：小学阶段学习成绩名列前茅的尖子学生，在升入初中和高中以后，往往成绩下滑，名次下降，甚至高考名落孙山。而小学阶段成绩居中的那些学生，往往在初、高中阶段后来居上，超过小学时的尖子，走上社会后还大显身手。周老师把这一发现，称为"第十名现象"。

　　周老师反思了"抓两头，带中间"的教学方法，认为尖子生在学习上很容易得到老师的"关照"，从而削弱了学习上的独立性。这是他们当中的一些人淡出优秀行列的主要原因。第十名左右的学生，由于较少受到老师关注，因此独立学习能力较强，有很大潜力。另外，这些学生不会有保住"前三名"的心理压力，学习心态较为健康。这是他们有后劲且进步和成才率较高的主要原因。周老师认为："这种尖子生与'第十名'的差别，实际上就是用十分力气得了九分收获与用五分力气得了八分收获的差别。相比之下，后者分数低，但论潜力和能力，自然要胜过前者。"这些都富于启发，值得深入研究和探讨。

　　周老师的"发现"，我颇有同感。老师和家长，常对处于两头的尖子和差生关注过度，干扰过多，挤压了他们充分发展人格与智力的自由空间。许多学业有成者，都曾感谢父母的"不管"政策。而处在中间地带的"第十名"们，无意中得到了师长们的"不管"，既未受到过度重视，也未受到过度歧视，而仅仅是"忽视"，这就使全面自由的发展有了可能。这让我想到一条民主金言"管得最少的政府是最好的政府"，同理，管得最少的教育是最好的教育。管得最少的政府并非放任到无政府主义，而是倾全力创造一个自由、民主的政治文化环境。管得最少的教育制度同样并非放任学生自生自灭，而是倾全力创造一个崇尚知识、抵制愚昧、鼓励自由发展的宽松学习环境。

　　然而我认为周老师在其"发现"之后得出的结论颇为可疑。因为在一个被政治过度干预而扭曲的教育制度下，在一个不鼓励高智的愚昧环境中，求知欲最强的学习尖子在"春风得意"的表面下，也是学习积极性受挫最强的人。在当代中国的教育环境中，高智商者其实并不像周老师所说，必须用十分力气才能获得九分收获。他们更可能只用了五分力气就获得了九分乃至十分收获，而"第十名"们倒更可能用了十分力气才获得七八分收获。但由于"第十名"们没受重视，他们一直能够不受干预地发展潜力。而尖子们由于受重视，他们的精力被强制性地大量转移到其他方面，如官方"栽培"、家长"望子成龙"的加压等。尖子们被强制转移的精力，可能超过了原本剩余的五分，而达到六分、七分乃至八分、九分。于是"逆转"现象出现了：被高度重视的尖子们仅剩一二分或三四分精力用于学业，结果成绩下滑了。而不受重视的"第十名"们，继续把全部精力用于学业，结果后来居上了。"组织上、领导上的充分重视"，曾经毁掉了多少有才华的人？这是我们在身边周围大量见过的悲剧。

更为可疑的是周老师的评价尺度：来参加聚会的"三十二名同学当中，已有三名工程师，两名副教授，两名'局级'，三名'副局级'，四名公司经理……"，周老师不假思索地把工程师、教授、局长、经理视为成功者。这使他的研究成果仅仅成了一堆把人人皆知的社会现象加以简单量化的统计学数据，而没有任何反思深度。然而官本位的中国式成功，与真正的成功决非一回事。在畸形的不公平竞争环境中"劣选出"的工程师、教授、干部、经理中，有多少具有真才实学？以这样的"成功"来反思当代中国的教育制度，若非隔靴搔痒，就是舍本逐末。

在当代中国的不公平竞争中，需要太多与真才实学无关的"公关"能力，在腐败堕落的精神病菌深入骨髓的当代中国，劣币驱逐良币已经不再是特例，而是通例。当代中国的人才劣选制度，运用的是"去掉一个最高分，去掉一个最低分"的评价原则，最后中选的往往是毫无个性的庸才，即所谓的"第十名"。真正有才能的人往往心高气傲，不愿借助于"诗外功夫"和"盘外招"，所以尖子们即便没有江郎才尽，没有退步，也会在这种优败劣胜的畸形竞争中"淡出"，被"淘汰出局"。尖子们要争取不淡出，唯一出路是向"第十名"们学习"诗外功夫"和"盘外招"，苦练"厚黑学"。

也许有人争辩说，你说的现象主要局限在成人世界，而与校门之内不甚相关，你的书生之论纯属文不对题和不通世务。其实争辩者恰恰不通世务之至。以我十一年中学教师的切身体会，我知道校门之内决非清净世界，教师们也非六根清净之辈，何况教师们也是在不公平的竞争环境中劣选出来的。而父母师长的成人世界中的荒谬现实，更是无时无刻不在污染着学子们原本纯洁的心灵。因此学习尖子们的"退步"，也许是因为以尖子的聪明足以深知，要在当代获得"成功"，根本不需要真才实学，因此他的真才实学不必浪费在当工程师、教授、局长、经理上面，他的真才实学另有更好的出路，或者出国发展，或者在体制外自由发展。

当教育制度培养的目标是文化愚民和政治顺民，是奴才和没有个性的人，那么真正有才能、有尊严的人，肯定不适应这种教育。他们不符合这种教育制度的人才评价尺度，淡出"成功者"的行列，是决非偶然的必然。如果一个有才能的人在这种教育评价尺度中，始终占据"尖子"位置（正如周老师颇为庆幸地提到的进入中学后依然没有淡出前十名的少数尖子），那么其纯真天性必被严重扭曲，人格尊严必然大大丧失，最后变成一个欺下媚上、毫无操守的庸才。因为这样更容易成为工程师、教授、局长、经理，更容易成为"十大优秀青年"。这正是前一阵轰动一时的"教育学硕士愤然让儿子退学"的根本原因所在。那位教育学硕士不希望自己的孩子被"成功"地培养为一个灵魂残缺、毫无尊严的庸才，而宁愿他保持普通人的基本尊严，成为平凡的诚实劳动者。

当教育制度是一种奴性教育制度，在这种制度之下，兔子会被压制和扭曲成乌龟，而乌龟会被培养成伪兔子。在这一龟兔魔方中，成功者恰恰是失败者。由这种失败的成功者主宰的社会，是令人窒息的愚昧社会。失败的兔子值得同情，成功的乌龟和伪兔子却不值得羡慕。倘若围绕"第十名现象"的反思不能触动现行教育制度的改革，就会导致更多的兔子被改造成乌龟，更多的尖子从失败的兔子变成成功的乌龟。那么整个中华民族，都将成为爬行动物。那么当代中国，就没有美好未来可言。

2000年2月10日

（本文选自《故事的事故》。刊于《书屋》2001年第5期。）

致命的盲点

偶然看到一部电视剧，其中有个情节，妻子难产，医生问丈夫，保母亲还是保婴儿？我大吃一惊。不料丈夫犹豫半天，迟疑地说：保母亲吧！我知道这是生活真实，并非艺术虚构。

一个男人是否有权决定一个女人的生死？大概每个现代人都会断然回答：没有。那么为何丈夫却有权在妻子难产时决定她的生死？仅仅因为产妇腹中的婴儿，带有丈夫的遗传基因？但是婴儿同样带有产妇的遗传基因，在保产妇还是保婴儿这一问题上，为何产妇自己却无权决定？是谁剥夺了产妇的生死自决权？又是怎样的集体无意识，使这一极端无视女性基本人权的荒谬陋习，长期成为致命的盲点？

不能指责询问丈夫的产科医生，因为在类似情况下，所有产科医生都会这样问丈夫。一旦母婴无法两全，保产妇或保婴儿的痛苦抉择，在技术层面上绝对必要，明确的决定将有助于医生当机立断选择不同方案，以免因手术目标游移不定而贻误抢救时机。然而关键在于：一，从技术层面来看，医生应该问丈夫还是问产妇？二，从伦理层面来看，究竟是产妇还是婴儿更应享有优先存活机会？

在技术层面上，医生询问的对象，理应是产妇本人，而非丈夫。夫妇尽管一体，但两者的生命立场不可能完全同一，因此双方的回答未必一致。绝大多数产妇不可能对自己的生命弃权，更不会把生死决定权拱手让渡给他人。即便个别产妇愿意把生死决定权让渡给丈夫，按照基本人权不可让渡的人文公理，产妇也无权让渡。无论产妇如何珍爱腹中婴儿，她都必定倾向于争取自己活下去。因为留得青山在，不怕没柴烧，即便这个婴儿不得不忍痛放弃，她还可以争取下一次机会。即便产妇愿意把存活机会让给孩子，也只有产妇自己才有权做出这一生死攸关的重大决定，丈夫或任何人都无权代替产妇做出决定。如果仅仅因为产妇是某个男人的合法妻子，这个男人就有权合法决定牺牲产妇的存活机会，这样的"合法"不符合永恒道德。因此这一沿袭甚久的产科陋习，践踏了人类的生命尊严。

在技术层面找到唯一答案以后，不妨在伦理层面再做深入探究。母婴哪个更重要，并非每个丈夫都会做出相同回答。一个深爱妻子的丈夫，也未必会决定保产妇不保婴儿。如果丈夫尚未超越男尊女卑观念和遗传自私本能，就有可能决定不保产妇。因为一，婴儿可能是男婴；二，即便是女婴，但女婴带有父亲的遗传基因，而产妇没有丈夫的遗传基因。出于对人性之光辉的充分承认，我相信决定"保婴儿不保产妇"的大部分丈夫还是希望产妇平安，如果产妇没能保住，丈夫会终生愧悔。然而无论事后的愧悔多么深沉，都无法弥补产妇付出的生命代价。出于对人性之阴暗的足够清醒，我还相信，既然丈夫忍心决定"保婴儿不保产妇"，那么假如产妇因此死去，他未必就会愧悔，也可能坦然甚至窃喜。由丈夫抉择产妇生死的陋习，为居心叵测的少数丈夫，提供了合法"谋杀"妻子的机会。

既然无论从技术层面还是伦理层面，"保产妇还是保婴儿"的抉择，都应该由产妇本人来做，那么腹中婴儿是否也有天赋人权？产妇是否有权决定把更多的生存机会留给自己？产妇是否有权牺牲婴儿身上那一半属于丈夫的遗传基因？这些问题非常复杂，也极易引起争议。比如基督教就认为，两周的胎儿已经具有灵魂，所以堕胎是不道德的。产妇如果牺牲婴儿，也是"谋杀"了生命。然而基督教的"灵魂"观，既没有科学的实证依据，也没有哲学的逻辑力量。反堕胎思想的基本立足点，实为无视妇女基本权益的男权中心主义，其根本目的是维护婴儿身上那一半属于父亲的遗传基因。以男性的过度自私，指责女性的正当"自私"，是一百步对五十步的无理指责。男性立场的不牺牲婴儿的所谓"无私"，实际上却自私地让产妇付出代价。而女性立场的合理"自私"，却由自己付出了与男人一样的代价，因为婴儿身上的产妇基因，与婴儿的父亲一样多。没有人有权要求别人彻底无私，尤其是要求者自己不能彻底无私的时候。即便有人自己做到了彻底无私，也无权要求别人如此。高尚的道德，遵循"责己宜严，待人宜宽"原则。而公正的道德，则遵循对等原则。任何强加于人的道德高调，在技术层面都缺乏可操作性，最终一定低能到无法解决任何现实难题。爱唱道德高调的糊涂蛋，通常会主张"无论如何应该母婴皆保"，结果当然非常误事。

我的基本观点已如上述，最后还有一个技术层面的问题：一旦危险出现，也许身处险境的产妇早已神志不清，处于非自主状态，无法清醒做出理智决定，也许这正是医生不得不问丈夫的马后炮式理由。然而以人类文明的高度进步和足够的预见性智慧，如果没有男权偏见下的故意视而不见，那么这一不成理由的理由，早该通过以下两个办法加以解决：一，立法。在法律上规定"先尽可能母婴皆保，一旦无法两全，则尽可能保母亲。"二，由产妇本人在临产之前的清醒状态下做出决定，并且亲自签署一份文件。当然应该与丈夫商量，但是产妇拥有最终决定权。有了法律依据和产妇本人的理智决定，医生只要尽了力，那么对任何不幸结果都不必负责，也就不必事到临头，再来多此荒谬一问。

2000年2月26日

（本文选自《故事的事故》。

刊于《人之初》2000年第8期，

《三湘都市报》2004年12月7日。）

两张新闻照片

连日骤降暴雨，上海市区各老街陈旧脆弱的排水系统，终于不堪负担。多处民居进水，路人隔街相望，如同银河两岸的牛郎织女。第二天，本市某报登出两张新闻照片。一张是颇具英雄形象的众多消防队员，奋战通宵为棚户区的进水民居排水，免费！一张是一个形象猥琐的中年男人，正用黄鱼车给路人摆渡，收费！两张照片的总按语是："多么鲜明的对比，多么悬殊的境界！一边是在天灾面前的无私奉献，一边是他人有难时的趁水打劫。"按语相当煽情，我由衷感动了。但是细加分辨以后，我发现我的感动与按语作者的预期，发生了错位。

我突然意识到，消防队员的服务，并不真正"免费"。他们并非志愿服务者，而是领取薪水的。而他们的薪水，由纳税人提供。家居进水的棚户区居民，同样是纳税人。他们早就给这些消防队员，预先支付了服务费用。即便在没有水火之灾时，纳税人照样开工资给消防队员。养兵千日，用在一时，实为天经地义，决非皇恩浩荡。尽管如此，我们淳朴的同胞，依然如此感恩戴德，非要热泪盈眶地拉住消防队员们的手，请他们喝一口热水。但是可敬可佩的消防队员们，硬是不肯喝一口水，甚至留声机一样地再一次说："这是我们应该做的！"多么令人感动！

"应该做的"这句话，我们听了许多年，耳朵早已起茧。我们的英雄或英雄炮制者，不知为何如此技穷，再也想不出第二句话可说。或许这句话确实富有魔力，所以舍不得放弃。正如谎言重复千遍有可能被当成真理，真理重复千遍之后，居然也会魔术般地变成谎言。说"应该做的"，意思竟然是"不应该做的"，所以读者和纳税人（此刻是受害人），应该感动。因为你纳了税以后，没有权利要求改进半个世纪前的陈旧排水系统。你纳了税以后，没有权利要求得到不会进水的住房。你纳了税以后，没有权利在失火进水时得到援救。如果雨没有大到水漫金山，你必须感恩，但不是对老天感恩，恩主另有其人。如果你住进了不会进水的高级住宅，你必须感恩，但不是对建筑工人感恩，恩主另有其人。如果你的棚屋进水后得到意外而非"应该"的援救，你更要感恩，因为许多与你境遇相似的人，确实没有得到幸运的援救。你必须意识到，自己抽中了上上签。

每次都要着重强调"这是我们应该做的"，就是要你反复领悟：你得到了"不应该"得到的优待。谦称"应该"，是出于高风亮节，而非支取薪水后的职责，因为支取更高薪水而不负责的，也大有人在。甚至可以把话点得更明白，说"我们应该做的"，只是跟你假客气，但你必须感恩。如果你竟然当真不领情，那就对你不客气了。

对于那位用黄鱼车摆渡的中年人，我只有一句话要说：既然那么多曾经宣誓"奉献一切"，因而"应该"来为人民免费摆渡的人，一个都不来，既然摄影者与按语者也没来，而他们如此摄影如此按语，却有比你远为丰厚的报酬，那么你提供了意外而受欢迎的服务，理应收费。何况你微薄的收费，仅是为了可怜的生计。何况所有接受你服务的人，对你如此发自内心地感激：他们宁愿付费，也不愿感恩戴德。他们虽然没对你感恩戴德，但他们对你说了一声由衷的"谢谢"。即便没有说出口，但他们心里一定说了。因此，我愿意告诉你，我的其貌不扬且缺乏英雄气概的兄长，安妥你的良心，不必让它有丝毫的愧疚和不安。放心吧，没有人鄙夷你诚实而艰辛的劳动，鄙夷的目光永远不会射向你，我的卑微而苦难的同胞！

1998年5月24日

（本文选自《故事的事故》。刊于《青年报》1998年7月3日，
《希望月刊》1999年第7期，《三湘都市报》2005年5月24日，
获2005年度湖南省报纸系统副刊作品年赛一等奖、好新闻一等奖，
《杂文选刊》2005年7月上半月刊转载。）

学而不行谓之病

日本茶道创始人千利休，出门必带整套茶具。有人问他："出门几天，何必如此费事？"千利休说："出门不还是生活吗？"我出行必定带书，哪怕仅仅郊游一天。一天不读书，就等于一天没有生活。庄子说："学而不能行，谓之病。"若非有病，自要出行。人在旅途，岂能无书？

我出行常带一本竖排本的《庄子》，虽然在家喜读横排本，因为有足够的地方加批注。但出门是休闲式看书，不须加批注，竖排本可以用一只手卷着看，很悠闲。

出远门，如果坐的是江船海轮，"江上之清风，山间之明月"，自然不肯放弃。但海上四望皆水，江轮夜行一抹黑，只好读书破闷。读熟了，也做做游戏，比如在《庄子》里寻找古今人名，发现宋人陆九渊出自"渊有九名，此处三焉"。清人张之洞取自"《咸池》《九韶》之乐，张之洞庭之野"。现代书法金石家邓散木取自"几死之散人，又恶知散木"。画家刘旦宅似取自"彼有骇形而无损心，有旦宅而无情死"。演员于是之似取自"未尝不始于是之，而卒黜之以非也"。也颇有佳趣。

如果坐火车寻胜访友，吟咏庄子的"君子之交淡若水，小人之交甘若醴"，决非无益；玩味庄子的"小人则以身殉利，士则以身殉名"，颇可自警。发现《圣经》"泰初有道"的汉译，活剥自庄子"泰初有无"，想到忽而西风东渐，忽而东风西渐，真是"此亦一是非，彼亦一是非"，令人困惑。看到北地胭脂南国佳丽，想到"尤物"一词，出自庄子的"夫子，物之尤也"。不过庄子原指男人，现在则专用于女人，似乎古代重男轻女，现代重女轻男，不禁失笑。

日常出门，浏览本地风光，也是不该放弃的乐趣，但即便市容日新月异，天天看它未免单调，于是车厢也成了我的书斋。知道车厢里看书影响视力还依然看书，与知道抽烟影响健康依然抽烟相比，似乎是更应该容忍的坏习惯。何况车厢内时常上演唇枪舌战，是庄子说的"两怒必多溢恶之言"，而我身困于车厢形同受到绑架，又是庄子说的"无所逃于天地之间"。幸而有书遮眼，可以"非礼勿视，非礼勿听"，不过这是孔子说的。

　　行行复行行，读书破万卷；万卷书读破，行行复行行。庄子的"举世誉之而不加劝，举世非之而不加沮"，是我行万里路，读万卷书的座右铭。

1996年10月27日

（本文选自《吊驴子文》。

刊于《新民晚报》1996年12月4日，

获"读书乐"征文二等奖。）

出世·入世·间世

　　中国文化最基本的处世精神是儒家式的：平和、中庸，不走极端，善于妥协；凡俗，勤劳，热爱生活，富有情趣。文化界通常称之为"入世"的态度。与之相反的是印度文化（无论婆罗门教、耆那教还是佛教）的基本精神：刚烈，精进，易走极端，决不妥协；圣洁，苦行，厌恶生活，拒绝欢乐。文化界通常称之为"出世"的态度。

　　这是对处世态度最常用的两分法，这种两分法似乎假定，此外的一切处世态度都是这两种态度不同程度的杂糅和摇摆。比如"厌世"、"恨世"、"愤世"等，可以看出，这些中间状态都有浓重的"出世"倾向，但强烈的情绪化使得它们具有明显的"入世"色彩。

　　说印度文化易走极端，指的是对生活厌弃的程度不留余地，而真正的"出世"者，在感情上的表现却是冲淡平和的。每一种成熟的处世态度都是如此，因为坚定的信仰使他无须感情冲动，冲动正是对自己的处世态度缺乏自信因而难以贯彻到底的表现。坚定的儒者也冲淡平和，即所谓"蔼然长者"。

　　出世、入世的两分法，使人误以为根本不存在居于两者之间的成熟的处世态度。欧洲人、日本人的处世态度，在典型的中国人和印度人看来，都是过于感情用事的，不成熟的。然而中国自古以来存在着一种与儒家不同，更深入人心甚至更成熟的处世态度："间（动词，读如见）世"。

　　"间世"一语，出自《庄子》内篇之四《人间世》。这一篇名，历来注家少有得其正解者。习非成是的理解，是把"人间世"当作"人间""人世"解，或索性把第二字移后，称为"人世间"。这种理解的不妥当，至少可以举出以下三点理由。

　　其一，文言尚简，庄子更是无出其右的语言大师，决不会多赘一个重义之字。

　　其二，《庄子》内七篇的篇名，都是三个字（这可能使人产生此篇名二字已足，作者不得已多凑一字的误解，但这是对庄子的语言天才的严重低估），而且每篇的篇名必有动词：《逍遥游》之"游"、《齐物论》之"齐"、《养生主》之"养"、《德充符》之"充"、《大宗师》之"大"、《应帝王》之"应"。因为庄子要教导的，正是一种反教条的动态处世方式，没有动词难以体现他的处世态度的特殊性。

其三，从《庄子》内七篇的命题方式来看，每篇的篇名都仅涉及"人世"的一个方面，没有一篇涵盖所有方面；即使要涵盖，也应放在首篇或末篇。

可见，"人间世"讲的是"人"与"世"之间的一种关系："间"。在《人间世》之前的《养生主》中，庄子讲了一个著名的寓言"庖丁解牛"，其中的"以无厚入有间"，正可作此注脚。

作为间世者，庄子的处世态度是始终如一的，完整而成熟的，不感情用事的。

1995年10月9日

（本文未曾入集。刊于《读者导报》1994年11月21日，

《燕赵都市报》2005年5月20日，《三湘都市报》2006年1月17日。）

福轻乎羽，祸重乎地
——集《庄子》句吊汶川地震罹难者

一

造化大冶，炉锤之间；阴阳于人，不啻父母。

六气之变，天刑安解？利害之端，恶知其变？

覆载天地，刻雕众形；示以地文，不震不止。

鱼见深入，鸟见高飞；麋鹿决骤，惴慄恂惧。

二

天地覆坠，裂地山焦；大旱石流，疾雷破山。

细枝拳曲，大根轴解；鸟唤乎天，鱼没于渊。

万窍怒号，山林崴崔；发若机栝，杀如秋冬。

为颠为灭，为崩为蹶；中道而夭，不终天年。

三

死生存亡，是事之变；不得所遁，恒物大情。

殇子弱丧，爱有所亡；福轻乎羽，祸重乎地。

死者以国，量乎若蕉；毁首碎胸，磔然已解。

物化近死，不知所归；民其无如，莫之知避。

四

生也有涯，怵然为戒；阴阳之患，则危吾身。

庖人不治，尸祝代之；人道之患，则危吾国。

中于机辟，死于网罟；游于毂中，不中命也。

假于异物，托于同体；至此极者，其命也夫！

五

仰天而嘘，似丧其偶；涕泣沾襟，殆乎殆乎！

尔已返真，我犹为人；人哭亦哭，自其所宜。

相呴以湿，相濡以沫；死不择音，不亦悲乎？

若哭若歌，不任其声。返复终始，不知端倪。

六

广漠之野，无何有乡；寝卧其下，安所困苦？

保身全生，养亲尽年；物无害者，不夭斤斧。

解其桎梏，胜物不伤；用心若镜，无门无毒。

不将不迎，相忘江湖；应而不藏，相忘道术。

2008年5月16日

（本文未曾入集。刊于微信公众号庄子江湖。）

孟浪之言，妙道之行
——集《庄子》句吊诗人孟浪

一

孟浪之言，妙道之行；不就其利，不违其害。
不喜外求，不缘世道；不事俗务，游乎尘外。
绝彼云气，负彼青天；扶摇而上，然后图南。
万世之后，旦暮遇之；往世不追，来世可待。

二

举世誉之，而不加劝；举世非之，而不加沮。
勇士一人，雄入九军；幸能正生，以正众生。
且有大觉，知其大梦；天子与己，皆天所子。
择日登假，人则从是；薪尽火传，不知其尽。

三

蜩鸠笑之，彼且奚适？大有径庭，不近人情。
惊怖其言，河汉无极；翱翔蓬蒿，亦飞之至。
彼其所保，异于众人；几死散人，恶知散木？
有蓬之心，知有聋盲；无用之用，二虫何知？

四

卫君行独，其德天杀；出经式义，孰敢不听？

轻用民死，死者以国；伪道欺德，劳形怵心。

量泽若蕉，民其无如；灾及草木，祸及昆虫。

圣人不死，大盗不止；乱天之经，逆物之情。

五

狙公赋芋，名实未亏；朝三暮四，朝四暮三。

众狙喜怒，因是因非；适人之适，役人之役。

黥汝仁义，劓汝是非；劳其神明，不知其同。

摘擗为礼，澶漫为乐；蹩躠为仁，踶跂为义。

六

曹商舐痔，得车百乘；所治愈下，得车愈多。

丧己于物，失性于俗；小惑易方，大惑易性。

厉国之人，夜半生子；取火视之，恐其似己。

簸糠眯目，四方易位；日凿一窍，天下尽殉。

七

凤兮凤兮，尔德之衰；君乎牧乎？固哉丘也。

临人以德，画地而趋；离道以伪，险德以行。

早湛人伪，晚闻大道；天之戮民，丘则陋矣。

山木自寇，膏火自煎；殉名殉利，倒置之民。

八

以隶相尊，众人役役；涉海凿河，使蚊负山。

天之小人，人之君子；天之君子，人之小人。

中于机辟，死于网罟；方今之时，仅免刑焉。

世丧道矣，道丧世矣；蔽蒙之民，不知其梦。

2018年12月26日

（本文未曾入集。刊于微信公众号庄子江湖。）

勇士一人，雄入九军

——集《庄子》句吊李文亮医生

勇士一人，雄入九军。
惊怖其言，恶骇天下。

不知世务，轻用其身。
彼其所保，异于众人。

不就其利，不违其害。
幸能正生，以正众生。

适千里者，心未尝死。
治国去之，乱国就之。

医门多疾，济人之死。
举世非之，而不加沮。

中道而夭，不终天年。
至此极者，其命也夫！

方生方死，方死方生。
死生一条，解其桎梏。

河汉之阳，似丧其偶。
形同槁木，心如死灰。

尔已返真，我犹为人。

涕泣沾襟，殆乎殆乎！

死不择音，不亦悲乎？

若哭若歌，不任其声。

文章之观，其于光也；

假于异物，托于同体。

激者滴者，叫者譹者。

万窍怒号，怒者其谁？

2020年2月7日凌晨4点半

（本文未曾入集。刊于微信公众号庄子江湖2020年2月7日。）

自述小品

三朴堂铭

三朴者何？一曰淳朴其心，一曰简朴其用，一曰素朴其文。

人的心灵天生透明，不仅性善论者所谓同宗之爱亲、异姓之恻隐是透明的，即便性恶论者所谓个人之私欲、群体之争竞也是透明的。孩子不知虚伪，其善其恶无不透明。透明之心，即淳朴之心。知识之增长如玻璃之增多，一块玻璃固然透明，两块三块、无数块玻璃之相叠，则使心灵之窗蒙尘。正如一滴海水无色而透明，大量海水蓝色而浑浊。不透明的玻璃是伪玻璃，无助于心灵保持淳朴而增进透明的知识则是伪知识。伪知识挤压泯灭人的心灵，真知识开阔提升人的心灵。真知识的覆盖层无论多厚，都不会阻碍自我本性之认知。即便人之本性原本不纯洁不透明，甚或恶意多于善意，真知识也具有玻璃的聚光透射作用，可以照亮心灵黑箱，揭开秘密，昭示奥义，指引抑恶扬善之真道。真知识并非关于人性之善的知识，而是关于人性之恶亦即善恶边界的知识。了解人性之善而彰扬且增广之，固然功德无量，直面人性之恶而疏导且化解之，人性才能由恶迁善。因此真知识越多，越能认知自我之本性，进而正确认知人类之共通本性。伪知识越多，越不能认知自我之本性，进而错误推断他人之本性和人类之共通本性。由于既有知识存量兼有真道、伪学两种知识，故求学之心无餍，求道之心无已。

简朴生活是最为高尚的人间生活，中外一切智者无不生活简朴。许多人渴望简朴生活，但因工作压力或环境影响，不得不违心参与无聊应酬，从而远离简朴生活。宽容他人弱点而偶尔违心，尚且不失高尚。屈服自身欲望而时常违心，则易人格分裂。放纵欲望而拒绝简朴生活，是现代伪自由的恶果。放纵欲望的伪自由，与自制宽容的真自由之区别，一如伪学与真道之区别。保持生命之健康和追求身体之舒适，所需之物资极为有限。过度即非生理之必需，仅是心理之饥渴。一切心理饥渴，唯有精神食粮方能化解。用物质手段转移精神需求，纯属缘木求鱼。正因缘木求鱼，才会欲壑难填。人的生理需求如食色，不可能填不满，人的心理需求如名利权，却无止境。一切无止境欲望，均非自然需求，仅是文化需求。文化需求如果无权满足，是社会的病态。文化需求如果不知餍足，则是个人的病态。唯有健康的个人，才能矫治社会的病态。

人皆有文化需求，比如游戏娱乐，受到尊重，探索真理，渴望自由，等等，为了满足这些文化需求，人们创造、发明、思考、写作。通过精神创造，以及精神创造后得到社会报偿，创造者既满足了自己的文化需求，又满足了不直接从事精神创造的他人的文化需求。激励高尚精神的作品是素朴的作品，诱发低级趣味的作品则是感伤的作品。素朴之文无违淳朴之心，不为谄媚自我、谄媚庸众、谄媚权贵而作，不为名利权而作。尽管名利权互为转换，交相为用，然而大致说来，谄媚自我者为名，谄媚庸众者为利，谄媚权贵者为权。素朴之文仅仅响应内心之感召，不屈服于外在势力和外界诱惑。素朴之文超越政治之利害，风尚之左右，利益之得失，不仅能让同时代人，而且能让时空远隔的异代人、异国人，得到智力之愉悦，精神之提升，心灵之净化。

是故吾有三愿：一愿吾心淳朴，二愿吾用简朴，三愿吾文素朴。无时或忘，九死不悔。特撰此铭，置之座右。

1995年12月28日

（本文选自《吊驴子文》。）

一个印第安人的告白

　　常有新朋友问我是干什么的，我说卖文为生。提问者立刻恭敬地追问我写什么？我说什么都写。对方以为我在敷衍他，有点不快。我赶紧解释，我真的什么都写：诗歌、小说、寓言、剧本、散文、随笔、小品、评论、论文，以及难以归类的种种自创文体，但我在每一个领域只有一些令专家笑话的三脚猫功夫，所以拿不定主意究竟应该专门写哪一种，只好到处流窜。提问者收起恭敬，同情地问我这样到处流窜能否养活自己。我说没问题，比工薪阶层高出许多，而且永远不会下岗。虽然我的作品质量一般，但是产量惊人，堪称劳动模范，再加薄利多销，足以自食其力。

　　我的产品基本上是传销式的，完全免除了用于广告、作秀、钻营、应酬的时间成本和经济成本，因此我较能接受微薄的稿酬和版税。所谓传销，就是按照物以类聚原则，喜欢的读者会互相转告，在网上转帖，甚至买多本拙著送给朋友。这是不少拙著居然也能上畅销榜的原因：买拙著的人一定是真喜欢，而不是被炒作炸晕的。

　　不过我与许多什么都写的自由撰稿人有很大不同。他们往往是报刊编辑要他写什么，他就写什么，由于不同报刊的不同编辑会派给他们不同的活儿，所以他们只好被迫什么都写。由于写之前已有订单，所以他们的写作相当于做生意。我的什么都写，以没有订单为前提。如果有了订单，我甚至会把原本打算写的也放弃掉。真正的自由写作，一定不能事先有订单。我拒绝一切形式的遵命文学，既不遵政治之命，也不遵市场之命。我宁愿自由投稿遭到退稿，也不愿奉命写作得以发表。我写作的最大报酬是乐趣，而非稿酬和版税。有些文章不能发表和出版，我就直接贴到网上，权当义务劳动。

　　我自由投稿被编辑采纳，稿酬一般千字百元。编辑往往要求我再来一个，或者批量生产，甚至每天一篇。我就趁机勒索，要求提高稿酬，千字五百甚至千元。编辑说批发应该更便宜，我说重复劳动减少乐趣，批发价应该高于零售价，只有多挣钱的快乐，才能补偿减少的乐趣。大多数编辑觉得我不可理喻，就会撤掉订单。我很高兴，因为我很不愿意用乐趣换钱。极个别编辑会不依不饶，我只好给编辑讲一个故事：

有个美国商人在印第安部落订购了100张草席，收购价每张30美元。商人售完后又去订购1000张草席，出价每张25美元。酋长不同意，每张报价50美元。商人很吃惊，说这违反商业规律。酋长说，大伙儿有时愿意编草席，有时愿意换换花样编草帽。假如暂时不缺钱，宁愿唱唱歌跳跳舞，或是坐着讲故事，甚至甩着手闲逛。一旦接受你的订单，大伙儿必须非常痛苦地每天干一样的活，同时失去了无价之宝：闲暇和自由。我报这个价，还不知道他们是否乐意呢。你们美国人把商业规律当成最高原则，但我们印第安人不认为做生意是人生最重要的事情。

我就是一个印第安人。

不过我是一个酷爱哲学的印第安人。我写任何作品，无论用什么文体，都当作哲学作品来写。大部分读者，即便是偏爱拙作的读者，对此也未必清楚。许多人误以为哲学是古代的东西，其实哲学就在现实生活之中。许多人误以为哲学是枯燥的东西，其实有趣是哲学的灵魂。一切枯燥的哲学都是伪哲学，一切弱智的哲学都是哲学的敌人。

近代以来的普遍误解是，哲学就是深奥艰涩的。这与站在哲学源头的东西方哲人留给我们的印象截然相反。无论是佛陀时代，柏拉图时代，还是庄子时代，哲学作为一种批判性智慧，从来都是生动活泼的，充满乐趣的。在西方哲学被教堂征服、中国哲学被庙堂招安的中世纪，东西方哲学都失去了创造力。近代以来，上帝的教堂和皇帝的庙堂分别在东西方失去了绝对的主宰力，哲学本来有机会重获轴心时代的活力，不幸的是哲学却被课堂垄断了。这种垄断很可能对哲学具有更为致命的杀伤力，因为课堂哲学比教堂哲学和庙堂哲学更加远离智慧和乐趣。课堂哲学家，即那些哲学教授和哲学史家，把哲学降格为一项枯燥乏味的专业技术工种。如果文明的进步必须以此为代价，那么我认为现代文明的所失大于所得。没有哲学的智慧和乐趣，生命就没有意义。可以没有上帝，可以没有皇帝，但是不能没有哲学。

2001年9月5日写于北京白家庄

（本文选自《告别五千年》。刊于《青岛日报》2001年10月12日，

《京萃周刊》2001年10月19日。）

马当路戆大

我父母都是绍兴人。祖父母在二十世纪三十年代中期从绍兴皋埠移居上海，父亲生在南市天主堂街。母亲五十年代末被外祖父从绍兴柯桥卖到上海做童养媳，母亲不喜欢拖鼻涕的未婚夫"弟弟"，逃到嫁给天主堂街一个绍兴人的姐姐家里，在居委会找了一份工作，天天出入各家各户，包括我祖母的家。祖母看上了母亲，父亲奉命结婚，婚后搬到了马当路。

我六十年代初出生在浙江人聚居的马当路。马当路南端，止于作为上只角、下只角分界线的徐家汇路。马当路的浙江人心态微妙，既庆幸自己挤进了上只角，又深知市中心的高等华人并不把这里视为上只角。上只角、下只角的差别主要是经济收入和文化教养。马当路的江浙人大多属于城市贫民，经济状况、文化程度濒临赤贫，比徐家汇路以南的苏北人聚居区好得有限。乡下人移民上海，通常依同乡而居，并与同乡联姻。上海由此形成了许多籍贯相同、收入相近的聚居区。

浙江人还有近亲结婚的陋习，这导致了很高的先天弱智比例。"马当路戆大"是邻近地区一句俚语。

马当路最好的石库门是包括四条弄堂的荣华里。我家位于荣华里第三条弄堂的过街楼。

荣华里第四条弄堂口有一爿烟纸店，老板夫妇是浙江东阳人，表兄妹，一子二女都是戆大。儿子是老二，游手好闲的马当路小开。他总是在小店附近，决不走远。身穿崭新笔挺的呢制中山装，背手挺胸踱着方步，旁若无人放声高歌。他嗓音浑厚，中气绵长，显然与营养良好、卡路里充足有关。多年后我每次听到帕瓦罗蒂的歌声，就会不由自主想起这位烟纸店小开。多年后我每次看到身穿呢制中山装的大人物，也会不由自主想起这位烟纸店小开。在我的童年记忆里，以高级呢制中山装为常服者，仅他一人。

大小姐和三小姐的智力更逊于兄弟。一旦老板夫妇忙于别务，任何一位小姐当柜，就会出错。街坊们缺这少那，常差小孩去烟纸店买。小孩买回家，或是少找了零钱，或是拿错了物品，父母只能再跑一趟。老板夫妇总是自认理亏，街坊怎么说就怎么依，从不大起争执。

若是起了争执，必是不知情的过路客，通常是女客。她抱着"无商不奸"的传统成见，再加上对"资产阶级"的时代偏见，以为不气势汹汹就讨不回公道。老板赔尽小心，她还是愤愤不平，向围观的街坊控诉烟纸店小姐故意讹她。然而老板夫妇口碑极佳，于是只剩下一幕后现代拼贴式的男女声二重唱：革命女同志不依不饶，无人同情地声讨着资产阶级；烟纸店小开面带微笑，超然物外地高唱着革命歌曲。

母亲差我去买东西，情形有所不同。并非烟纸店小姐少找我零钱，而是我从未学会等找零钱。我只知道一手交钱一手交货。小姐把物品给我，我把整钱往柜面一扔撒腿就跑。小姐的脑筋哪有我的腿快？等我到家，可能她还没算清要给多少找头。

有时母亲要我买两件东西。小姐先给我一件，转身再到货柜上找第二件。她脑子反应慢，动作又不利索。我见她转身不再理我，把整钱往柜面

▲ 1964 年 2 月 25 日：作者周岁照

一扔，认定买卖已成，撒腿就跑。不论是我没要找头，还是我少拿货品，母亲只好自己再跑一趟。老板照例赔罪。母亲却说，不是你们小姐的错，是我儿子糊涂。于是双方各自检讨，配以烟纸店小开无时或停的声乐伴奏，其乐融融宛如君子国之民。

我屡教不改，母亲只能认命。没有现成零钱时，就不再让我去，要么自己去，要么差我哥去。我哥从不出错。若是出了错，一定是烟纸店小姐的错，不是多给了找头，就是多给了物品。

我的注意力从小不在具体事物上。在日常生活中，我宛如梦游。我的恒常表情是两眼定洋洋，一眨不眨，完全彻底神游天外。母亲说，绍兴话管我这种人叫"天外人"。不过母亲更喜欢戏仿那句本地俚语，又气又笑地叹道："马当路又多了一个戆大。"

马当路戆大是马当路革命群众的欢乐之源，而我是我家的欢乐之源。父母亲友都说，我一开口就引人发笑。我随口乱说的话，用绍兴话说都是"戏话"。但我丝毫不明白，自己为何引人发笑，更不明白自己为何成了马当路戆大。在破除迷信的革命年代，与父亲并非近亲的母亲坚信，她儿子成为马当路戆大的唯一原因，就是过街楼住户踩在穿行于弄堂的众生头上，很不积德。

荣华里第一条弄堂有一个居家戆大，天天衣着干净地坐在家门口，两眼定洋洋，一眨不眨，完全彻底神游天外。每个周日午后，其父就会陪他在弄堂里打羽毛球，不过他从未打到过球。每次他狗熊般挥拍一扑，撩个空，他就呵呵憨笑不止，笨拙地弯腰捡起球，迈着鸭步交给父亲，退回原地，张嘴躬身，两眼定洋洋，一眨不眨严阵以待。其父再发球，他再撩空，再憨笑，再捡球，再交还父亲。旁观者乐不可支，他浑然不觉，其父也毫不在意。直到他捡球捡累了，游戏才告终。

另一个马当路戆大不知属于哪家哪户。他每天从早到晚，都在露天菜场附近游荡。大清早街坊们在油条摊前排队，他已在那里维持秩序，不由分说把插队者拽出来。上海人买油条，用的就是已成国家级笑柄的半两粮票。排队买油条的街坊久站无聊，以戏弄戆大为消遣。

苏州人问："戆大，叫我啥？"

"爸爸！"

"嗳！乖儿子！"

排队者、炸油条者都笑戆大。苏州人拿了油条，分给戆大半根，笑眯眯走了。

戆大说话和吃油条时，并未忘记把插队者拽出来，大概两件事不属同一个操作系统管辖。

小宁波也想讨便宜："戆大，叫我啥？"

"姆妈！"

排队者、炸油条者、插队者都笑小宁波。小宁波气坏了，没料到戆大竟聪明到会捉弄人，又不愿与戆大一般见识，只好自认晦气，用筷子穿上两根油条，气呼呼走了。

一定有聪明的街坊教过戆大：想得好处，就要嘴甜。看见男人，就叫爸爸。看见女人，就叫姆妈。戆大分不清男女，缺德者又多为男人。讨便宜的男人如同玩轮盘赌，就看撞上的是奇数还是偶数。小宁波今天赌输了，或许明天早上还会再赌。男人赌性很重，但戆大没有赌性。在计算机时代来临前，戆大已经熟练掌握了二进位制。尽管莱布尼茨发明的二进位制受启发于太极图是误传，但戆大的"一分为二"辩证法，确实出自中华祖传。

那个人人神经高度紧张、唯恐被命运选中的革命年代，越剧、沪剧和上海滑稽戏均已销声匿迹，居委会门口露天播放的九寸黑白电视机，要到七十年代末才出现，戏弄戆大就成了马当路革命群众不可或缺的日常消遣，这使卑微的他们找到了碧落黄泉遍觅不见的优越感。戆大是无须专业培训的天生小丑，永远的革命乐观主义者，不在乎被人取乐。

戆大为正常人喜闻乐见，但乐见未必常见。不少戆大深居简出，大隐隐市。我家所属居民小组组长的儿子，就是一位仅知有之、难得一见的隐居戆大。只有每年的国庆之夜，才有机会瞻仰久闻其名、未见其面者的尊容。

国庆之夜，人民广场要放焰火，实行交通管制。上海各处的市民不能前往市中心，只能在自己所居的马路上观赏。好在礼花升空，远观胜于近看。夜色未降之时，马当路上已经放满了预占位子的各种椅凳。大体每家占一排，最佳椅凳居中。

晚饭一过，革命群众纷纷走出家门。全体四类分子被户籍警集中到居委会面壁思过，一来他们没资格与民同乐，二来防止他们搞破坏。全体戆大也无一遗漏地集体亮相，连居民小组长的戆大儿子也隆重出场，就座于居中尊位。还有无数隐居戆大涌上街心，在照明弹般的礼花下一现真容。这个欢庆革命胜利若干周年的神圣之夜，成了革命群众检阅马当路戆大的狂欢之夜。全体戆大抬头看焰火，革命群众低头看戆大。

戆大们表情高度一致。戆大们不思考不发愁，面容光滑，决无皱纹，难以推断具体年龄，仿佛长生不老的藐姑射仙人。戆大们对同类毫无仇恨，下唇前伸，咬肌松弛，不会像革命群众那样咬牙切齿。戆大们对世界没有贪欲，下巴耷拉，口涎满溢，两眼定洋洋，一眨不眨看着夜空，似乎完全彻底神游天外，又似乎看不够千奇百怪的红尘世界。

人各不同一如其面，唯有戆大千人一面。不同民族的正常人相貌迥异，但全世界戆大都长着标准划一的统一面孔，早在史前时期就已进入全球化时代。不过也有例外。有一对马当路戆大是孪生兄弟，不仅都是兔唇，而且与常人的额头饱满外凸相反，其脑门像勺子一样内凹，看着非常恐怖。后来看好莱坞科幻片，那些异形外星人也远没有如此可怖。外星人毕竟是异类，再怎么怪异也没有切身之感。这对孪生兄弟却是同类，其异形令人不寒而栗。

1969年春节以后，六岁的我从绍兴柯桥外婆家回到马当路，准备入幼儿园。入园前几周，母亲天天带着我上班。几天后我问了一个戆问题："姆妈，你天天上班做同样的事情，一点也不厌烦吗？"母亲笑道："戆大儿子，你以为大人上班是在玩啊？你爸爸，你伯伯，你舅舅，你姨妈，像姆妈一样，每天上班都是做同样的事情。"这句话奠定了我的毕生理想：长大以后，我要像所有的马当路戆大一样不上班。

这一年国庆之夜放焰火，居民小组长的戆大儿子没有出席盛会。失望的马当路革命群众，交头接耳传播小道消息：那个天天出入各家各户宣讲革命道理的母亲，把自己的孪大儿子活活饿死了。

2005年8月30日—9月2日

（本文未曾入集。应作家薛原征文，收入薛原主编《童年》，
山东画报出版社2006年版。刊于《三湘都市报》2005年11月22日、29日。）

幼儿园的梦

1968年下半年，我五岁半，从上海去了绍兴外婆家。

1969年春节，我爸我妈带着我哥到绍兴过年，我只认出了我爸我哥，没认出我妈。

我在绍兴住了半年，已经满口绍兴话，我妈的上海话听着陌生。我妈的相貌又与几个绍兴的妹妹很像，只是打扮不同。所以我没认出我妈，躲在外婆、小姨身后，不肯叫"姆妈"。

我妈非常伤心，原本打算让我在绍兴住一年，再回上海读小学。发现分开半年我已不认她，决定把我立刻带回上海。

春节以后，我从绍兴回到上海，进了重庆南路幼儿园，幼儿园与卢湾区工人俱乐部在同一个门洞里，北面紧邻上海市第二医学院。再往北是合肥路，有我高考前一度借读的兴业中学。再往北是复兴中路，拐角处是复兴公园（旧名"法国公园"）正门。复兴公园北门，从淮海路、雁荡路进去。复兴公园西门，是梅公馆、周公馆所在的思南路。再往北是卢湾区第一中心医院（习称"南洋医院"）和卢湾区区政府（当时改称"革委会"）。

幼儿园的记忆，印象最深的是两件事。

一是我从童年到少年反复做的两个梦，都与幼儿园有关。

第一个反复做的梦，是下降的梦。我在梦中，全身腾空，向一个无底洞急速下滑，周边一片漆黑，手边没有可抓之物，脚下没有可抵之物，只是下滑再下滑，下降再下降，速度越来越快，我越来越害怕，直到吓醒。梦境的原型，大概是幼儿园大草坪的滑滑梯，是我在幼儿园最喜欢的游戏。

第二个反复做的梦，是上升的梦。我在梦中，背后是幼儿园的法式洋房，面前是幼儿园的大草坪。大草坪远端的上空，黑云密布，一架飞行器带着金光穿破云层，垂直降落。飞行器打开，飘下两队银衣人，分站左右。三个银衣人向我飘来，越飘越近，把我劫至大草坪远端，进入飞行器，垂直上升，越升越高，越飞越远。我似乎灵肉分离，肉身站在大草坪近端，

▲1971年7月：作者（右）8岁，哥哥11岁，堂姐19岁

看着自己灵魂出窍，飘过大草坪，升高飞远，直至消失。

我后来读过不少解析梦境的书，知道这是人类梦境的两大原型。而我的梦境，以幼儿园的大草坪为现实场景。

二是我在幼儿园磕掉三颗牙。

幼儿园的日常活动，不值一述。无非是家长上班前送来小孩，上午室内游戏。然后午饭，午睡，午睡以后吃点心，吃完点心室外游戏，最后家长下班接走小孩。

某日午睡以后，老师把小朋友们叫醒，让大家快上厕所，警告不要奔跑。小伙伴们为了尽快吃点心，不听警告，奔出教室，奔过走廊，争先恐后奔向厕所。法式洋房的走廊铺满地砖，走廊尽头有三级台阶通向室内。我跑到走廊尽头，与小伙伴们推挤之中，脚底一滑，一头磕在台阶上，磕破了嘴唇，磕坏了两颗大门牙和旁边一颗牙。牙都没掉，摇摇欲坠挂着。

我上完厕所，护着嘴回到教室。领了点心，嘴肿牙疼不能吃。

老师打电话通知了家长。平时我妈一人来接，今天我爸我哥也来了。

接上我，去医院拔牙。我肿着嘴，挂着牙，讲述了事情经过。我妈说，老师已经说过了，你牙痛，别说了。我说，老师没看见，讲得不对。又对正吃点心的哥哥说：我摔了牙，不能吃点心，倒是便宜了你！

先去较近的合肥路地段医院，门诊时间已过，预检医生建议我们去南洋医院。我抱怨说："怎么把我们像皮球一样踢来踢去？"我妈又气又笑："你牙痛呢，少说几句戏话吧！"

再去稍远的南洋医院，挂了急诊。女医生一边检查，一边安慰愁容满面的我妈："这孩子的牙齿，基础很好！好在还没换牙，过几年换上新牙就没事了。你不用太担心！"我后来至今没有一颗蛀牙。

检查完毕，女医生拿起针筒说："小朋友勇敢点！打了麻药，拔牙一点不疼。"

我立刻大叫："不要打麻药！"

女医生举着针筒，诧异地看着我妈。

我妈问："为什么不要打麻药？"

我说："嘴巴离脑子近，打了麻药会变傻。"

女医生忍住笑："局部麻醉，剂量又小，不影响智力。"

我说："我不怕疼，不要打麻药！"

我妈拗不过我，只好同意。

女医生放下针筒，拿起钳子拔牙。三颗牙虽已动摇，拔下来仍然费了好大劲。

我妈听着咯吱咯吱的刺耳声音，连声问我："是不是很疼？你怎么不哭？快哭呀！哭出来就不疼了！"

女医生白了我妈一眼："见过孩子哭，妈妈哄他别哭的。没见过孩子不哭，妈妈劝他快哭的。"

我妈又委屈，又心疼，自己哭了出来。

从下午摔跤，到晚上拔牙，我没哭过，结果我妈代我哭了。

回家路上，我爸问我："你怎么知道，打了麻药会变傻？"

我说："是我猜的。不管猜得对不对，反正我不想冒险。疼点没事，忍一下就过去了。"

2021年6月1日
（本文未曾入集。）

小学赛诗会

　　1970年2月，我离开重庆南路幼儿园，入读上海市卢湾区第一中心小学。当时改名"工农兵小学"，"文革"以后恢复原名。但是"文革"时期，大家仍然习惯叫"一中心"。一中心的校门在淡水路，旧名"萨坡赛路"。拐过建国东路，就是我家所在的马当路。我步行上学，只要十几分钟。

　　1974年10月，我小学五年级，全校举行赛诗会。每个学生写一首诗，先参加班级赛诗会。每班选出一个代表，再参加全校赛诗会。

　　中国历来是个诗国，但是"文革"时期的革命诗歌，都是句子整齐、大致押韵的空洞口号，艺术水准比儿歌还不如。现在想来滑稽搞笑，当时却很严肃。班级赛诗会一完，我被班主任戴银香老师定为班级代表。并非我的诗最好，而是我的诗最长。因为我翻开字典，把同一韵部的大多数字，毫不贴切地塞进韵脚。

　　班级赛诗会不要求背诵，全校赛诗会必须背诵。那几天我随身带着诗稿，有空就背，很快背得滚瓜烂熟。我不后悔写得太长，踌躇满志准备拿大奖。正式比赛那天，我平生第一次穿上了中山装。

　　学校的大操场上，用两个乒乓桌搭起了舞台。每个班级的代表，集中在后台，依次登台朗诵。不少人背得格里格楞，台下气氛热烈。谁背得越出丑，掌声越是响亮。有人背到一半卡住，干脆取出诗稿朗读，掌声更加热烈。为了确保不出丑，我在后台又默诵起来。因为紧张，我卡住了几次，停顿一下，仍能顺利背到底。我对卡住的地方有点失去自信，怀疑背错了，就想取出诗稿再看一看。

　　但我翻遍想得到的所有衣袋和裤袋，没有找到诗稿，急得满头大汗。主持赛诗会的少先队辅导员麦丽琴老师见我急得团团转，问我怎么回事。我说诗稿找不到了，但我肯定带在身上。麦老师说，也许你忘在家里了。我想起出门前换了中山装，诗稿可能遗忘在换下来的两用衫里，于是决定回家找诗稿。麦老师答应我，如果我来不及赶回，可以把我的预定上场时间，往后挪一挪。

我从淡水路拐过建国路，飞奔到马当路，把家里翻了个底朝天，不见诗稿踪影，只好再跑回学校，来回花了半小时。

坐在台下的班主任戴银香老师，发现到了预定顺序我没登台，就到后台来问。麦老师告诉戴老师，我诗稿找不到，回家去找了。戴老师不放心，焦急地等在后台。见我跑回来，问我找到没有。我说没有。戴老师知道我早已背熟，劝我定下心来，背一遍给她听。我张开嘴，竟然一个字也不记得了。戴老师问我还能不能登台，我沮丧地摇摇头。戴老师比我还要懊恼，她本来指望我为班级争光，拿个全校大奖。就这样，我被迫放弃了参赛。

赛诗会开完，宣布了得奖名单，回到教室，我突然猛醒过来，伸手一摸，我的诗稿好端端地放在中山装的左胸袋里。我第一次穿中山装，彻底忘了还有两个胸袋。更妙的是，这时我的脑子突然管用了，不必看诗稿，也能不打格楞地一口气背到底。找到诗稿的事，我没敢告诉戴老师和麦老师。

多年以后，我接触到心理分析学说。这一学说认为，遗忘常常是故意的，意识层面的精神故障，往往是潜意识层面的真实愿望在起作用。也许

▲1973年2月：作者（左）10岁，哥哥13岁，堂姐21岁

当时的我，宁愿出一个找不到诗稿、登不了台的丑，也不愿出一个登台背这种押韵口号的丑。由于我骨子里厌恶（当时并无意识）那种非艺术的精神垃圾，于是我的潜意识导演了一场不该发生的事故，适时地失语了。

2000年4月9日

（本文选自《故事的事故》。刊于《书屋》2001年第5期。）

中学不良少年

1978年春天，我就读上海市卢湾区蒙自中学。我初三，担任校学生会主席，兼宣传部长。又担任校团委副书记，正书记是老师。

那天上午，在空旷的大操场上，召开全校师生大会。我坐在用两个乒乓桌拼起来的主席台上，主持会议。主席台上另有三位老师，校长钱盛英，党支部书记华铁康，教导主任顾维亮。

操场的水泥地上，坐着初中三个年级、高中两个年级的一千五百多名学生。不难想象，坐在水泥地上两三小时，听那些中学生难以理解的政治形势报告，是什么滋味。

做报告的华铁康，一再警告学生不许说话，不许左右晃动。学生坐久了屁股疼，不得不调整重心，他认定是故意捣乱。突然，华铁康倏地站起来，跳下主席台，冲到前排一个学生面前，左手抓住他的衣襟，一把提起来，右手抡圆到最大幅度，左右开弓"啪—啪、啪—啪、啪—啪、啪—啪……"猛抽了十七八个大耳光。震耳欲聋的焦脆巨响，把全体师生惊呆了。

我是唯一正对挨打者，能看到其面部表情的学生。其他学生只能看到他像拨浪鼓一样左右晃动的后脑勺。我一眼认出来，挨打者是全校有名的捣蛋鬼，常在校园内外打架，通常都能打赢。在校园里欺侮其他弱小同学，更是家常便饭，一般同学不敢对他还手。他对我倒有一点犯怵，因为我在他的心目中，地位不亚于老师。只要我慢慢逼近他，站住，冷冷盯住他。他就立刻收敛凶悍的表情，居然忸怩地脸一红，掩饰地抬头看一看天，搔着头皮走开。对我的怒斥，他既不回头，更不还嘴。可见他天良未泯，施以良好教育，必能消磨其野性蛮性。然而现在，我看着他的脚跟被提离地面，脚尖在水泥地上无助地前后划动，双手无力地扭动着，随着一声声响亮的耳光，他的脸色由白变红，渐而瘀青，最后僵成深紫的猪肝色，嘴唇开裂出血，并且外翻。脑袋浮肿，如同篮球。他的眼神，从意外，惶惑，不敢相信，到惊怖，绝望，哀苦无告。他的双手，没有尝试推开或遮挡。其实这双手是有力的，继续朝不良方向发展下去，将会是凶残的。假如是在校外，华铁康与他单独放对，胜负很可能颠倒。但他现在根本没想过防卫，更不必说还手。他的意志，因震惊而被彻底摧毁。他，以及操场上的所有学生，无论如何想不到，老师竟会以如此刻骨的仇恨，对学生当众施暴。

华铁康终于打累了，松了手，回到主席台上，若无其事地继续高谈国际国内革命形势。挨打者软瘫在地，委顿成一堆残骸。自始至终，没有人制止暴行。我也没有，这使我永远无法原谅自己。

从此以后，所有学生都害怕华铁康，撞见了就远远避开。我鄙视他，面对面碰到，也对他视而不见，昂着头往前走。他只好闪开，让我笔直走过去。

蒙自中学所在的丽园路，属于上海的下只角，出过很多不良少年，打群架还出过人命。中学毕业以后，我家从卢湾区的马当路，搬到南市区的旧仓街，远离了中学所在地区。偶尔路过那里，我常看见当年中学的调皮鬼、捣蛋鬼，在街头巷尾游手好闲地晃荡，他们正在成为不同地块、不同

▲1976年7月：上海市卢湾区红代会成员合影，作者（左三）13岁

▲1976年7月：作者（右）13岁，与红代会战友田永长

"码头"的一霸。那个挨打的学生，我也遇见过一次。他那两片厚厚的外翻嘴唇，永久性地留下了那次暴行的创伤，使他看上去格外凶悍。他一看见我，立刻凑过来，点头哈腰地递烟给我，得意洋洋地甩着手势告诉我："这块地盘归我管。有事尽管找我，随便什么事，我都搞得定！"我冷冷走开，对他在我身后的大声炫耀，不加理睬。但我对他的同情，依然超过对他的厌恶。

2000年4月9日
（本文选自《故事的事故》。）

放弃中考

1978年，我初三时，上海恢复"文革"前的重点中学制度。这一年的重点中学入学考试，成了改革开放以后的首次中考。6月考试，为期三天，考六门课。考场在比乐中学。

第一天上午政治考试，下午语文考试，我按照多年习惯，提前半个多小时第一个交卷。没有回家准备第二天的考试，而是回了蒙自中学，还有很多宣传事务等着我干。

我走向学生会办公室，路过校长办公室，校长钱盛英叫住我："考得怎么样？"

我说："考卷不难。"

第二天上午数学考试，下午物理考试，我仍然提前半个多小时第一个交卷。仍回蒙自中学，路过校长办公室，钱校长再次叫住我："考得怎么样？"

我说："没我不会的题目。"

我在学生会办公室干活，钱校长走过来："到我办公室来一下。"

我放下手上的事情，到校长办公室坐下。

钱校长看着我，字斟句酌地说："本校的教学质量很差，但不影响你每门功课全校第一，区里、市里也排得上号，因为你读书好坏与老师无关。你不上课，不做作业，老师也不找你家长，因为我了解你，关照过所有任课老师。个别老师向我表达不满，我都替你挡回去了。其他同学能否考进区重点、市重点，我不敢说。你能考进最好的市重点，我一点不怀疑。但是市重点的校长、老师不了解你，不可能允许你不上课，不做作业。现在所有的中学都在搞题海战术，重点中学的题海战术更加升级，你去了重点中学，要有上课、做作业、应付题海战术的心理准备。"

我大惊失色："我可受不了这个！"

钱校长笑了："本校虽然教学质量在全市四百多所中学里排名垫底，却是全市中学系统的宣传先进单位，这是你为本校带来的荣誉。我去区里、市里开会，经常受到表彰。很多中学校长十分诧异，向我讨教宣传工作的秘诀。我说本校的学生会主席兼宣传部长，是我此生见过的最特殊学生。我的私心，不希望你离开本校。撇开私心，从你的角度考虑，无论是普通中学的教学方式，还是重点中学的教学方式，全都不适合你。"

我恍然大悟："谢谢校长提醒！明天我不去考试了。"

钱校长说："父母都希望孩子考进重点中学，你最好与父母商量一下再做决定。"

我说："我父母从不管我，这是我的最终决定！"

第三天，其他同学仍去比乐中学考试，我在蒙自中学干了一天宣传工作，然后回家告诉父母，我放弃了第三天的考试，因为我不想浪费时间上课，做作业，应付题海战术。父母完全接受我的理由。

这次中考，蒙自中学第二名以下的读书尖子都考入了重点中学，只有我留在了蒙自中学，高中两年继续不上课，不做作业。

高考前一个多月，我决定不考理科，改考文科。钱校长一向啥都支持我，这回却沉不住气了，亲自来到我家，要求我父母说服我改变决定。

我父亲说："这孩子，是我们绍兴人说的天外人，读书从来不用我们操

▲1978年：作者（右）15岁，与中学同学王振华、任建强

心。小学时，音乐老师要他去少年宫学音乐，美术老师要他去少年宫学美术。两个老师都来我们家，要我们说服这孩子。但是我们既不懂音乐，也不懂美术，只能让他自己决定。他先是去少年宫，同时学了一阵音乐、美术，后来他放弃了学音乐，一心学美术。事实证明，他的每次决定都是对的，包括两年前不考重点中学。这次他弃理从文，我们也不想干涉他，还是让他自己决定。"

钱校长无奈，只好放弃说服我，但她考虑到蒙自中学从未开过历史课、地理课，也没有历史老师、地理老师，于是与兴业中学（绰号"咸菜中学"）校长商量，让我去兴业中学文科班插班借读。兴业中学校长久闻我的小名，欣然同意。于是我和蒙自中学的几个老文科生，去兴业中学的文科班插班。

其实我习惯自学，已经买了历史、地理教材自学，不需要借读。但我不愿辜负钱校长的心意，就去兴业中学蹭了几天课。

兴业中学文科班的班主任范亚菲老师，听了兴业中学校长的介绍，对我有了先入为主的好奇，成了最为夸张的老师。

范老师要求文科班的学生，每天写一篇作文。每天放学前，范老师让蒙自中学的六个插班生先走，留下本校生训话。

第二天我去兴业中学，文科班的男女同学围上来控诉我："昨天你们一走，范老师就读你的作文，边读边赞，赞完训话：你们看看人家蒙自中学的学生会主席，是理科生改考文科，写出来的作文像六七十岁老先生一样。你们这些老文科，写出来的作文像什么样子！"

弄得我都不好意思再去兴业中学蹭课了，这是钱校长的好心给我惹的祸。

我当时在区、市中学生团组织兼任了不少职务，很多战友都是各自中学的学生会主席和全校第一。我常告诫那些沾沾自喜的战友：所谓全校第一，只是某个中学某个年级的第一，每个中学有五个年级（当时没有高三）。上海四百多所中学，同时在校的年级第一就有两千多人。全中国的所有中学，同时在校的年级第一至少上百万人，还没算上毕业离校的。所以某个年级的全校第一、全区第一、全市第一、全国第一其实非常普通。

因为还有全世界的无数小范围第一，所以永远天外有天，人外有人。小范围第一就沾沾自喜，不过是夜郎自大的井底之蛙。

虽然我的幼稚作文被范老师夸张到可笑地步，但我仅凭当时的有限学识，就知道根本摆不上台面，所以扔了所有中学作文，一篇也没保留。

随后是高考前的例行体检。我因左眼有疾，体检没通过，失去了高考资格。

钱校长急疯了，发动全校教师，挖掘一切人脉，为我争取到了重新体检的机会。重新体检只是走个形式，于是我重获高考资格。

假如钱校长不劝我放弃中考，我就会考进重点中学。假如我在重点中学体检没通过，就没机会重新体检，就不可能重获高考资格。没有钱校长，我不可能躲过平生第一大劫。

我考入大学半年，1981年某日，钱校长骑着自行车去蒙自中学上班，路上遭遇车祸，当场死去。乍闻噩耗，我根本不敢相信，陷入了巨大的悲痛。平生遭遇无数亲友的离世，钱校长的离世是我最震惊、最悲痛的。我去龙华殡仪馆参加了钱校长的追悼会，看见她丈夫一夜白头。

钱盛英校长走得太早，没能看见我的一篇文章，一部著作，使我没机会报答她的师恩。

2021年6月4日
（本文未曾入集。）

任性高考

学生分为三类：学神，学霸，学渣。大范围的尖子是学神，小范围的尖子是学霸。小范围的学霸，无不喜欢做题，所以被戏称为"小镇做题家"。我不是做题家，所以不是学霸。

我读中学时，经常不上课，不做作业，考试习惯于第一个交卷。中小学考试没有一次不及格，满分是常态，未得满分是粗心乱考。

1976年2月小学升初中时，没有升学考试，实行划块入学，我被按区域划块，进了教学质量全上海垫底的民办蒙自中学。

由于我担任校学生会主席和区、市学生干部，经常外出开会而缺课，因此我有不做作业的特权。有时不外出开会，我也不进教室，独自待在学生会办公室里干活或看书。因为老师翻来覆去讲解一个简单原理，我坐不住。在教室里看书，反而影响不好。

我的基本学习方法是，开学第一天领回教材，一周左右翻完，足以应付期中小测验。考试前一周，再翻一遍教材上的原理、概念、公式。遮住例题答案，先做例题，做完对照答案，一样当然好，不一样更好，我就掌握了两种解法。如果我解错了，就找出错误原因，也掌握了原理。其他习题，无非是原理、例题的变化，做它们非常浪费时间，我从来不做。我只对难题有兴趣。我翻到当时风行的《数理化自学丛书》（共十六册）相关章节，跳过普通题，做一遍打一星的初级难题和打双星的超级难题，然后参加考试。尽管我校教学质量极差，在卢湾区、上海市全都垫底，但我的成绩稳居全区前十。我的数学老师吴天寿，碰到解不出的难题，也让我帮他解，我没被难住过。在当时的狭小视野内，我没碰到过解不出的数理化难题，所以数理化对我失去了吸引力。高考前一个多月，我决定改考文科。

不料我改考文科的决定，在全校师生中引起激烈反应。校长钱盛英，教导主任顾维亮，班主任和大部分任课老师，一致反对。学生们则发生了全面恐慌。

钱校长和老师们的反对理由是：一，只有理科不好，才有必要改考文科，而你不仅全校理科第一，而且区、市名列前茅，你考全国重点大学的理科都如探囊取物，改考文科则是扬短避长，可能落榜。二，你改考文科会动摇全校理科生的军心。同学们会认为，你改考文科是因为我校理科教学质量不行，连你也觉得没把握考上理科，那么他们的士气会一落千丈。总之，你改考文科于己于人全都有害无益。

只有数学老师吴天寿独持异议，支持我改考文科："文科生大都数学不好，这是你改考文科的巨大优势。文科的高考数学考卷，远比理科的高考数学考卷容易，你考100分没问题。"

两周以后，全市举行模拟高考。吴老师建议："你喜欢做数理化难题，不参加理科高考有点可惜，不妨参加一下理科模拟高考的数理化考试。"

于是我先参加了理科模拟高考的数理化考试，没有我不会做的题目。随后我参加了文科模拟高考，六门满分600分，我考了540分，平均90分，数学100分。

高考前填写志愿，我与钱校长和老师们又产生了分歧。我们那一年，大学、中专、技校是同一张考卷，而且是高考前填写志愿，每一考生必须填写两份志愿，一是大学志愿，二是中专、技校志愿。

其他同学都按老师的要求，填写了两份志愿。只有我不填中专、技校志愿，只填大学志愿。大学志愿也只填了重点大学的第一项：复旦大学中文系。

于是钱校长和其他老师围着我，一是要求我必须填写中专、技校志愿。二是要求我重新填写大学志愿，重点大学的第一志愿，必须改为华东师大中文系。

钱校长说："即使考不上大学，能上中专、技校也不错。"

我被气笑了："我怎么可能考不上大学？我若考不上大学，还有谁能考上大学？"

钱校长说："很多学生普通考试发挥正常，高考却会发挥失常。你的责任是为本校高考取得零的突破，不能冒险。"

我说："我考试从未发挥失常。我只想上大学，不想上中专、技校。不

▲1980年7月：作者17岁（华东师范大学学生证照片）

填中专、技校，背水一战，更能确保考上大学！"

钱校长说："你给自己增加压力，更有可能发挥失常。"

我说："假如发挥失常，我就复读一年，明年再考。坚决不读中专、技校！"

钱校长拗不过我，只好同意我不填中专、技校志愿，但是坚持要我把复旦大学改为第二志愿，把华东师大改为第一志愿，确保我考上重点大学。

鉴于钱校长为我争取到了重新体检的机会，使我重获高考资格，而且她已退让半步，同意我不填中专、技校志愿，我也不得不退让半步，于是把复旦大学改为第二志愿，把华东师大列为第一志愿。但我非常不爽，与钱校长赌上了气，决定用比以往更加随便的态度，乱考一气。

1980年7月7日，高考日终于到了，我们的考场设在向明中学对面的长乐中学。

上午考政治，这个最轻松。我早就通读了马恩选集和毛选四卷，可以随意引用经典语录，初一就写了平生第一篇哲学论文《读恩格斯的〈论权威〉》。我迅速答卷完毕，不耐烦复查一遍，又照多年习惯，提前半小时第一个交了卷。

下午考语文，比政治更容易，我又提前半小时第一个交了卷。

7月8日上午考数学，这我最拿手，交卷更早。没想到监考的女老师叫住了我，有一段终生难忘的有趣对话。

她一边翻看我的数学考卷，一边说："我看了你昨天的政治、语文考卷，答得很好。今天的数学考卷，也答得不错。我觉得你很有希望考上大学。建设四个现代化，国家正需要各种人才。你一定是受到了追求实惠的不良风气的影响，想尽快工作挣钱。"

我失笑道："我当然想上大学。"

"那你为什么不好好考？"

"我好好考啦！"

"那你为什么这么早交卷？真想上大学，谁会这么早交卷？其他考生做完考卷，都会仔细复查，到了时间还不肯让老师收卷。能否录取，往往就是一分之差。人生只有一次高考，怎能如此轻率随便？"

我觉得没必要多做解释，笑了笑走出考场。

于是我又与监考老师赌上了气。下午考历史，我风卷残云答完，比上午交卷更早，提早了近一个小时。

监考老师再也无话可说，满脸惋惜地摇着头，看着我走出考场。

7月9日上午考地理，我也提早了近一个小时交卷。

下午考英语，由于我们那年的英语100分仅计30%，我觉得仅凭前五门的得分，足够考进华东师大，于是急吼吼胡乱勾了一些选择题，什么中译英、英译中都不耐烦再做，等二十分钟的最早交卷时间一到，立刻交了卷。

总体而言，高考的难度低于模拟高考的难度，模拟高考的难度又低于区、市历年统测的难度。因为模拟高考、区市统测的命题老师会层层加码，以便考生不打无准备之仗。

倘若不与钱校长和监考老师赌气，虽然高考的难度低于模拟高考、区市统测，我还是会适当更加重视一些，未必会抢时间第一个交卷。但我被迫改填志愿，心想反正考得再好也是上华东师大，于是就任性乱考了。

7月9日晚上，我回忆了六门考试的每道题目，分数比例，我的答题，先对每一道题精确打分，再算出六门考试的精确得分：政治85分，语文75

分，数学92分，历史65分，地理78分。英语100分计30%，我只勾了选择题，约得十几分，30%计为4分。预估总分399分，远远高于此前三年（77级、78级、79级）所有全国重点大学的录取分数线。我明白铁定进华东师大了，非常沮丧。假如钱校长不强迫我重填志愿，我就进复旦大学了。

令我终生后悔的唯一遗憾是，自己打分时发现，数学考试有一道16分的几何题，前面的论证每步都对，最后一步居然粗心写错了，应扣8分，得92分。我一心想考数学满分，却因抢时间交卷，在我最拿手的几何题上翻车了，懊恼得想抽自己嘴巴。其他各科，也因为抢时间交卷，得分大大低于模拟高考。

7月10日，我的女友郭勤打电话问我："考得怎么样？"

我说："我自己打分399分，铁定进华东师大了。"

7月18日，是高考发榜日。那天正好是我的外校战友蒋伟时过18岁生日，在家办生日宴。参加生日宴的人，都是上海市中学名校的学生会主席，大部分是78届，去年已经考上大学。我的女友郭勤也是78届，去年考进了第二医学院，就在重庆南路幼儿园旁边，离我家很近，一年来她放了学常来我家，偷偷塞几包香烟给我。只有我和市西中学的学生会主席包炜是79届，今年参加高考。

吃完午饭，正要吃生日蛋糕，包炜起身告辞："今天高考发榜，我要去学校看分数。"

蒋伟时十分扫兴，转头问我："你怎么不去学校看分数？"

郭勤说："他自己打分399分，肯定进华东师大中文系了。他很快就是大作家了！"

大家向我热烈祝贺，但我一点也高兴不起来。

晚上回家，同学王正华告诉我："今天下午钱校长宣布，你的高考总分399分，是蒙自中学历年高考的最高纪录，取得了蒙自中学高考零的突破。"

我的高考得分是：政治83分，比预估低了2分，地理80分，比预估高了2分，误差抵消。语文78分，比预估高了3分，历史62分，比预估低了3分，误差抵消。数学92分，与预估相同。英语15分，30%计为4分，与预估相同。高考总分399分，与预估相同，一分不差。

我的高考总分399分，比模拟高考总分540分低141分，由于高考满分比模拟高考满分少70，所以实际低71分。

数学老师吴天寿惋惜地说："模拟高考比正式高考难得多，你的高考总分，本应高于模拟高考总分。你考完回忆，能像阅卷老师那样打出精确分数，知道哪里答错了，哪里可以改进。假如你不任性乱考，答完卷仔细复查一遍，数学肯定是满分，另外五门也能提高不少，总分至少可以提高四五十分。今年上海文科状元是446分，状元本来应该是你。"

我说："高考不过是入场券，我可不稀罕做什么状元。"

进了华东师大以后，我了解到：由于中学教师缺口很大，1980年上海市教育局做出政策倾斜，师范类高校优先挑选考生。达到重点大学分数线的，让华东师大先挑。达到普通大学分数线的，让上海师院先挑。只要考生志愿里有华东师大、上海师院，不管第几志愿，一律进师范类高校。所以华东师大80级新生的高考平均分是377分，复旦大学80级新生的高考平均分是370分，前者比后者高7分。这一政策倾斜，是八十年代华东师大的活跃度和成才率高于复旦大学的原因之一。八十年代的华东师大中文系，出了大量作家，形成了全国瞩目的"华东师大作家群"。但我不属于"华东师大作家群"，因为"作家群"仅计作协会员，而我拒绝了作协对我的邀请。

多年以后，事过境迁，我对自己的任性乱考深感羞愧，认识到自己当时太年轻，太幼稚，太负气。每个人都在错误中成长，重要的是认识错误，尽可能"不二过"。

即使当年钱校长不强迫我重填志愿，即使我的第一志愿是复旦大学，第二志愿是华东师大，我还是会进华东师大。所以我对钱校长不再抱怨，唯有感谢。

我现在深爱华东师大，她是我命中注定的不二之选。

2000年4月13日初稿，2021年6月7日修改

（本文选自《故事的事故》。）

79届80级

三年困难时期（1959—1961），国人只求温饱，别无所求，更不敢生孩子。三年之后的两年（1962—1963），迎来了共和国史上的最大生育高峰。两大拨炎黄子孙，合为人口超级大国中的超级大拨。中国人口稳居全球之冠，这一超级大拨稳居中国之冠。诚所谓：四海之内皆兄弟，举目所见皆灾民。

入小学时，出了问题。那么多学龄前儿童一起进入小学，小学老师、小学教室不够。怎么办呢？容易，把超级大拨分成两大拨。1969年秋季，小学正常招生，限制性招入一大拨，称为"秋季班"。1970年春季，小学增加一次非正常招生，再招入一大拨，称为"春季班"。这种加塞式招生，在共和国教育史上空前绝后，仅有一次。春季班的时间下限，截止于1963年2月底。我是2月25日出生，挤进了春季班。

小学毕业时，又出了问题。那么多小学毕业生一起升入中学，中学老师、中学教室不够。怎么办呢？容易，把两大拨合为超级大拨。本该1975年秋季升入中学的秋季班，推迟半年升学，多读半年小学，即小学七年级，耐心等待所有中学培训教师、加造教室。

1976年春季，读了六年半小学的秋季班，读了六年小学的春季班，一起升入中学。风水轮流转！1969年秋季正常入小学的秋季班，这次轮到非正常升学。1970年春季非正常入小学的春季班，这次轮到正常升学。入小学时，春季班是延迟半年的加塞者。入中学时，秋季班是延迟半年的加塞者。超级大拨的两大拨，终于胜利会师。

两大拨都很高兴。教室是新的，老师也是新的。不少老师是不肯下乡、滞留城市的待业青年。这些思想落后、应急充数的新老师看见学生害怕，况且"师道尊严"已被批倒批臭，学生们就更不怕老师了。上课扔粉笔头，给女生递纸条，为老师起绰号，以革命的名义大搞其蛋。玩得不亦乐乎！

然而乐极生悲，这回又轮到春季班头上。

我最怕秋季班女生问："你是春季班还是秋季班？"

这是本届学生的接头暗号。我只能坦白交代："春季班。"

"哈！原来是小弟弟！"

不少伉俪的爱情，萌生于"酸酸的甜甜的"初中时代，但是春季班男生基本丧失了这种机会。很多春季班男生，因被"同桌的你"哂笑为"小弟弟"而青春蹉跎，最终成了未婚大龄青年。

"文革"时期，毛泽东号召教育改革，一是取消高考，二是初中高中六年缩减为四年，以便朝气蓬勃、斗志昂扬的革命青年提前两年为社会主义建设添砖加瓦，早日实现共产主义。不过近年有学者认为：当年知青下乡插队，是为了缓解城市就业困难。倘若此说合理，那么当初为何取消大学，为何让中学生提前两年毕业，就成了共和国史上的难解之谜。

读完两年初中，1978年拨乱反正，邓小平号召教育又改革，恢复高考，每年秋季大学招生。于是我们这一超级大拨，为了倒时差，又多读了半年初中，也就是1978年上半年，读半年初三。本该1978年春季升入高中，集体留级半年，延后至秋天升入高中。以便再读两年高中，于1980年夏天正

▲1980年7月：作者（左二）是春季班，其他中学同学是秋季班（右一刘漫流）

常参加高考。

我们这一超级大拨，作为"拨乱反正"的产物，一共经历了三次"拨乱反正"。可谓一拨未平，一拨又起，成了时而拨过来、时而拨过去的拨浪鼓。

第一次入小学，秋季班于1969年秋季正常入学，读了六年半小学。春季班于1970年春季非正常入学，读了六年小学。这一次是春季班推迟半年。

第二次入中学，秋季班、春季班于1976年春季非正常入中学，读了四年半中学：初中两年半，高中两年。这一次是秋季班推迟半年。

第三次入大学，秋季班、春季班于1980年秋季正常入大学。这一次是秋季班、春季班全体推迟半年。所以我们这一超级大拨，读中学属于79届，读大学属于80级。

1980年7月7日，上海市的26万79届中学毕业生，海啸般涌入高考考场，竞争4%的大学入学资格，是共和国史上竞争最为激烈的"千军万马过独木桥"。毕业人数之多，是历史最高纪录。录取比例之低，是历史最低纪录。两项纪录保持至今，再未打破。

后来我去看望中学老师，每位老师都曾感叹："我这辈子教过的学生里，素质最好的是79届。"

我在中学任教时，同事中的老教师也常感叹："我这辈子教过的学生里，素质最好的是79届。"

79届为何如此特殊？胡乱猜测一下：提倡残酷斗争、反对自由竞争的年代，79届作为"三年困难时期"的产物，由于同龄人太多，不以领袖意志为转移地产生了激烈竞争。小学竞争，中学竞争，大学竞争，包括竞争"同桌的你"。领袖曾经教导："谦虚使人进步，骄傲使人落后。"然而事实却是：斗争使人落后，竞争使人进步。

1994年9月5日

（本文未曾入集。）

旷课大王

1980年9月，我进入华东师范大学中文系。

第一学期我认真听课，不料优秀的老师都被革命革掉了，给我们上课的老师，讲课错误百出，非常逗乐。你可以当相声听，但别指望学到真正的知识。于是我决定不再上课，完全靠自学。

我这个人爱安静，受干扰就自学效果不佳。为了提高效率，我每天整个下午加整个晚上读书，早饭后睡觉，睡一上午，起来吃午饭，然后继续，每天如此。这样我很快就因旷课受了处分，而且遭到警告：如果继续旷课，将被开除学籍。我想开除后照样可以读书，而且我打算毕生从事的写作，不需要文凭。如果我为了文凭而上课，就会浪费时间。但时间是最最浪费不起的，所以我决定继续旷课。由于我一节课都不上，树大招风，成了全校有名的旷课大王。其实大部分学生都旷过课，只是没我这么多，所以目标不大，点名时下面有人变着嗓子应声，就能蒙混过关。老师即便知道，为了面子也佯装不知。

我们的辅导员孙桂华是一位负责任又关心我的好老师，担心我一意孤行，真的被开除。于是她每天一上班，就直奔我的寝室，把门拍得嘭嘭响。我睡眠极深，睡觉一动不动，完全是挺尸，因此每天只睡四五小时就够了。我一碰枕头就睡着，一睡下去就不易醒。所以孙老师要打门半分钟以上，加上大声喊叫，才能把我闹醒。我开了寝室门，孙老师说，快去上课。她转身离去，我关门继续睡觉，一碰枕头立刻又睡着。我对被孙老师吵醒，一点也不介意。过几天她查看考勤记录，发现我还是一节课也没上。

于是孙老师再次到我寝室拍门半分钟，大喊大叫把我吵醒。这回她站在门口不走，命令我穿上衣服，然后把我押到文史楼，看着我走向教室，她才回办公室。但我从文史楼的另一个出口转出来，回寝室继续睡觉。出去转一圈，依然不影响我一碰到枕头立刻又睡着。过几天孙老师查看考勤记录，我还是一节课没上。

不过她毫不气馁，依旧再来拍门半分钟，大喊大叫把我吵醒。这次她送佛送到西，把我押到教室门口，亲手拍开教室门，对上课老师说了我的名字。老师笑着说久仰大名，欢迎欢迎。教室里的同学轰堂大笑。孙老师看着我进去，在我身后关上门，终于放心地回办公室。

我在同学们的笑声中，睡眼惺忪走到教室最后一排，半梦半醒打瞌睡。打了五分钟瞌睡，我起身走出教室。老师见我刚进来又出去，愣住了。直到我走出教室把门关上，他也没说一句话。

我没有直接回寝室，而是到中文系办公室，对孙老师说，我听了五分钟，老师讲错了三处。我一一细说，老师是怎么说的，错在哪里，请她向老师本人和其他同学去核实。我告诉孙老师，这课我不能听。我非常无知，只能确知这三个地方老师讲错了。但这样一来，老师讲的其他话，我也不知道是否对，我也不敢听了，还是自学更好。我现在不能为了这种错误连篇的搞笑式讲课，误了我的睡觉。我才刚睡下去一个小时，不睡足四个小时，我下午和晚上就不能高效率地自学。最后我对孙老师说，除非哪个老师讲课不是这样错误百出，以后她不必再来叫醒我。我感谢她的好意，但请她允许我在被学校开除之前，按自己的计划自学。不过我认为学校没理由开除我，因为我的考试都通过了。如果非开除不可，我愿意接受。孙老师哑口无言，她知道我说的一定是事实，不必去核实。从此她再也不来叫我去上课。随后我就回寝室睡觉，折腾了一大会儿，依然不影响我一碰枕头立刻睡着。

后来我又因旷课受过一次处分，但因为考试都通过了，我终于没被开除，拿到了本科文凭和学士学位。

进大学前，我原计划读到博士，但不是为了要那头衔，而是真想学到知识。既然课堂上学不到知识，我也不想要那名不符实的空头衔。于是我改变了原有计划，重新为自己制订了边工作边自学的十年计划。十年计划完成后，我就按计划开始了写作生涯。这次是一条道走到黑，再也不会改变了。

不久前我去母校拜访孙老师，我对她说："你当年曾经对我说，我迟早会为旷课的事而后悔。你说对了，我现在确实后悔了。"孙老师兴奋地说："是吗？我没说错吧！"我说："我后悔的是，第一学期的课就不该上，那样我就能读更多的书了。"

2000年4月10日
（本文选自《故事的事故》。
刊于《书屋》2001年第5期，
《视野》2006年第7期。）

自我教育

进大学时，我的文学修养近乎空白。我父母解放后通过扫盲班才识了几个字，勉强能够读报。家里的书我记得共有三本，一本是"供批判用"的《水浒》，一本是《闪闪的红星》，一本是"十万个为什么"丛书第十卷《动物》，都是父母为我从厂图书馆借来的，当然是久假不归。《水浒》和《动物》我反复读，读不腻。《闪闪的红星》我并不喜欢，但为了调剂，也不时翻翻。总不能刚看完《水浒》，立刻再从头看起。《水浒》虽然是"批判材料"，却是我幼年的珍宝。我当时认为，这是世上最伟大的一本书。《动物》让我终生爱上了动物。我对动物的爱，肯定超过对某些人的爱。

当年所有的文学读物，都对我毫无吸引力。由于热爱文学的人，那时都读那种东西，所以我认定自己不热爱文学。当时并不知道，我不热爱的只是伪文学。但我哥哥是文学爱好者，诸如《金光大道》、《艳阳天》、《铁道游击队》、《吕梁英雄传》、《较量》之类所有当时的"文学"作品，他与其他文学爱好者互相交换着看，所以家里常有这类书，但我一本也看不下去。只是都曾过目，知道书名。这些书让我误以为，文学是最无趣的破玩意儿。这些破玩意儿当然不能满足文学爱好者，所以他们又悄悄传抄各种黄色手抄本，诸如《第二次握手》、《塔里的女人》、《自杀俱乐部》、《少女之心》等等。我哥哥藏藏掖掖，不敢让父母知道，因为传闻《少女之心》的作者被枪毙了。我因为替哥哥保密，作为酬劳他愿意让我看，但我一本也不要看。我看腻三本书以后，如果还有余暇，宁愿画画，练习书法，做超级难题。实在没事可干，我就读马恩选集、毛选，或者《成语词典》，那里边有许多寓言故事。

我自己发现的第一本书，是初一时在一个外校学生干部的书包里，偶然翻到的《唐宋词一百首》。我打开第一页，读到"西风残照，汉家陵阙"，立刻大惊失色。我从未想到，本民族的祖先，曾经有过如此美妙的精神世界和文学创造。我立刻央求他借给我，但他死活不肯，怕我不慎被人发现后没收。在我苦苦哀求之下，他同意借我三天。那是我有生以来最激动的三天。我用一天时间把它读完，随即意识到，失去这本书，我就失去了整个世界。于是我用余下的两天时间，把它全部抄了下来。其实这本书已经破得没了封面封底，完全像一卷烂菜皮。从《水浒》到《唐宋词一百首》，我才明白我们的祖先决非大批判家们所说的毫无可取之处，我才明白自己是一个伟大民族的后裔。这种自豪感，首先由《唐宋词一百首》确立。随着我对祖先伟大遗产的了解日益深广，我的自豪感日益强烈。这本书让我认识到，汉语是举世无双的美妙语言。

说到古代经典，进大学前我只见识过被批判的《三字经》和《神童诗》，但也不完整，只记得"头悬梁，锥刺股"、"万般皆下品，唯有读书高"之类句子。虽然"孔老二"在"批林批孔"时被大批特批，但对孔子的话也只知道"克己复礼"之类，还跟林彪的"悠悠万事，唯此为大"搅在一起。我相信"大哉孔子"决不会像大批判家说的那样一钱不值。所以我进大学后的第一件事，是到图书馆去借《论语》。许多同学都很奇怪，当时的学生有谁会去读四书五经呢，那可是范进和孔乙己们读的腐朽东西。

▲1981年春：作者大一，寝室自学

当时的中文系学生，争相阅读伤痕文学，以及引起广泛争鸣的探索作品。这些作品我一篇也读不下去。我想如果没有足够的文化装备，只不过是看热闹，而看热闹纯属浪费时间。我的时间已被有名无实的中小学教育和劳民伤财的政治运动浪费了不少，不能再浪费了。于是我把全部时间用于阅读古今中外的不朽经典。我读书用的是最笨的办法，就是先读各种通史和入门书，搭起一个巨大的脚手架，随后老老实实砌砖。按时间顺序，一本接一本系统阅读原著。我读了（中、西，下同）哲学史、宗教史、数学史、物理学史、诗歌史、戏剧史、小说史、美术史、建筑史、音乐史、舞蹈史、电影史等等。既然公孙龙坚持如此明显的谬论"白马非马"，一定别有古怪，我就找来原著仔细推敲。既然莎士比亚被人认为"仅次于上帝"，我就把他的全集读完。选读或听老师选讲，不合我的脾气。选讲的往往是最臭的，并且用更臭的讲法。

只要是中外文化经典，而且图书馆找得到，我都按时间顺序老老实实把它读完。如果书店有卖，我就自己买下细读。我最多时一天能读八百页。薄一点的书，一天能读两三本。我读书一向速度极快，读哲学书和理论书尤其快，比读小说、剧本快得多。但我天分不够，中小学教育又完全荒废了，缺乏童子功，所以记忆力很差，读了不易记住。为了弥补记忆力之不足，特别喜欢的经典，我每年都要重读一遍。

2000年4月13日
（本文选自《故事的事故》。）

同学海刚

1980年进华东师大时，其他同学9月3日、4日报到。辅导员孙桂华老师翻阅新生档案后，让我负责年级事务，通知我9月2日报到，代她在校门口接待中文系80级新生。

新生在校门口见到的第一个人，是我。我在校门口接待的第一个人，是陆海刚。

海刚是苏州人。他父亲带着他从苏州来上海报到，误以为我是老师，请我一定要把海刚照顾好。其实海刚比我大两岁，前两年考理科没考上，第三年改考文科才考上。后来我没怎么照顾海刚，海刚倒是照顾了我四年。

海刚知道我为时间不够发愁，把能替我顺带办掉的所有琐事都处理了。海刚对我的最大帮助，是替我包办了与选修课有关的一切。他选修什么课，也替我选修什么课。选修课不考试，只考查，就是交一篇论文，海刚就包办两篇。无非是在图书馆东拼西凑时，顺手多抄一份。海刚代做的论文我也不必重抄，因为没人能分辨我俩的字，我俩练习行书的字帖都是周慧珺的《鲁迅诗歌选》。当时全国各地，每种字体只能买到一种字帖，没有选择余地。其实即便我俩的书法风格迥异，也不会有麻烦，老师不看幼稚的学生论文，选修课照例全体通过。所以全部选修课，选什么，老师姓甚名谁，是男是女，什么模样，海刚代我做的论文题目、论文内容，我一概不知。连考查顺利通过，海刚也懒得对我提起。只有一次例外，是王智量老师的俄苏文学选修课。海刚写了两篇考查论文，屠格涅夫署自己的名字，托尔斯泰署我的名字。结果海刚告诉我：你的托尔斯泰得了优，我的屠格涅夫得了良。海刚抱怨王智量没眼光，同时不好意思地承认，他写完两篇文章，当然是在较满意的那篇文章上署自己的名字，没想到王智量认为"我的文章"比他的文章好。我安慰海刚：托尔斯泰当然比屠格涅夫厉害。

▲1984年7月：陆海刚毕业照

▲1984年7月：作者毕业照

必修课却要自己进教室考试。我既不上课，也不买教材。因为当时的文科教材，陈旧"左"倾之极，大多是解放初期编的。教材年年不变，校方为了照顾贫困学生，也不统一代买。低年级学生，可以向高年级学生折价买到旧教材。其实教材对考试帮助很小，许多老师都强调，考试答案以听课笔记为准。我不听课，当然没笔记。其他同学也大多不记笔记，或者你记这一课，他记那一课，考试前互相补齐。或者把笔记做得最好的女同学笔记复写许多份，多余的还可以卖钱。有人向我推销复写笔记，我不要，省下钱来可以买书。考试时，我当然不能把我独立思考的观点写进考卷，那样会不及格。我是老师要什么就写什么。尽管老师没对我透露过要什么答案，但我不难推测他要什么答案。偶尔我吃不准老师想要什么答案，就在答题时引用两句马恩列斯毛的语录支持那个观点（并非我的观点），即便那个观点不符合标准答案，老师也只能算我对。我一无教材二没笔记，每次考试前却有不少同学问我明天考什么题目，我胡说一气，大致八九不离十，因为我知道老师的命题思路，肯定跟着社论走。

由于选修课比必修课多，所以我的大学文凭，差不多是海刚送给我的。海刚赐给了我整整四年自学时间，为此我终生感激海刚。

毕业前全体师生齐聚文史楼前，拍集体照留念。我问海刚，为什么扫地的勤杂工也跟我们一起拍照？海刚大笑道，他们都是给我们上过课的老师呀，你从来不上课，当然不认识他们。我吃惊得说不出话来，因为这些人一点不像大学教师。他们既没有古代士大夫"富贵不能淫，贫贱不能移，威武不能屈"的气质，也没有现代知识人"独立之精神，自由之思想"的影子。

2000年4月13日
（本文选自《故事的事故》。）

语文教参

1984年大学毕业后，我做了十一年（1984—1995）中学语文教员。

我从小喜欢读书，但从未喜欢过语文课，也不尊敬教过我的语文老师。但我决非不热爱文学，只是不喜欢当时的中小学里那种毫无文学色彩的语文课。反倒可以说，或许我太热爱文学了，才会对当年的语文课极端失望。因此1980年我考入了大学中文系，而且1984年成了一名中学语文教员。我竭尽全力不让热爱文学的学生失望，我想成为让学生尊敬的语文教员。

成为教员伊始，我立刻找到了不喜欢语文课的第二个原因（第一个原因是教材编得粗陋低劣，这是做学生时就知道的），我发现所有的语文教员在统编教材之外，人手一册统编教学参考书。而且我发现，当年的中小学教员之所以把已经非常无聊的语文教材讲解得更加乏味，是因为他们一律按教参书照本宣科。如果说教材不好，只能打50分，那么教参书更差，顶多打30分。也就是说，当时最优秀的语文教员的讲课（假设他充分备课，吃透教参书），也只能打30分。如果教员敷衍塞责，那么讲课效果必然更惨。比如有的教员事先不备课，也不钻研教参，上课时把教参书摊在讲台上，手上装模作样拿着课本，讲课时眼睛眄着讲台上的教参。如果他是近视眼，甚至会明目张胆地俯身到讲台上看教参。这样的教员，当然不可能赢得学生尊敬。而这样的讲课想引起学生的兴趣，更是缘木求鱼。

何况我读中小学的七十年代（1970—1980），教参是教员的秘密武器，教员讲解知识难点时，不知情的学生，很容易对教员肃然起敬，以为教员知识渊博，无所不知。但我做教员的八九十年代（1984—1995），教材市场已经放开。尽管教材依然仅有统编的一种，然而教参除了统编的一种，还有各种渠道编写的许多种。学生可以在书店里买到多种教参，而教员却仅有发下来的一种教参。不少学生甚至拥有不止一种教参，其中必有教员手上的那一种。所以教员讲解知识难点时，即便讲得不错，学生也知道教员是从统编教参书上批发下来的。何况统编教参常有谬误，教员照着错误的教参讲，学生就会当场提出疑问，说他们预习时已经对比各种教参书讨论过了，他们认为非统编教参更有道理。目瞪口呆的教员，于是威信扫地，知识权威的虚假形象顿时崩坍。倘若教员还要文过饰非，替自己和统编教参做力不从心的狡辩，那么人格也将遭到学生鄙视。这就不难理解，为什么独立思考能力更强的八九十年代学生，会比六七十年代的学生更不喜欢语文课，更不尊敬语文教员。

我备课从来不看教参书，而是按自己的真实理解讲课。如果范文很臭很烂（不臭不烂的可能很小），就被我骂得体无完肤。作者不应该抱怨我，而应该惭愧写得如此又烂又臭，更应该怪罪教材选编者选入他的垃圾作品，送到我的枪口上。有的学生提出疑问，说我讲的，与他手头的统编教参不一样。但立刻会有其他学生赞成我的讲解，因为他们手上的某些非统编教参与我讲的比较一致。当然更多的时候，我的讲课远远超出了所有教参的刻板范围。最后学生对我信赖到这种程度：只要我的观点与教参（不管是否统编）不一致，他们都倾向于赞成我的观点。不过我从未忘记提醒他们，切勿迷信我的观点，我决非无所不知，更不可能永远正确，他们应该用自己的头脑独立思考，认真辨析，知所取舍，逐渐形成自己的观点。

九十年代初的某个学期，由于换了新教材，统编教参来不及编印，开

▲1984年秋：作者21岁任教于上海市体校，与围棋队学生王亦青

学时语文教员没有拿到统编教参，而学生倒有不少其他渠道赶印出来的非统编教参。于是我的同事们怨声载道，纷纷说不知如何讲课了。直到学期过半，统编教参才发到教员手里。但后来上海市教育局做了一项调查，发现前半学期学生们对语文课的兴趣，普遍超过此前未发生"无教参事故"的正常学期。原因是有责任心的优秀教员，由于摆脱了教参的规定思路的束缚，反而能够进行自由备课，讲课也格外生动有趣。但等到后半学期统编教参发到教员手里以后，教员们的讲课再次落入搬运工的老套，学生们再次对语文课失去了兴趣和热情。

据我所知，经过这一"事故"，上海市教育局正在考虑取消语文教参书，解放语文教员的思想，给语文教学松绑。可惜我赶不上这样的好时光了。因为在现有的教员评价体系中，我是一个不合格的语文教员。我教了十一年书，深受学生爱戴，而且公开发表的学术成果居全校之冠，但连中级职称也没评上。与我同龄的其他教员，全都评上了。比我年轻的许多教员，也评上了。不少比学生还要尊敬我的同事（因为他们有疑必问，而我知无不言），安慰我说，这叫"去掉一个最高分"。1995年，我带着与社会主义初级阶段保持同步的初级职称，结束了教书生涯，离职回家写作。颇为反讽的是，1996年，在我离职开笔以后不久，我的最差作品被选进了上海市中学生的课外读物。这或许意味着，一个新时代即将开始。

2000年2月17日

（本文选自《故事的事故》。刊于《书屋》2001年第5期。）

坐火车旅行

做老师有一个好处，每年有两个假期，可以到处漫游。前些年我经常独自坐火车出行，为了省钱，不管路途长短我都买坐票。如果是长途，我有绝对把握到卧铺车厢去免费睡觉，从未落空过一次。

我出门旅行总是轻装，只带一个随身的小挎包。挎包内除了洗漱用品，只有一本古书。我带的古书大抵是先秦诸子。先秦子书比较耐读，即便读完，还可以重读。

我久已养成通宵夜读白天睡觉的习惯。在火车上，也像平时一样整夜坐着读书。早上六点，餐车开始供应早餐。这时餐车两头的门同时打开了。餐车一般在第七节车厢，于是前面六节卧铺车厢的旅客从餐车前门进入，第八节车厢往后的座位旅客从餐车后门进入。

我从来不带干粮，当然去餐车吃早饭。我尽挑好吃的点，而且点得很多。熬了一夜，实在饿坏了。况且想到马上可以免费睡卧铺，更不必像平时那么节俭。我美美地吃完早饭，不从餐车后门走回我的座位车厢，而是直接穿过餐车，一边用手帕抹着嘴，一边从餐车前门进入卧铺车厢。要是可能，最好一开始就坐在靠近前门的座位上，假如座位的方向正对着守住前门的乘警就更佳。等我优哉游哉吃完早饭，乘警对我早已熟视无睹。我只有一个小挎包，没有大件行李，决不会引起乘警疑心。许多从卧铺车厢到餐车来吃饭的旅客，也带着装有贵重物品的公文包和手提箱。再说在餐车用餐的旅客，绝大部分是卧铺的。这也是乘警对我充分信赖的重要原因。

我大摇大摆朝前门的乘警走去。如果他用不太友好的目光盯着我看，我就主动站住问他，到终点站还要多少时间，或者抱怨一下列车为何晚点。他就会耸耸肩说，没办法，今天还算好的，平时晚点的时间更多。乘警虽然息事宁人地加以解释，但决无道歉之意，因为晚点使他延长了工作时间，他认为自己也是受害者，他只是跟我同病相怜而已。如果我吟出一句"同是天涯沦落人，相逢何必曾相识"，没准他还会跟我抱头痛哭呢。

我穿过几节车厢，走到第四或第三节车厢停住。再往前的第二第一节车厢是软卧，我绝对不去，那里的贵人跟我不会有共同语言。我边走边留神观察，如果在一张靠窗的小桌边，有个略带书生气的小伙子坐在过道上的小翻椅上吃早点，而且小桌另一边的翻椅上没人坐，我就翻下他对面的椅子，坐下看书。

小伙子一边吃早点，一边打量我手上的竖排本繁体字古书，略现诧异之色。我决不先开口，只是扫他一眼，露出毫不迷人的微笑。旅途的寂寞和朴素的阶级感情，促使他抓住第一时机，立即开口跟我攀谈起来，问我是干什么革命工作的，打算去哪里，有何公干，尤其是为何喜欢看古书，等等。除了最后一个问题，我也把所有的问题回问一遍。随后围绕着最后的问题一路漫谈下去，先秦子书中的寓言，当然是货真价实的绝对迷人。

小伙子很快跟我一见如故，甚至客气到非要把他的早点分一半给我不可。我完全相信他决非假客气，但他把我的死活不肯接受好意，当成了假客气。于是双方使开太极推手，足足推挡了半分多钟。半个小时之内，小伙子定会发出他乡遇故知的感慨。谈话谈到最后，他知道了我一夜未睡，只是因为座位车厢太拥挤嘈杂，才到卧铺车厢来图个清静，于是他又热情提议，如果我已经犯困，可以睡他的床。他晚上已经睡足了，白天不会再睡。这次他再也不允许我推辞，但我从他迟疑的语气中，听出他这次却是儒家式的假客气，他显然希望我像刚才一样拒绝，跟他继续聊下去。但我依然保持道家本色，决不跟他假客气。于是我非常爽快地向小伙子道了谢，恭敬不如从命地睡到了他的铺位上。

小伙子睡的一般是中铺或上铺，即便原是下铺，也已跟上铺或中铺的中老年旅客换过了。而我想要的正是中铺或上铺，这样不影响别人坐在下铺聊天。我之所以专找小伙子，也是因为中老年旅客精神不济，白天可能还要再睡。当然也不能找大姑娘，她们不可能如此大方地主动提议，请陌生男子睡她们刚刚睡过的床铺。再说跟陌生的大姑娘弄得相见恨晚，乃至执手相看泪眼，也过于戏剧化了。

　　等我一觉醒来，旅行目的地已经抵达。我精神抖擞地跳下床，与小伙子紧紧握手，依依惜别。

（本文选自《吊驴子文》。刊于《金隆》2003年第11期，
《三湘都市报》2004年8月17日。）

可怕的黄山

1996年我与大学同学陈林群结婚，蜜月旅行去了黄山。

黄山的食宿贵得可怕，比如一杯开水要两元钱，一盘青菜要三十元钱，其他家常菜动辄上百元，比山下起码贵三四倍。但是挑夫们告诉我，挑一百斤货物上山只有十五元钱，平均每斤货物的成本只增加了一毛五。又比如宾馆的标准房要五百八，不带卫生间的也要三百六，而且全部客满。我们绝处逢生找到的一间破板房，也要两百元。在这间我此生住过的最破房子的板壁上，写满了"江山秀美，人心太黑"、"此山是你开？此松是你栽？"以及"骡马店的设备，五星级的收费"之类质问和抗议。

好心人或许会担心，这样靠山吃山地乱收费，是否会使人望而却步，导致游客锐减？确有不少人背着干粮和水上山，宁愿错过美景，也决不在山上过夜，走马观花地匆匆一日游，就打道回府。但从上面的板壁留言就

▲ 1997年9月19日：张远山、陈林群在黄山白云溪景区

可看出，更多的人却是明知被宰也只好无奈地引颈就戮。以刚被痛宰过的我为例，我虽然算不上富裕，但我也心甘情愿地伸出了脖子。因为黄山真正的可怕并非食宿之贵，它那不可思议的泼天可怕，在于美得可怕，美得近乎恐怖。黄山让人变得义无反顾，变得大义凛然。以致管理当局敢于在《黄山旅游指南》上貌似不顾自身利益地忠告游客："上山请携带水壶、干粮。"因为他们稳坐钓鱼船地坚信：自愿咬钩者，多如过江之鲫。事实正是如此。管理当局比任何人更明白：黄山是挡不住的诱惑。

人们常说江山如画，似乎如画是对江山的最高赞美。这对于大多数平凡的山峰来说也许是恰当的，但用于形容黄山则是唐突西施，甚至是佛头着粪。黄山丝毫不如画，尽管你可以从玉屏峰看出范宽的笔法，从天都峰琢磨石涛的来历，但你不能说黄山与画有任何一点干系。作为一个学过多年书画且常去美术馆的人，我相信没有一幅画可以与黄山相提并论，世间"最新最美的图画"都不能得黄山之美于万一。所以古人"黄山归来不看岳"，我却几乎要"黄山归来不看画"。可怕的黄山，动摇了我平生最大的爱好。

黄山之美，真是令人瞠目结舌，我不知道世间有什么奇妙的语言可以描写黄山。我是以写作为生的，自忖腹中语汇不算太少，但黄山令我无言。我只想起了维特根斯坦的名言："对于不可言说的，我们只能沉默。"我读过的美文何止万千，但那些艳辞丽句在黄山面前，都成了"圣人之糟粕"，"先王之陈迹"。到过可怕的黄山以后，我将不敢再用笔来描写任何美景。

毫不夸张地说，黄山美得让我痛不欲生。站在每一处山巅和悬崖边，我都要竭力克制一种前所未有的、从灵魂深处涌起的、不由自主想跳下去的强烈冲动。其实我属于那种神经强健得近乎愚钝、从未有过轻生念头，并且自信身处炼狱也不会自杀的人，但黄山之美让我渴望与它融为一体。幸而，在黄山面前我更感到自惭形秽，我决不敢以自己的臭皮囊玷污这大自然的神奇杰作。黄山的可怕，至此抵达了惊心动魄的恐怖顶点。

1997年9月26日

（本文选自《吊驴子文》。刊于《青岛晚报》2001年2月26日。）

像明天就要死去那样活着

一看这个题目，或许有人以为我这个人很悲观。其实，一个认为自己可以长命百岁，将来有的是时间干想干之事的人，才是真正悲观的。因为他把想做和必须做的事，都推到明天或将来，一旦突然死去，他的愿望就永无实现之日。所谓"突然死去"可以指一切死，因为对大多数人来说，死都是突然的，哪怕重病或垂暮之人，都相信自己不会马上死去，正如西塞罗所说："一个人哪怕再老，也认为自己至少可以再活一年。"因此，死对任何人都是"突然"的。如果一个人知道明天就要死去，那么他今天干的事肯定是他最想干的事。弄明白自己最想干的事是什么并不容易，所以这一假设对每个人都不无意义。

一个人想把事情推迟到明天做，借口是不怕找不到的。比如说，今天干这事的条件还不具备，或最佳时机未到，今天干可能劳民伤财，事倍功半。等到合适的时机再干，就会水到渠成，事半功倍。所以今天干只是蛮干，明天干才是上策。这种认为明天会有"更好"条件的想法，看起来比我乐观，其实是对"今天"的悲观，是对"今天的自己"的自卑。更何况到了明天他还会这么说，所谓"明日复明日，明日何其多"。但总有一天，对某个人来说，太阳不再照样升起。人不能把生活寄托在对明天的幻想之中，人只能生活在今天的实干之中。如果想干之事的条件尚未具备，你就应该立即着手干你今天能干之事，否则你就是好高骛远，而好高骛远的人永远一事无成。一事无成的人，虽生犹死。干了想干之事的人，虽死犹生。干想干之事而不干不愿干之事，这一点至关重要，因为别人期望你干的，未必是你想干的。如果到你生命终了时发现自己从未为自己活着，你能不悲哀吗？所以，如果你觉得轰轰烈烈并不开心，那你千万不要"一不小心"成为轰轰烈烈的人物。如果你真的想轰轰烈烈，那就为心目中向往的轰轰烈烈从今天做起，从零开始。

像明天就要死去一样活着的人，不会浪费生命，不会制订永不实行的计划，而是从一件具体可行、力所能及且于己于人皆有益的事情做起。这样他每天睡觉前都很坦然：今天我没有白过。即便死神突然光顾，临死前他也足以自慰，他没有什么可以自责的，因为终其一生他没有虚度。即便他还没有抵达心目中的成功，也已做到"尽人力以应天命"，可以无愧于生命，无愧于天地，没有到人间白走一遭。每一个人，尤其是那些认为自己来日方长却不知道自己究竟想干什么的年轻人，应该问一问自己：如果我的生命还剩一天，我最想干，一定要干，非干不可的事情是什么？

1996年7月14日—15日

（本文未曾入集。刊于《交际与口才》1997年第11期，

《三湘都市报》2004年10月19日。）

外公茅炳乾

一

我的外公茅炳乾，生于光绪二十八年（1902）。

炳乾是绍兴柯桥董家溇茅家二太爷的第六个孩子，上面有三个姐姐两个哥哥。同族行辈中，炳乾排行十八。大太爷的长子荣堂已经二十九岁，前年会试中了举人。炳乾的名字就是举人荣堂取的。二太爷只是秀才，炳乾的两个哥哥炳承、炳耀，还在地老天荒地苦读经书。

炳乾十个月大时，炳乾妈一早在门口喂鸡，脖子上的金项链掉在鸡食盆里，炳乾坐在摇车里看见了，咿咿呀呀叫起来，炳乾妈以为他饿了，撩起胸衣给他喂奶。炳乾吸着奶就睡着了。

午后，一只生蛋鸡死了。炳乾妈心疼得直抹眼泪，以为得了鸡瘟，怕吃出毛病，把死鸡埋在门前的大槐树下。炳乾又在摇车里咿咿呀呀叫起来，炳乾妈以为他想喝鸡汤，哄他说："瘟鸡不能吃！囡囡要喝鸡汤，姆嬷杀一只给你吃。"

炳乾说不明白，在摇车里扭着脖子，盯着槐树根看。

晚上睡觉时，炳乾妈发现项链不见了，急得把五个儿女一一叫醒，结果没人知道。

两个月后，炳乾下地学走路了。

一天，坐在门口绣花的大姐阿英，看见炳乾拿着一块石片，在槐树根下挖土。阿英一时好奇，帮着炳乾一起挖，挖出了母亲埋的死鸡。

炳乾指指鸡，在阿英脖子上比一圈，指指鸡嘴，指指鸡脖，最后指定了鸡肚。

阿英明白了，拿刀剖开腐烂的鸡，找到了那条项链。

此事立刻传遍了董家溇。

二太爷笑得合不拢嘴，逢人就说炳乾是天外人，将来一定出山，或许能中状元。

大太爷讪讪地附和着，举人荣堂转过头去撇了撇嘴，心想炳乾再聪明，也不能超过自己去。

炳乾周岁时，行抓周礼。

二太爷端出一案，内有十八式象征性物件。

炳乾把手伸向毛笔，阿英高兴得拍起手来。

炳乾吃了一吓，缩回手，抬头看看周围一圈大脑袋，有点不知所措。

二太爷瞪了一眼阿英，捻着长须催道："掇呀！快掇呀！"

炳乾的手又伸向算盘，阿英不敢再叫，捂住了嘴巴。

所有人都屏住呼吸，不敢出声。

眼看炳乾的手已捏住了算盘，手一抖，滑落了。

众人憋着的气，都吐了出来，合成一声叹息。

炳乾似乎不耐烦了，抓起木头鱼，塞进嘴里。

举人荣堂喜道："积善之家，必有余庆。年年有余，是吉兆啊。恭喜二叔！"

二太爷见炳乾扔了书，十分扫兴，听荣堂一赞，觉得口彩不错，捻着长须笑了，心里还是不太满足。

炳承、炳耀暗暗着急，假如炳乾读书不好，二太爷就会把全部希望寄托在他哥俩身上，他俩免不了多挨板子。

炳乾脖子上挂着木头鱼，东蹦西颠，到处玩耍。

炳乾三岁时，慈禧太后以光绪皇帝的名义下旨，取消了科举。

二太爷的眼神顿时黯淡无光，莫非炳乾这个天外人，不是来考状元的？

炳承、炳耀一高兴，拼着回家挨一顿好打，去柯桥镇上喝了个烂醉。没想到二太爷这回没打，只是叹了一口气："天外人的状元都飞了，你们的饿煞秀才不取也罢。"

炳乾五岁时，秋瑾在绍兴轩亭口遇害，到处在抓革命党。

炳乾七岁时，跟着两个哥哥去私塾读书。他记性极好，颇背了一些诗云子曰，塾师林老泉着实夸奖。但是等到写字时，发现炳乾竟是抖抖手。

林老泉劝二太爷，炳乾记性虽好，但他的抖抖手不能写字，翻书页也不便，常常一翻几页，不宜读书。

二太爷大受打击，对林老泉说："虽说现在没有科举了，但是不读书怎么升官发财？"

侄子荣堂安慰说："行行出状元。炳乾的才能不用于读书，必用于别处。"

炳乾不再读书，大哥炳承羡慕不已，二哥炳耀笑他是个下地的命。

炳乾自己自在了，却在哥哥们读书写字时捣乱。

大哥炳承写字时，炳乾学着塾师林老泉的样子，在背后抽毛笔，弄了炳承一手墨，笑着逃开。

炳乾又去抽二哥炳耀的毛笔，炳耀带着一手墨，扇了炳乾一巴掌。

二太爷看见炳乾一脸黑气，吓了一跳，得知是炳耀打炳乾留下的墨印，扇了炳耀两巴掌。

炳乾从此不再抽哥哥们的毛笔。

炳乾不读书后，跟着大姐阿英在家，在门口晒太阳，玩泥巴。听到哥哥们在屋里背书，不时大叫："背错啦！你个笨虫。"

二哥炳耀怒道："炳乾，你懂什么！"

大哥炳承暗地一查，发现真背错了。

二

炳乾九岁时，大清国变成了民国。炳乾的最大爱好是捕鱼捉虾。

民国七年（1918），炳乾十六岁，二太爷死在大太爷之前，分了家。

炳乾已经成了打鱼好手。他的抖抖手，撒网时有一种自然节律，仿佛是对鱼虾的一种感召，鱼虾纷纷涌入他的渔网。众人感叹道："要是炳乾的手不抖，能够读书多好！"

民国十七年（1928），炳乾二十六岁，娶了李家独女李桃花。桃花十三岁，比炳乾小十三岁。

桃花也学会了家里人的口头禅:"要是你的手不抖,能够读书多好!"

炳乾说:"读书有个鸟用!"

炳乾与桃花生了一子七女,他的聪明传给了二女儿阿婷。阿婷是七姐妹中的老二。炳乾唯一的儿子锡清,夹在大女儿阿霞与二女儿阿婷之间。但是炳乾不喜欢儿子,只喜欢女儿。因为儿子背叛了他的好恶,进了私塾。

炳乾出门打鱼,总是带着二女儿阿婷。大女儿阿霞留在家里照顾弟妹,儿子锡清去私塾读书。

阿婷很快成了炳乾打鱼的最佳帮手,独得炳乾之宠。

炳乾说:"儿子有个鸟用?又不能帮我打鱼!"

阿婷学着炳乾的口气说:"男人有个鸟用!"

一家人吃饭,鱼虾随便吃。桃花烧的一碗肉,摆在炳乾面前。

炳乾抿着绍兴老酒,只吃了一块肉,就夹给儿女们吃。

桃花把女儿们碗里的肉,一块一块夹回碗里,对女儿们说:"锡清读书辛苦!你们只能吃鱼。"

阿婷不服,夹了一块肉塞进嘴里。

桃花拿筷子戳她的嘴,要她吐出来。阿婷逃开了桌子。

炳乾把筷子拍在桌上:"要吃大家吃,要不吃大家不吃!"

其他女儿都不敢吃,锡清也不敢吃。

阿婷走回桌子,自顾自吃了半碗肉。

炳乾逢人就说:"我中不了状元,不是天外人。我们家的阿婷,才是天外人。"

民国时期,炳乾的两个哥哥和堂兄弟们都去了杭州、上海、香港,或做官,或经商。还有去外国的。

炳乾留在绍兴,成了名闻乡里的打鱼好手,做过乡里的保长。

炳乾每天带着一帮人出门打鱼,打鱼回来,大头交给船主,船工分些鱼虾回家。到了鱼汛期,还会出远门,去宁波港外打鱼。

三

1949年后，民国时期的乡长、保长、甲长，被称为伪乡长、伪保长、伪甲长。保甲长原本都是地方上的能人，很受乡民尊敬。现在加了一个伪字，不再受人尊敬。

土改时定成分，船主定为渔霸，炳乾定为中农，是渔霸的狗腿子。

不久有人凿沉了几条船，乡政府定性为美蒋特务搞破坏，抓了不少嫌疑犯。

炳乾因哥哥们、堂兄们在台湾、香港，或在外国，成了重要嫌疑犯。

嫌疑犯们逐一过堂，炳乾的手抖个不停。乡干部认定炳乾做贼心虚，判了三年刑。

过了一年，抓到了正犯。乡干部问炳乾："你没搞破坏，为什么手抖个不停？"

炳乾说："我从小是抖抖手，写不了字，读不了书。我的哥哥们、堂兄们都读了书出去做官，只有我在这里打鱼。"

炳乾平反出狱，无颜留在绍兴，带着独子锡清和三女阿仙去了上海。

炳乾的抖抖手，只宜打鱼，不宜做工。在上海找不到好工作，只能在翻砂厂做苦力。

1967年春天，炳乾因长期郁闷，得癌症病逝，享年65岁（1902—1967）。

1996年5月24日
（本文未曾入集。）

外婆李桃花

李桃花不是外婆的真名，也不是我杜撰的假名，而是外婆编造的假名。

我为我妈代笔，写信给外婆，信封上写：浙江绍兴柯桥阮社董家漊，李桃花收。外婆就能收到。

外婆不肯把真名告诉任何人。因为绍兴人迷信，认为厌胜术诅咒某人致病、折寿、致死，人偶上必须有某人真名。外婆相信，没人知道她的真名，她就能长命百岁。

一

我的外婆李桃花，民国四年（1915）生于浙江绍兴柯桥董家漊，是李家的独女。"漊"的意思，是河汊的尽头。绍兴是水乡，河道四通八达，直达每家每户门口。

民国二十七年（1928），外婆十三岁嫁给外公。外公二十六岁，比外婆大十三岁。

外公外婆生了一打子女，夭折四人，存活一子七女。1953年，外公因冤案判刑三年，一年后（1954）平反，离开绍兴到了上海，十三年后（1967）死于上海。外婆留在绍兴，守了十三年活寡。外公死后，外婆又在绍兴做了四十四年寡妇。

外婆在董家漊自己家里，对阮社其他地方的人，说自己是董家漊人。

外婆在柯桥镇的四女儿家，江头村的五女儿家，钱清镇的七女儿家，对柯桥人、江头人、钱清人，说自己是阮社人。

外婆在杭州的二女儿家，笕桥的六女儿家，对杭州人、笕桥人，说自己是柯桥人。

外婆在上海的儿子家、大女儿家、三女儿家，对上海人，说自己是绍兴人。

外婆不识字，但在不同地方，对不同人说话，总是天然正确。

二

我五岁时离开上海，去绍兴外婆家住了半年。

1959年我妈首次怀孕，我爸工资高，让我妈放弃了全民所有制的车床工，在家带孩子。1960年我妈生下我哥后，一直在家带孩子。1963年生下我后，我爸还想要一个女儿。

1965年，我妈又怀孕了。我家二楼的绍兴同乡梅花阿姨，用一种古老方法替我妈预测胎儿性别。我清楚记得，梅花阿姨先用红丝线缠在我妈手腕上，再把一根缝衣针悬在我妈手腕上晃来晃去。得出结论：男胎。

这事我妈早已忘了。我家负责回忆的，不是我爸我妈我哥，而是我。我每次提起多年前的某件小事，我妈都大吃一惊："你怎么会记得？那时你才几岁？"

我最早的记忆是一周岁，三楼的邻居阿龙替我拍周岁照，那是我第一张照片。阿龙拍完照片，把底楼的楼梯间用作暗室，冲洗底片，放大照片。阿龙在楼梯间钻进钻出，至今在我眼前。

我妈不想再要第三个儿子，没与我爸商量，就去医院做了人流，同时做了结扎。我妈失去工作，在家毫无地位，不愿做家庭妇女。经梅花阿姨介绍，到集体所有制的丽园鞋厂，重新做起了车工。

我妈重新上班，我哥八岁已经上学，我五岁没人带，于是去绍兴外婆家住了半年。

三

1967年春天，外公去世，外婆失去经济来源，因为我爸工资高，所以主要由我妈供养。我祖母很不满意，认为儿子才有责任供养父母，女儿不必供养父母，外婆不该由我妈供养，应该由我舅舅供养。

我妈想了个主意，让外婆带我去绍兴，我祖母对我妈供养外婆，就没话说了。

1968年夏天，外婆来上海接我去绍兴，先在我家住了一阵。我祖母得知我外婆来了，立刻赶来。外婆躲进楼梯间，不想与我祖母照面。

我祖母已经半聋半瞎，走路拄着拐杖。她从徐家汇路的泰德里，走到马当路我家，一路上常遭顽童们捉弄。顽童们凑近我祖母左耳，大叫一声"绍兴老太婆"，立刻逃开。又凑近我祖母右耳，大叫一声"绍兴老太婆"，再次逃开。我祖母一边用绍兴话骂人，一边用拐杖左扫一下，右扫一下，常常扫在路人身上。

顽童们捉弄我祖母，原因之一是我祖母曾在马当路的露天菜场摆摊，大家都认识；原因之二是我祖母的绍兴话极有特色，顽童们喜欢听她用绍兴话骂人。

祖母开口说话，总是一套一套，夹杂着大量谚语。我常感叹，绍兴真是人文之乡，我祖母尽管不识字，但是凭借无穷无尽的绍兴谚语，就能应对世间一切难题。后来我阅读《越谚》，里面的很多谚语，我七岁以前都听祖母说过。

祖母晚年，视力听力渐失，生活不能自理。我妈做了饭，我哥和我轮流送饭。饭菜送到以后，坐等祖母吃完，再带回饭盒。

祖母一边吃饭，一边与孙子说话。吃完饭，拉住孙子的手商量："摸一下小鸡鸡，给五分钱。摸两下，给一毛钱。"我哥总是顺从祖母，拿上饭盒，回家路上用一毛钱买了零食。祖母拉着我的手说话，我不拒绝。一旦提出交易，我就挣脱手，拿着饭盒逃开。

1970年我七岁时，祖母去世。我很后悔从未成全祖母的小快乐。假如祖母不提交易，我很可能不会拒绝。我不喜欢的是交易。

外婆躲在楼梯间，等到祖母走后才出来。我是帮外婆的，不说外婆躲在楼梯间，只说外婆在大姨家。

外婆住了几天，带我回绍兴。我不肯去，只希望外婆住在我家。我妈哄我说，很快就来接你。我问很快是多久？我妈说两个月。我同意了。

就这样，1968年夏天我五岁半时，被外婆带到绍兴住了半年，直到1969年春节。

那年外婆只有五十四岁，在我眼里已经很老了。此后四十多年，一直没有更老。

外婆一子七女，当时七人已经嫁娶，只有小女儿阿秋尚未出嫁，所以我与外婆、小姨住在一起。

我与小姨吵架，外婆一定帮我。八个子女中，外婆最怀我妈，也只有我妈可以批评外婆。我妈最常批评外婆的话是："你喜欢的人，都不孝顺你。你最不喜欢我，但我对你最孝顺！"

外婆当年确实最不喜欢我妈。我妈小时候的绰号是"阴势鬼"，永远一声不吭。外婆做了好吃食物，只留给丈夫、儿子。二女儿阿婷是天外人，经常偷吃。其他女儿指天发誓否认，只有我妈一声不吭，外婆就认定是我妈偷吃。我妈除了哭，还是一声不吭，把外婆气得半死。

外公知道我妈常受冤枉，1954年冤案平反后离开绍兴到上海，除了带上儿子，又带上了常受冤枉的我妈。我妈苦尽甘来，因祸得福。

四

外婆家门口，有个空场。空场正对一座石板桥，桥长三十米，宽一米。两边对行，必须侧身。货郎挑担过桥，对面的人必须等在桥下，让货郎先过。桥左数百米是溇底，桥右数百米是大湖。这座小桥，是阮社人去街上赶集的必经之路。

我每天在外婆家门口，坐在一把小杌子上，看乡邻们、货郎们过桥。

乡邻们见我坐在门外，就问坐在门内的小姨：阿秋，这个小官人是谁呀？

小姨说：我三姐的小儿子。

又问：你三姐叫啥？

外婆接口道：阿仙。

乡邻吃惊道：阿仙的小儿子都这么大啦！

外婆不会讲故事，只会念阿弥陀佛。外婆的口头禅是：阿弥陀佛！罪过人咯！

外婆不给我讲故事，我就与外婆对课。对课就是你说东、我说西地开玩笑。后来我读到禅宗公案，常常忍不住大笑，这是我小时候与外婆常玩的游戏。

后来我回上海读书，小姨嫁到钱清，外婆每年夏天都来上海住一阵，正值我放暑假。

两顿饭之间，外婆没事干，就坐着。我妈关照外婆，不要跟我说话，会打扰我看书。我既没时间陪外婆说话，也不想让外婆枯坐无聊，看书时突然仰头看天花板，转着头，目光追着一只不存在的苍蝇转一个S形。外婆也仰起头，跟着我的视线一起转圈。我仰着头转完一圈，又垂下头看书。外婆仰头寻找那只不存在的苍蝇，转了几圈也没找到。外婆刚刚垂下头，我又仰起头，向另一个方向转一个倒S形，再垂下头看书。外婆又仰头寻找那只不存在的苍蝇，找了很久也没找到。

外婆明白了我在跟她闹着玩，佯装生气说：你在看什么？

我说：看书时间长了，脖子有点酸，转几圈就好了。

外婆以为刚才误会了我。过一会儿，我又仰头转脖子。外婆又跟着我转脖子，寻找那只不存在的苍蝇。外婆上了几次当，终于发现只要她不跟着我转头，我就一直转头，只要她一开始跟着我转头，我就立刻垂下头看书。于是外婆笑了起来，我也笑了起来。

我妈听见笑声，对外婆说：你别跟他说话呀，他要看书的。

外婆说：我没跟他说话，是他在跟我对课。

外婆找了半天不存在的苍蝇，吃饭时间就到了。

五

在绍兴时，我坐在门外窗下，看乡邻们过桥。

小姨作为未出嫁的大姑娘，不能像我那样坐在门外，只能坐在门内窗下绣花。

小姨用绷架把一块布绷住，把花样描在布上。我自告奋勇，替小姨把花样描在布上。小姨经不住我磨，还会让我绣两针。

小姨当时十八岁，还是大孩子。有一次我与小姨闹别扭，扯烂了小姨的绣花绷架，撕坏了绣到一半的花。我闯了祸，外婆还是帮我，小姨只好哭。小姨绣的花是要卖钱的，攒下来的钱归她自己，存着置嫁妆。小姨后来常来上海，每次她要走时，我都死活不依。我的央求无效，就用拖把死死抵住门口。小姨答应我很快再来，我才眼泪汪汪松开拖把。

小姨有时带我去闺蜜桂花那里串门，但是一到那里只顾与桂花说话，我无事可干，还不如在外婆家门口看乡邻过桥。我回上海读书后，小姨的男友伯虎去了新疆生产建设兵团。小姨去过一次新疆，发现伯虎在新疆有了新女友，伤心而返，嫁到了钱清。

1980年9月3日，我在华东师大校门口接待中文系80级新生，其中一个女生叫黄丹青。我一见她就说，你是绍兴人吧？她说你怎么知道？我说我是绍兴人，看你样子就是绍兴人，尤其像我小姨，你是绍兴哪里人？她说钱清。我说我小姨就嫁在钱清，小姨夫与你同姓，会不会是同宗？黄丹青问：你小姨夫叫什么名字，做什么工作？我说叫黄朝政，是钱清中学校长。黄丹青大惊：黄朝政是我堂哥！我大笑：我只想认个同乡，结果认了个长辈！

六

我在绍兴半年，嫁在柯桥镇的四姨阿多，接我去住过几天。

四姨夫叫莫阿六。阿六他爹开过羊肉店，人称"羊肉阿二"，柯桥镇上无人不知。四姨夫家，进门一个大院，支着一口直径两米的大锅，当年用于加工整羊。

阿六是个能人，在镇办工厂做技术员，后来升为技术副厂长。改革开放后承包了工厂，专门生产织袜机，销路很好，是农妇们农闲时做副业、挣外快的神器。阿六又自己开了健身器材厂，产品远销欧美。

四姨有二子一女。大儿子小我一岁，当时四岁。二儿子小我三岁，当时一岁。女儿小我六岁，当时还没出生。我在四姨家，两个表弟是我的玩伴，比在外婆家开心。

四姨怀着女儿，去医院做检查，带着大儿子和我同去。柯桥人把医院叫作寺院，可能医院原是佛寺，解放后取缔宗教，寺庙改成了医院。乡民改不了口，仍叫寺院。

医生与四姨是熟人，又是摄影爱好者，为四姨做完检查，给我和表弟拍了一张合影。这是我在周岁照之后拍的第二张照片。那张照片我非常喜欢，珍藏了很久，后来遗失了。

嫁在江头村的五姨霞娟，也接我去住过几天。

五姨夫叫陈阿根。阿根有点口吃，霞娟却伶牙俐齿，在七姐妹中最能说会道。大概是丈夫口拙，使她有机会畅所欲言，练就了一副好口才。

五姨有一女一子。女儿小我一岁，当时四岁。儿子小我两岁，当时三岁。我在五姨家，表妹表弟是我的玩伴，也比在外婆家开心。

有一次我带着三岁的表弟，在五姨家门口的临河小街玩，看见河里游过一群大白鹅。我拉着表弟的手，沿着临河小街追鹅，追到河埠头的缺口，一脚踩空，与表弟一起跌入河中。我身体腾空，失去重心，蒙了两秒钟。好在落水以后，一只手仍然紧紧攥住表弟，另一只手攀上了河埠头的台阶，一级一级走上了岸。我和表弟浑身湿透，都没受伤。当时我还不会游泳，居然有惊无险。

七

我在外婆家的唯一玩伴，是饶勇。饶勇大我四岁，当时九岁。

饶勇家与外婆家是邻居，两家共用门前桥边的空场。

每天早饭时，有各种货郎摇着拨浪鼓，从桥上过来，路过外婆家门口。

卖食物的货郎路过，外婆就用三分钱，给我买一根油条，或买其他零食，用的是我妈给的专款。

我把油条和零食分给外婆、小姨，她们坚决不吃。

如果饶勇正好在与我玩，我就把油条和零食分给饶勇，饶勇妈立刻叫饶勇回家吃饭。此后货郎一踏上石桥，饶勇一听到拨浪鼓，不用他妈叫，立刻回家。

每天午饭时，空场上基本没人，人们都在地里干活。

每天晚饭时，空场上热闹起来。乡邻们端着饭碗，来到桥边空场，一边蹲着吃饭，一边唠唠家常。

有个乡邻，人称"枷儿手"。右手的五根手指都不能伸直，就像握着一根不存在的棍子。他用卷曲的右手端着饭碗，左手持筷吃饭。饭粒撒了一地，旋即被鸡啄净。

晚饭以后，饶勇带着我，在桥边水下垂挂一个鱼篓。第二天一早，饶勇带我去看，鱼篓里已经有了很多鱼虾。后来我读到《庄子》的得鱼忘筌，总是想起饶勇。

过年时，饶勇家在空场上杀了很大一头猪，众多乡邻围观。竖起两条板凳，绑上猪的四脚。巡回屠宰的专业杀猪匠，剖开猪腹，取出内脏。场面血腥，少儿不宜。猪的惨叫，让我受了很大刺激。

外婆没有姐妹，只有一个打鱼为生的光棍弟弟。我叫他小舅公。

小舅公来看姐姐，总是带来一条大鱼，戴着毡帽，驾着乌篷船。船从桥右的大湖，穿过石桥往左，停在门口桥边，吃完午饭就走。外婆让他带走一点自制的霉干菜，或是我妈寄来的上海食品。

有一次午饭后，小舅公驾船带我去玩。船穿过石桥往右，到了大湖。这是我第一次置身于一大片水域中间，四望无边，心旷神怡，大开眼界。

我坐在船头。小舅公坐在船尾，双脚摇着一支架在船左侧的动力桨，双手掌着右边身后的另一支桨当舵。湖里的鱼，被桨、舵扰动，常会跳出水面。

有一条鱼跳出水面，小舅公举起后桨一抄，鱼就进了船舱。这一情景我终生难忘，至今如在眼前。

八

我工作以后，去绍兴看过外婆多次，外婆也来过上海多次。

外婆每次见到我，都高兴得合不拢嘴。一来我是外婆亲手带大的唯一外孙，二来我会与外婆对课取乐，三来我是外婆家族里唯一的大学生。外婆常说，你是我家的天外人，我早说过你会出山的。外婆逢人就说，我家有两个天外人，一个是二女儿阿婷，另一个是三女儿阿仙的小儿子。

我每次见到外婆，都会给她钱。我妈年轻时很大方，年老后很财迷，知道我给外婆钱会不高兴，说现在乡下人都比我家有钱了，很多外孙都会给外婆钱，外婆的钱已经多得花不完了。我说别人给是别人的心意，我给是我的心意。

后来我忙于写作，很长时间没去绍兴看外婆。我相信外婆会活很久，活成百岁以上的老寿星。

前不久我妈告诉我，外婆去世了，享年96岁（1915—2011）。

我惊问：什么时候的事？

我妈说：几个月前。

我很生气：为什么不告诉我？我应该去的。

我妈说：你事情忙，所以没告诉你。

没能送外婆最后一程，是我永远的遗憾。

2008年初稿，2011年定稿

（本文未曾入集。）

天外人茅阿婷

外公茅炳乾和外婆李桃花，二十世纪三十年代至四十年代，在浙江绍兴柯桥阮社董家溇，十多年间先后生下一子七女。茅家七女，是远近闻名的美女，人称茅家七仙女。

大姐阿霞，帮着父母照顾一个弟弟六个妹妹，最为心慈。

独子锡清，小于阿霞，大于阿婷，得到外婆独宠。

二姐阿婷，一生下来就古灵精怪，一双大眼分外有神，得到外公独宠。外婆骂她"白眼"。

三妹阿仙，就是我妈。上有两个姐姐一个哥哥，下有四个小妹。四妹阿多，五妹霞娟，六妹阿娟，七妹阿秋。

小时候，阿婷与哥哥锡清吵架，外婆总是帮锡清，外公总是帮阿婷。

外公白天出门打鱼，只有外婆在家，阿婷总是吃亏。

阿婷一腔积怒，无处发泄，不能欺负四个小妹，只能欺负三妹。

阿婷欺负三妹，一味主攻，妙招迭出。

三妹一味主守，难以招架，只能躲在角落抹眼泪。

外公的母亲看不下去，把三妹叫到屋里，拿出珍藏的零食。

阿婷更加生气，就骂三妹："只会肚皮里做功夫的阴势鬼！"

阿婷从小争强好胜。在母亲处，与哥哥争宠，在祖母处，与三妹争宠。

三妹从小与世无争。既不与哥哥争宠，也不与二姐争宠，更不与四个小妹争宠。

外婆溺爱独子，做了好吃食物，藏在柜子里，等儿子放学。

阿婷趁着外婆不注意，打开柜子偷吃，一吃就刹不住手。

锡清放学回家，外婆打开柜子，碗已半空，立刻大骂："哪个夭寿鬼偷吃了？"

四个小妹赌咒撇清，三妹一声不吭。

阿婷瞪着一双白眼，恶人先告状："一定是阴势鬼偷吃的。"

三妹知道是二姐偷吃，闷声不响，既不辩诬，也不告密。

外公打鱼回来，外婆告状，要他查出谁偷吃的。

外公知道是阿婷偷吃，也不拆穿："怎么能叫偷吃？都是自家儿女，谁吃了都一样。"

1948年，大姐阿霞十七岁，嫁给本地一个农民。

1954年，外公冤案平反出狱，在家乡没了颜面，打算带着独子锡清去上海。

有个同乡来提亲："柯桥镇上的刘家老三，在上海开烟纸店，家境殷实，儿子十一岁，想找童养媳，打算在你家七仙女里，挑选一位千金。"

外公说："老大阿霞已经出嫁，下面六个，四个还小。老二阿婷今年十七岁，泼辣。老三阿仙今年十五岁，文静，你看哪个合适？"

同乡说："阿婷是天外人，没人镇得住，做不了童养媳。阿仙合适。"

于是外公带着十九岁的独子锡清和十五岁的三女阿仙，去了上海。不久阿霞的丈夫病逝，去上海找外公，后来改嫁了一位同乡。

外公不在绍兴，余下五个女儿的出嫁，全由外婆做主。

远近乡邻全都知道，茅家二女阿婷是天外人，到了二十岁也没人敢娶。

1957年，外婆做主把阿婷嫁到了杭州，丈夫王金木是市长的司机。

阿婷从绍兴乡下，嫁到浙江省会杭州，毫不自卑，更不怯场，落落大方。

金木在市政府工作，见过大场面，却没见过如此泼辣的乡下姑娘，爱死了阿婷。1958年，生下长女建莲。1960年，生下长子建伟，与我哥同岁。

阿婷不上班，经常带着建莲、建伟，坐火车回绍兴，看望母亲和四个小妹。后来由她牵线，把六妹嫁到了杭州笕桥。

阿婷在火车上，旁若无人地抽烟喝酒。一来二去，与乘务员陈阿炳对上了眼。

阿婷的气质，不同于寻常少妇。既不像乡下少妇，也不像城里少妇。既有古代越女西施的阴柔之美，又有现代越女秋瑾的阳刚之美。带着绍兴

▲外婆与一子七女，1990年代摄于杭州
后排左起：七姨茅阿秋，我妈茅阿仙，大姨茅阿霞，舅舅茅锡清
前排左起：五姨茅霞娟，六姨茅阿娟，外婆李桃花，四姨茅阿多，二姨茅阿婷

腔的杭州话，也兼有绍兴土话的阴柔和杭州官话的阳刚。

阿炳在火车上做乘务员，阅人无数，从未见过如此另类的昂藏少妇，立刻沦陷。从此踏上不归路，一条道走到黑。

阿炳家在临安县，有妻有女。乘务员工作三天，轮休一天。以前轮休，火车一到杭州，阿炳就回临安家里。认识阿婷以后，阿炳轮休常常不回临安，进城来找阿婷，送来各地的特产美食。

王金木笑脸不打送礼人，客气地留他喝酒吃饭。

1963年，阿婷再次怀孕，生下次子建平，与我同岁。父亲不是金木，而是阿炳。

阿婷告诉阿炳："我是包办婚姻，王金木是我妈选中的，说是城里人才镇得住我这匹乡下野马，我又能吃上旱涝保收的公家饭。但我不喜欢金木，早就打算离开他。我先离婚，你再离婚，我们结婚。"

阿炳说："好。"

阿婷与金木摊牌："建平是阿炳的儿子，我不想让他姓王，想要让他姓陈。我们离婚吧！"

金木离不开阿婷，坚决不肯离婚。不顾阿婷反对，给建平报了户口，跟自己姓。把建平视同己出，接受了阿炳的存在。

此后阿炳轮休三次，两次回临安自己家，一次进城找阿婷。先与金木在客厅吃饭喝酒，然后金木睡客厅沙发，阿炳进阿婷卧室。

时间一长，三个孩子习惯了家里有两个男人。爸爸金木天天在家，叔叔阿炳十天半月来一次，带来各地特产，各种美食。只嫌叔叔来得太少，天天盼着他来。

建伟、建平虽是异父兄弟，却比同父兄弟还亲。建平被人欺负，建伟冲出去与人打架，很快成了杭州街头一霸。为了打架不吃亏，建伟拜师学了武术，后来成了杭州武警总队的武术教练。

三个孩子深爱妈妈，两个男人深爱阿婷。外面是六亿人民的岁月峥嵘，家里是一家六口的岁月静好。

外公得知以后，不怪阿婷，只怪外婆把阿婷错配给了金木，又怪金木含耻忍诟不肯离婚，弄成了现在的尴尬局面。

外公要求阿婷与阿炳断绝来往。

阿婷说："阿炳要看儿子，难道不许他来？"

外公无可奈何，只能叹气："白眼这个天外人，前世作的孽啊！"

1967年春天，外公茅炳乾在上海虹口的翻砂厂打工，住在虹口海宁路的石库门二层阁，因癌症病逝，享寿65岁（1902—1967）。当时我四岁，至今记得海宁路的最后情景。

外公死后，外婆更加管束不了阿婷。兄弟姐妹只能偷笑："阿婷小时候是天外人，长大后成了武则天！"

很快进入"文革"高潮，"走资派"市长被打倒，革委会夺取了政权。

有人向革委会揭发，市长生活腐化，有个情妇。又有人揭发市长的司机王金木生活腐化，不过并非王金木有个情妇，而是王金木的妻子有个情夫。革命群众惊掉了下巴，不敢相信在高度禁欲的革命年代，竟有一个如此胆大妄为的女人，还有两个如此死心塌地的男人。

公检法讯问金木，金木向组织老实交代。坦白从宽，免予追究。打入另册，不许再为新市长开车。阿婷犯了生活作风错误，判了两年劳教。

阿婷劳教两年，没吃啥苦。劳教队的管教干部和真假坏蛋，都爱眼波流转、神采飞扬的少妇阿婷。很多小阿弟认她为姐，抢着帮她干活。

阿炳现在轮休，有时回临安家里看妻女。有时进城看儿子，继续与金木喝酒吃饭，互诉衷肠，想念阿婷。有时去劳教队看阿婷，发现她成了威风八面的大姐大。

两年以后，阿婷释放回家，家里一切照旧。阿炳照常来，继续与金木和平共处，二男共侍一女。不一样的是，小阿弟们常来拜码头，一口一声叫姐。

知情者全都接受了这一非常状态，承认阿婷是天外人，不受世间法约束。坊间传言：古有武则天，今有茅阿婷。

或许有人以为比拟不当，似乎茅阿婷比不了武则天，其实是武则天比不了茅阿婷。武则天有权有势，裙下之臣只是怕她。茅阿婷无权无势，裙下之臣只是爱她。易位而处，茅阿婷做得了武则天，武则天做不了茅阿婷。

1970年夏天，我祖母去世。我爸不愿把骨灰盒寄存殡仪馆，拜托市政府工作的连襟金木想想门路，找个地方落葬。金木一口应承，说可以找到可靠关系，把我祖母的骨灰盒葬在杭州北高峰。

那年秋天，我爸带着七岁的我去杭州。我在火车上睡觉，枕着祖母骨灰盒。

金木已经安排妥当，带着我们去北高峰，找到朋友，开锹挖坑。挖到一半，一队荷枪实弹的战士包围了我们。有人看见我们背着包袱上山，怀疑我们是埋炸弹、搞破坏的美蒋特务。发现是私埋骨灰盒，未予追究，不许再埋，轰赶下山。

金木抱歉解释："柬埔寨的西哈努克亲王，最近入住杭州北高峰的国宾馆，提升了安保等级。没想到这么不巧，被警卫部队撞上了。"

又随口说起八卦："现在是蟹季，两班战士二十四小时轮班，等着大闸蟹换壳，脱壳后立刻烹饪。所以西哈努克亲王吃蟹，不用去壳。"

我爸没闲心听八卦，带着我离开杭州。我又枕着祖母骨灰盒，到了绍兴。托了四妹夫莫阿六的父亲"羊肉阿二"，找关系埋在了山里。不敢立碑，种了一棵小树作为标记。此后我们回绍兴过年，一是看望外婆，二是给祖母扫墓。

外公外婆的一子七女，嫁娶在不同地方。独子、长女、三女，婚嫁在上海。二女、六女嫁在杭州，四女嫁在柯桥镇，五女嫁在江头村，七女嫁在钱清镇。每年春节，一子七女、一媳七婿都回绍兴，在柯桥阮社董家溇的外婆家过年。

还有二十个第三代，十三男七女。独子锡清，一子一女。长女阿霞，二子二女。二女阿婷，一女二子。三女阿仙，二子。四女阿多，二子一女。五女霞娟，一女一子。六女阿娟，二子。七女阿秋，一女一子。

七十年代中期的一年春节，儿孙辈又回绍兴过年。

阿婷全家也来了，除了金木和一女二子，还有阿炳。天外人阿婷觉得，这事大家都已知道，无须藏藏掖掖。

除夕之夜，三代同堂三十六人，分坐四桌。大人两桌，小孩两桌。

外婆坐在主桌主位，金木、阿炳分坐阿婷左右。

儿子茅锡清，大女婿许连根，二女婿王金木，先后祝酒，说话都很得体。外婆笑得合不拢嘴。

我爸是三女婿，轮到他祝酒，端起酒碗，对岳母说："姆嬷，侬福气真好！隔壁饶勇家，三个女儿，三个女婿。侬七个女儿，八个女婿！"

外婆的笑容瞬间僵住，在座众人也都愣住了。集体冷场，不知如何接话。

阿婷本来伶牙俐齿，此时气得说不出话。瞪着一双白眼，默然良久，起身离席。当晚带着金木、阿炳和一女二子，回了杭州。

年夜饭不欢而散，我妈责备我爸："当初爹爹管不了，现在姆嬷管不了。哥哥、嫂嫂、姐姐、姐夫全都不管，你管什么闲事？好端端的年夜饭，被你一句话搅了！"

我爸说："你家的事，我这外人确实不该管。金木、阿炳愿意，更是他们自己的事。但是本来他们在杭州，我们在上海，两不相干。这次阿婷带着金木、阿炳回绍兴过年，与我们同坐一桌喝酒吃饭，太不尊重我们所有人，小辈看着更不像话。今年我若忍了，明年后年还得再忍。不是我说话过分，而是她做事过分！"

我妈只好嘀咕："你又不是今天才知道她是天外人！"

原先阿婷家里经济告急，常来我家借钱。家族里面，当时我爸工资最高。"文革"前108元，"文革"时国家经济困难，号召大家主动减薪，我爸减至84元，仍是家族里面最高。所以外公去世以后，外婆主要靠我爸妈供养。亲戚若有急需，都来我家借钱。借了还不出，我爸也不计较。正因如此，我爸才有说话分。此事以后，阿婷再也不来我家借钱。

1980年夏天，我考上大学，与中学同学去杭州玩，特地去保俶路看望二姨阿婷。二姨高兴坏了，大酒大肉招待我们，没大没小地与我们一起抽烟喝酒。

二姨对我说："我是老二，你妈老三，挨着长大。小时候经常吵架，是前世里的冤家对头。我骂她阴势鬼，她骂我白眼，其实感情最深。我们姊妹二十个孩子，就数你妈的两个孩子最有出息。你又是整个家族最聪明的，你才是我们茅家的天外人。"

其实二姨和其他亲戚，只知道我从小读书好，又因为我是第三代里唯一的大学生，就把我视为天外人。他们对我后来的胆大妄为，全不知情。如果知情，更会把我视为天外人。不过他们现在已经不再视我为天外人，而是视为书呆子。对我的定评是："小时候那么聪明，读书那么好，长大后竟不升官发财，书都白读了！"

我妈家族的祖孙三代，各出一个天外人。凡是天外人，全都不走寻常路。

第一代天外人是外公茅炳乾，兄弟全都读书致富，只有他成了打鱼好手。

第二代天外人是二姨茅阿婷，姐妹全都安分守己，只有她不受世间法绳墨。

第三代天外人是我，表兄弟全都学渣致富，只有我学霸致贫。

1980年夏天游杭州，是我最后一次见到二姨阿婷。此后四十多年，我与家族极少交集。除了去绍兴看过两次外婆，少有机会见到其他长辈、平辈、小辈。偶尔代表我妈参加某位长辈的追悼会，见到很多亲戚，都是匆匆别过。

九十年代中期，阿婷与金木、阿炳先后退休，一女二子早已成家单过。

阿炳退休以后，轮休来看阿婷的多年旧例，难以为继。

阿婷与金木、阿炳商量以后，金木卖了杭州的房子，阿炳卖了临安的房子。两家合资，在杭州郊区买下两套紧邻的农家小院，打通院子，亲如一家。阿炳的妻子，也与阿婷亲如姐妹。可惜我一直没机会见到阿炳的妻子，不知道她这么多年是怎么过来的。

　　我原本以为，阿婷与金木、阿炳，年轻之时激素水平高昂，敢于对抗世间法。随着老境来临，激素水平下降，终将归于平淡，没想到三人竟能生死相守。这是武则天无法企及的境界，堪称天生情种。如此三人相遇，实为极小概率事件。天意难违，于是三人共同谱写了一段欲仙欲死的旷世情缘。

　　2008年，阿婷去世，享寿71岁（1937—2008），比金木、阿炳走得都早。

　　三年以后，外婆李桃花去世，享寿96岁（1915—2011）。又过七年，舅舅茅锡清去世，享寿83岁（1935—2018）。又过一年，大姨茅阿霞去世，享寿88岁（1931—2019）。我妈今年83岁（1939—），四个小姨全都健在，寿数均已超过阿婷。阿婷在兄弟姐妹中离世最早，寿数最短，大概是对抗世间法，消耗大于常人，因而快速耗尽能量，重归天外。

　　当初阿婷劳教之时，金木、阿炳还能一起喝酒，等待阿婷回家。现在他俩没了盼头，只能枯坐小院，举杯对饮，用无尽回忆打发余生。

　　天外人阿婷，是我最敬佩最怀念的姨妈。她是妇女解放的先驱，革命年代的真正革命者。

2022年3月8日妇女节

（本文未曾入集。刊于微信公众号庄子江湖2022年3月8日。）

祭父文：父亲坐上红旗牌轿车走了

父亲张阿康（1936.10.3—2005.10.16），祖籍浙江绍兴皋埠，境内有遐迩闻名的吼山。原名张友康，因绍兴人习惯，从小称为"阿康"。参加工作后，沿用为本名。

1935年，祖父母卖了绍兴皋埠的田地和豆腐作坊，带着一子一女，离开绍兴，移居上海。祖父张秋生在上海南市的绍兴人聚居区，用八根金条顶下天主堂街的一幢石库门。

1936年10月3日，父亲出生于天主堂街，是祖父母疼爱的幼子。

1941年，太平洋战争爆发，上海沦陷。祖父被日寇拉夫，到江湾去修军用机场，只能周末回家。某个周末，祖父没有回家。从此以后，祖母刮鱼鳞，卖咸菜，扛起了养家重任。父亲6岁丧父，备尝艰辛。读到小学三年级，因家境贫困而辍学。

1951年，父亲16岁，拜师学生意，学做皮鞋，读完业余高中。不久公私合营，父亲成了国营皮革公司最年轻的八级师傅。其时父亲仪表堂堂，

▲ 1950年代：父亲青年时

聪明伶俐，工资很高，派头很大，既有好手艺，又有上进心。

1953年，母亲茅阿仙15岁，被外祖父茅炳乾从绍兴柯桥带到上海，成为一爿烟纸店小开的童养媳。半年以后，母亲逃离11岁的"丈夫"家，来到天主堂街，寄居姐姐、姐夫家。在一家工厂找了工作，拜师学习车床。报了夜校扫盲班，很快就能识字读报，看懂图纸。业余时间，热心参加居委会工作。

1958年，母亲在穿堂入室的居委会工作中，被祖母相中。父亲也很中意，约母亲看电影，怕她难为情，买了三张电影票，给母亲两张，让母亲邀小姐妹同去。母亲没约小姐妹，浪费一张电影票，单独前往影院。

1959年，父亲24岁，母亲21岁，在天主堂街结婚。

1960年7月18日，1963年2月25日，我哥和我出生。父亲大我哥24岁，肖鼠。母亲大我24岁，肖兔。我家实行两党制：老鼠党和兔子党。

青壮年时期的父亲，深中极左思潮之毒，成为无数受害者之一。父亲一生要求进步，积极争取入党。他原本自信快乐，爱讲笑话，与同事闲谈时，提及祖父去江湾修机场，下落不明，推测说："我爸爸可能没死，或许是被日本鬼子拉去日本做苦工，现在还活着。"

1966年，"文化大革命"爆发，同事揭发父亲幻想有海外关系，厂里开

▲1959年：父母结婚照

了他的批斗会，上进之路从此堵塞。其后父亲矫枉过正地弥补过失，在多个地区积极参加工宣队工作，却始终未能入党。工宣队以剥夺消极自由的粗暴作风与人奋斗，用越左越革命的道德高标侵犯人权，又使父亲与邻里亲友结怨甚多。父亲一失言成千古恨，弄得里外不是人，脾气渐趋暴躁，性情日益乖僻，极少笑容。

父亲的唯一欣慰，是在其严厉训斥之下，两个儿子学业优秀。小学四年级，我第一次没考满分，一门课99分，父亲扇了我一耳光。我进大学后，父亲翻出我的中小学成绩单，计算以后，满意地告诉我："你中小学的考试成绩，平均94.7分。"父亲认定我前途无量，他一定能坐上我的红旗牌轿车。然而后来我不惜与父亲决裂，毅然改变了自己的人生道路。父亲的期望彻底落空，对我日益不满。父子关系长期紧张，我很长时间不再叫他"爸爸"，只叫他"老头子"。

1978年以后，中国开始了日新月异的飞速发展，然而父亲的黄金岁月早已逝去，又因行业不景气而提前退休。中国社会的一切新气象，均与父亲无关。父亲的失落感、失败感日益强烈，脾气更加暴躁，性情更加乖戾。他用所余无多的退休金，买彩票，化为乌有，买股票，血本无归，晚年比早年更为不幸。

▲1970年代：父亲中年时

2005年5月初，大半生郁郁寡欢的父亲，诊断出肝门胆管癌晚期，预期生命三至六个月。5月25日手术，其后病情持续恶化，又三次住院，其间看到了我的第一部书《寓言的密码》第三版和第十一部书《文化的迷宫》。病榻上的父亲，一再表露快慰之情，最终认可了我违背其意愿的人生选择。我与父亲达成了和解，重新开始叫他"爸爸"。

从入住市北医院，检查，诊断，定方案，动手术，到手术失败，移至临汾路临终关怀医院，半年内我天天陪伴着父亲。

2005年10月15日夜里，我在临终关怀医院独自陪伴父亲。

午夜过后，父亲呼吸急促，瞳孔渐散。弥留之际，父亲突然坐起，仰望苍天，连呼三声："张远山有救了！"这是他的最后遗言。

16日凌晨两点一刻，父亲停止呼吸，终年70岁。

次日，殡仪馆派车从医院运走父亲遗体，开出账单："红旗牌轿车，400元。"

另有两种车型：凯迪拉克，800元。桑塔纳，200元。殡仪馆事先征询家属意见，我毫不犹豫选择了红旗牌轿车。

红旗牌轿车已经不再是无可选择的政治符号，而是可以选择的商业服务。父亲晚年不再奢望坐上我的红旗牌轿车，我只能以这种方式让父亲实现生前的最大愿望。

唯愿吾父在天之灵，安息！

2005年10月30日

（本文未曾入集。刊于《三湘都市报》2005年11月8日，

《杂文选刊》2005年12月上半月刊转载。）

祭母文：母亲带着手臂肿块走了

母亲茅阿仙，是茅家七女中的三女。上有一兄二姐，下有四个小妹。

1939年10月14日，母亲生于浙江绍兴柯桥阮社董家溇。时为日寇全面侵华第三年。

2022年9月12日，母亲死于上海市第十人民医院急诊室。时为新冠疫情第三年。

1953年，母亲15岁，被外公从绍兴带到上海，做了11岁的烟纸店小开的童养媳。

母亲不喜欢拖着鼻涕的烟纸店小开，也不接受包办婚姻。半年后逃离烟纸店，寄居在南市区天主堂街的大姐家里。

外公接受既成事实，尊重母亲意愿，把聘礼退给烟纸店老板，替母亲在虹口轧钢厂找了工作，拜师学习车床。母亲为了看懂图纸，报了夜校扫盲班，迅速掌握了车工技术。业余时间，热心参加天主堂街的居委会工作。

1958年，母亲20岁，在穿堂入室的居委会工作中，被祖母相中。父亲也很中意，约母亲看电影，怕她难为情，送给母亲两张电影票，让她约小姐妹同去。母亲没约小姐妹，浪费一张电影票，单独前往影院。

父亲买了三张电影票，自己的座位与给母亲的两张票子不在一起。他在电影院门外看见母亲独自来了，就先进去坐在母亲座位旁边。母亲在电影院外没看见父亲，心里有点失望。一直等到快开场才进去，发现父亲已经坐在那里。后来母亲问父亲，要是我带小姐妹同去呢？父亲说那就下次再请你看电影，只送你一张票。

1959年，母亲21岁，父亲24岁，在南市区的天主堂街结婚。母亲怀孕后，应父亲要求辞去了工作。父亲工资108元，足够全家开销。

1960年，1963年，我哥和我先后出生于卢湾区的马当路。我哥比父亲小24岁，肖鼠。我比母亲小24岁，肖兔。我家实行两党制：老鼠党和兔子党。

1968年，"文革"导致国家经济困难，号召大家主动减薪，父亲工资降至84元。家里用度吃紧，母亲决定重新工作，父亲反对无效。当时工厂岗位不足，知识青年上山下乡。母亲无法重回全民所有制的虹口轧钢厂，好在车工技术过硬，在集体所有制的丽园鞋厂顺利找到了工作。集体所有制，俗称"街道工厂"。街道工厂通常没有好车工，所以母亲一进去就成了技术最好的第一车工，同事们尊称"茅师傅"。但是街道工厂的工资很低，只有28元，比父亲减薪24元多4元。母亲怪父亲让她辞去工作，从全民所有制降到集体所有制，导致了工资如此之低。

母亲婚前在轧钢厂做车工，是做产品，工作繁重。如今在鞋厂做车工，只做维修，工作清闲。领导、同事常让母亲帮忙干私活，做台灯，做烟灰缸，等等，所以母亲人缘很好。后来领导提名，同事拥护，母亲做了工会主席，同事们戏称"茅主席"。

街道工厂的识字妇女也少，每逢政治学习，母亲就用绍兴口音的上海话给大家读报，把"我们"读成"我名"。

母亲重新工作以后，家庭地位大为提高。再与父亲口角，可以挺直腰杆说："我又不吃你的！"父亲嘲笑说："你那点工资，只够吃一次大闸蟹！"其实当时我家吃一次大闸蟹，只要三元钱。

父母上班，我哥上学，五岁的我没人管，于是把我送到绍兴外婆家，打算住到七岁，再回上海读小学。

1969年春节，父母带着我哥回绍兴过年。半年不见，我只认得父亲和我哥，不认得母亲。因为母亲与绍兴姨妈们相貌太相近，打扮却不同，所以我躲在外婆、姨妈身后，不肯叫"姆妈"。母亲很伤心，原本打算让我在绍兴住一年半，七岁回上海读小学，现在决定立刻带我回上海，上一年幼儿园。

过完年回到上海，幼儿园还没开学，母亲天天带着我上班。几天后我问了一个问题："姆妈，你每天上班做一样的事情，不厌烦吗？"母亲笑道："你以为大人上班是在白相啊？大人上班，都是每天做一样的事情。你长大以后也一样，除非你读书好！"这句话，成了我后来读书的最大动力，动力大于我小学四年级第一次考99分父亲扇我的一耳光。

1969年3月，我进入重庆南路幼儿园，从此爱上了画画。后来我跟母亲开玩笑说,幸亏我在绍兴不肯叫"姆妈",否则就没机会上幼儿园了。

1970年3月,我入读卢湾区第一中心小学,成为校漫画组的宣传骨干,从此走上革命道路。

母亲虽然识字,但是害怕写字。我读小学以后,她给外婆写信,都是她口述,我执笔。母亲口述的第一句话,总是"母亲大人"。

1976年9月,我入读蒙自路上的蒙自中学,步行五分钟就到丽园路上的丽园鞋厂,我常去吃午饭。每次去,母亲的同事们纷纷夹菜到我碗里,多到吃不完。

1980年9月,我入读华东师大中文系,同年我家从卢湾区的马当路,搬到南市区的旧仓街。旁边的福佑路是古董市场,直通城隍庙。我在福佑路和城隍庙淘了不少文玩,有了直接观察陶器纹样、玉器纹样、青铜器纹样的最初经验。

1989年,母亲50岁退休。

1996年,父亲60岁退休,同年旧仓街拆迁。父母的安置房在泗塘五村,我的安置房在通河八村,同属宝山区张庙街道,步行二十分钟。

1999年,由于安置房没书房,我另购了住房,从通河八村搬到通河九村。

▲我与父母,1980年代摄于上海豫园九曲桥

父母退休后的三十多年，我在写作之外的最大精力投入，就是照顾父母。

父亲遗憾没去过北京，我给父亲一万元，让他带母亲同去，然而他们一直没去。

2005年春天，我和妻子带着母亲、岳母去镇江、扬州旅游，父亲不肯去。不久父亲查出癌症，医治半年去世，享年70岁（1936.10.3—2005.10.16）。随后母亲从泗塘五村搬到通河二村，离我的住处更近，步行十分钟。

父亲去世以后，母亲性情大变，因为再也没人可以口角了。起初母亲常来我处坐半天，数落父亲脾气坏，回忆各种口角。后来不再回忆口角，开始念叨父亲各种好，包括工资高，派头大，人聪明，卖相好，从未有过生活作风问题。

母亲晚年的最大不幸，是没有任何兴趣爱好。不打麻将，不跳广场舞，不看电视连续剧，不外出旅游。没有任何外界信息输入，生活完全没有内容。每天只是担心各种病，吃着各种药。物价年年涨，退休工资也水涨船高，但她不管退休工资年年涨，只嫌物价越来越贵，口头禅是"以前青菜只要三分钱一斤"。我买去任何东西，她都嫌贵，让我啥也不要买。我若再买，她就不高兴。

2019年3月至5月，我和妻子去美国、墨西哥学术旅行，常与母亲通话，发现她逐渐失去生活自理能力，而且无端担心我滞留不归。为了让她安心，我浪费了不能退订的预订机票，另购机票提前返回。6月18日，安排母亲入住通河二村养老院。

2022年4月1日至5月31日，上海封城两个月。宝山区的骚操作，遭到上海市民群嘲，改称"山区"。张庙街道的骚操作，更是扬名域外，上了电视台的新闻。

母亲被封在通河二村养老院，我被封在通河九村家里。近在咫尺，两个月不得一见。我时刻担心母亲出事，所幸熬过来了。

6月1日上海解封以后，我奔波多家医院为母亲配药。但是去养老院送药，只能隔着铁门，与母亲对望一眼。

6月30日，养老院来电，母亲高烧39.3℃。防疫规定，只出不进。不敢送医，否则送医以后不能回养老院。我建议养老院用药，他们说不敢乱用。我去养老院签了书面文件：请养老院酌情用药，我负全责。养老院医生才用了我带去的退烧片，又另外用了头孢，体温很快恢复正常。母亲卧病在床，我却不能进去探望，连隔着铁门对望一眼也成了奢望。

养老院的赵医生感慨说：亲人的探视，有时胜过任何良药。

8月9日上午，养老院来电，母亲连续呕吐。防疫新规，送医以后可以回养老院，但要隔离三天。我和我哥紧急做核酸，叫了120救护车，把母亲送入仁和医院。CT诊断：脑溢血，面积35毫米×50毫米，必须住院治疗。办理住院手续，必须等待核酸结果。下午三点到七点，等了四个小时，核酸阴性，入住ICU。

8月17日上午，我和我哥接母亲出院，转入虎林路的建工护理院。

9月1日，通河游泳馆在3月12日闭馆半年之后重开。我半年没能每周游泳三五次，体重增加十斤。9月8日，我去体检，各项指标均有退步。

9月12日上午，护理院来电，母亲多日低烧，今天升至38.6℃，而且严重贫血，建议送医。我和妻子紧急做核酸，叫了120救护车，把母亲从建工护理院送到第十人民医院。我哥也做了核酸赶来。

母亲在救护车上的体温是37.6℃，按照防疫规定，必须先送发热门诊，排除新冠嫌疑，再转急诊室。家属必须做鼻拭子快速核酸，外面做的医院不认，于是我一天之内做了两次核酸。母亲昨天在护理院做过核酸，有24小时核酸证明，医院不仅不认，还要同时做鼻拭子、咽拭子两种核酸，另做CT、心电图和全套验血。

发热门诊的两位男验血师，技术都不过关。第一位找不到母亲的血管，折腾一刻钟放弃。第二位找到了母亲的血管，但是刚开始抽血，母亲的手臂立刻出现肿包，迅速增至两三厘米高，四五厘米大。验血师吓住了，立刻停止抽血，让我们去问医生能否不验血。医生说可以，验血师立刻扔了母亲的半管血。

救护车上至少接了氧气，但在发热门诊的两个多小时，没有任何抢救措施，只能一边听任母亲与死神拉锯，一边等待排除新冠嫌疑。下午四点半，鼻拭子结果阴性，转至急诊室。

根据CT报告和心电图，发热门诊医生诊断母亲是脑梗和肺炎。急诊医生诊断母亲没有脑梗，只有肺炎，但是仍按脑梗用药。我们质疑：既然没有脑梗，为什么仍按脑梗用药？于是急诊医生改开了营养神经药。另外开了明天做核磁共振的单子，但是没开验血单子，说验血室已经下班。

急诊医生也不给母亲量体温，在我们要求下量了体温，36.7℃。体温恢复正常，开始吊点滴。

当晚我哥陪夜，次日我来接替。我和妻子打车回家。

晚上十点，我哥来电：我们走后，医生又说可以验血了。医生根据验血报告，调整了用药，随后监视屏上的血压迅速发生变化，上血压降至70多，下血压降至30多……看来情况不妙。

我立刻打车，十点半赶到医院，母亲已经停止呼吸和心跳。我哥没同意切管，医生打了强心剂，又使用了心脏起搏器。我看见心脏起搏器在母亲胸口一上一下重力锤击，五内俱焚。我可以接受天刑，不能接受人刑，包括医刑。我想让母亲有尊严地死去！我和我哥商议后，要求医生立刻停用心脏起搏器，撤掉一切管线。

23点10分，母亲面容安详，往生彼岸，享年84岁。

2005年父亲临终前，看到了我的新书《寓言的密码》和《文化的迷宫》，留下了欣慰的遗言。今年母亲也盼着看到我的新书《青铜之道》、《庄子精义》、《战国秘史》、《通天塔》，但她没能等到。从8月9日脑溢血至今三十三天，母亲已经失去语言功能，没有留下遗言。

我为母亲最后整理衣着时，发现母亲的手臂上，留着十个小时之前，在发热门诊时留下的两件异物：一是做心电图贴的电极片，二是抽血失败造成的肿块。我无法消除母亲手臂上的肿块，只能轻轻揭下母亲手臂上的电极片，唯恐母亲还有最后的痛感。

母亲带着手臂肿块，永别了这个荒诞世界！

2022年9月16日母亲大殓日

（本文未曾入集。刊于微信公众号庄子江湖2022年9月16日。）

相关附录

《路灯错觉》备忘录

一、1995年夏离职前试笔：选13篇

1993年4月12日：夸父与影子（选自《吊驴子文》）

1993年4月22日：沙漠中的荷马（选自《吊驴子文》）

1993年5月26日：李笠翁论饮食（选自《吊驴子文》）

1994年1月4日：吊驴子文（《吊驴子文》代序）

1994年1月13日：读书的幸福（选自《故事的事故》）

1994年1月18日：孔乙己的站与坐（选自《故事的事故》）

1994年9月5日：79届80级（集外文）

1994年9月7日：重读《水浒》找纰漏（选自《吊驴子文》）

1994年10月13日：林语堂论读书（选自《吊驴子文》）

1994年10月18日：母爱的力量（选自《吊驴子文》）

1994年11月8日：抢椅子（《文化的迷宫》代跋）

1995年1月9日：古今庄学之友（选自《故事的事故》）

1995年2月20日：思维对称与心理平衡（选自《吊驴子文》）

二、第一个写作十年（1995年夏—2005年夏）：选59篇

1995年10月9日：出世·入世·间世（集外文）

1995年11月28日：皇帝的口才与文才（选自《吊驴子文》）

1995年11月28日：好皇帝与坏皇帝（选自《吊驴子文》）

1995年12月28日：三朴堂铭（选自《吊驴子文》）

1996年5月24日：外公茅炳乾（集外文）

1996年7月14日—15日：像明天就要死去那样活着（集外文）

1996年8月5日：鲁迅论九十年代（选自《故事的事故》）

1996年9月10日：金圣叹批《水浒》（选自《吊驴子文》）

1996年10月1日：从《四愁诗》到《我的失恋》（选自《吊驴子文》）

1996年10月16日：驴子小传（选自《吊驴子文》）

1996年10月22日：狐狸别传（选自《吊驴子文》）

1996年10月27日：学而不行谓之病（选自《吊驴子文》）

1997年3月4日：时文三种（选自《故事的事故》）

1997年3月7日：博尔赫斯式逆转（选自《吊驴子文》）

1997年4月7日：猴子外传（选自《吊驴子文》）

1997年4月8日：狮子正史（选自《吊驴子文》）

1997年4月9日：狼的野史（选自《吊驴子文》）

1997年9月9日：文章劣选法（选自《故事的事故》）

1997年9月26日：可怕的黄山（选自《吊驴子文》）

1998年4月7日：乏味的好人（选自《吊驴子文》）

1998年5月8日：文人之气（选自《故事的事故》）

1998年5月8日：诗朗诵中的伪抒情（选自《故事的事故》）

1998年5月24日：两张新闻照片（选自《故事的事故》）

1998年9月1日：书史三千年（选自《故事的事故》）

1998年11月20日：故事家与道理家（《故事的事故》代序）

1998年12月1日：兔子与刺猬的赛跑（集外文）

2000年2月10日：第十名现象（选自《故事的事故》）

2000年2月14日：伤心近代史（选自《故事的事故》）

2000年2月17日：语文教参（选自《故事的事故》）

2000年2月26日：致命的盲点（选自《故事的事故》）

2000年2月29日：鲁迅的恋爱昏招（选自《故事的事故》）

2000年3月1日：礼物的怪圈（选自《故事的事故》）

2000年3月2日—3日：经典与名著（集外文）

2000年4月7日：中西寿夭（选自《故事的事故》）

2000年4月8日：正反媚俗（选自《故事的事故》）

2000年4月9日：小学赛诗会（选自《故事的事故》）

2000年4月9日：中学不良少年（选自《故事的事故》）

2000年4月10日：旷课大王（选自《故事的事故》）

2000年4月13日：任性高考（选自《故事的事故》）

2000年4月13日：自我教育（选自《故事的事故》）

2000年4月13日：同学海刚（选自《故事的事故》）

2000年4月22日：先驱们，悠着点（选自《故事的事故》）

2000年4月25日：坐火车旅行（选自《吊驴子文》）

2000年6月12日：中华吃药简史（选自《故事的事故》）

2001年9月5日：一个印第安人的告白（选自《告别五千年》）

2001年12月28日：刺猬与狐狸（集外文）

2002年1月31日：山峰与山谷（集外文）

2002年7月11日：路灯错觉（集外文）

2002年10月7日：小资与愤青（集外文）

2002年12月17日：地须再游，书要重读（集外文）

2003年12月18日：完美主义者（集外文）

2004年2月11日：三种作家的不同命运（集外文）

2004年6月3日：石头与陶罐（《文化的迷宫》代序）

2004年6月16日：我们都是木头人（集外文）

2004年7月23日—24日：我爱评书，不爱书评（集外文）

2005年3月17日：大师现形记（集外文）

2005年3月22日—24日：成名综合征（集外文）

2005年3月26日：失败是成功之母（集外文）

2005年3月27日：成功是失败之父（集外文）

第二个写作十年（2005年夏—2015年夏）：选5篇

2005年8月30日—9月2日：马当路戆大（集外文）

2005年10月30日：祭父文：父亲坐上红旗牌轿车走了（集外文）

2008年5月16日：福轻乎羽，祸重乎地：集《庄子》句吊汶川地震罹难者（集外文）

2008年12月31日：独赴孤岛，愿携何书（集外文）

2008年初稿，2011年定稿：外婆李桃花（集外文）

第三个写作十年（2015年夏—2025年夏）：选7篇

2018年10月29日：无肠公子飞升经（集外文）

2018年12月26日：孟浪之言，妙道之行：集《庄子》句吊诗人孟浪（集外文）

2020年2月7日：勇士一人，雄入九军：集《庄子》句吊李文亮医生（集外文）

2021年6月1日：幼儿园的梦（集外文）

2021年6月4日：放弃中考（集外文）

2022年3月8日：天外人茅阿婷（集外文）

2022年9月16日：祭母文：母亲带着手臂肿块走了（集外文）

《路灯错觉》所选84篇小品文，写于四个时段：13篇是1995年夏天离职开笔之前的试笔，59篇写于第一个写作十年，5篇写于第二个写作十年，

7篇写于第三个写作十年。

这些小品文，主要写于第一个写作十年，多为报刊专栏而写。2005年夏天，我停掉所有报刊专栏，此后专心著书。第二个、第三个写作十年，除了个别例外，基本不写小品文。

人
与
墙

本书说明

本书第一篇《人与墙》，写于1995年离职开笔之年，第一个写作十年续写数十篇。2005年启动第二个写作十年的庄子工程以后，再无余暇用心此书，留下大量未定稿。《张远山作品集》之前，《人与墙》未曾出版。本次收入《张远山作品集》，删掉数十篇，保留15篇。

《人与墙》《人与门》《人与风》《人与牌》4篇，曾刊《倾向》《书屋》《博览群书》《布老虎散文》《领导文萃》等杂志。《人与门》入选李晓虹主编《新世纪中国优秀散文选》，花城出版社2008年版。《人与牌》入选吴剑文编张远山文选《思想真的有用吗》，北京出版社2021年版。

目录

《人与墙》的缘起

1995年夏天，我离职回家，开启写作生涯。

为了打通发表渠道，为未来的理想写作创造出版机会，开笔之初的很多文章，不得不按照拟投报刊的编辑体例、风格趣味、题材范围而写。投稿命中率很高，每年发表百篇左右，极少退稿。稿酬不菲，足以维生。版税丰厚，无须借粮。但我并不快乐，也不喜欢那些文章，戏称为"狗屁文章"。

我渴望写出不同于狗屁文章的为己之文，不在乎能否顺利发表、出版，不在乎能否带来稿酬、版税，仅以写出来为最大满足。但是我的为己之文究竟是什么面目，在写出第一篇之前，完全不清楚。

1995年1月6日，我写出了《人与墙》一文。写完以后的感觉，如同阿基米德在洗澡之时悟出了浮力定律，立刻跳出浴缸，跑到街上大叫："我找到了！我找到了！"

二十多年来，我写了两千多万字，绝大多数是为己之文，质量不断提升。所以二十多年后，我对此文的满意度已经降至很低，但是二十多年前的兴奋感仍然记忆犹新。因为这是我的第一篇为己之文，对我写作生涯的意义无可替代。正是此文，为我打开了通往写作理想的秘密通道。

此后我持续了一段时间的双线写作。一是用主要精力，大量撰写暂时不能发表、出版的为己之文。二是用次要精力，大量撰写能够轻易发表、出版的狗屁文章。

由于《人与墙》一文意义特殊，我舍不得放下这一题目，决定撰写续文。墙上必然有门，于是续写《人与门》。墙上必然有窗，于是续写《人与窗》。门窗之外必然有路，于是续写《人与路》。《人与墙》一文，于是扩展为《人与墙》一书。

由于我每年发表百篇左右的狗屁文章，总共在四百多家报刊发表了上千篇文章，于是原先没有机会发表、原先没有机会出版的为己之文，也逐渐得到了发表机会和出版机会。这个系列的为己之文，也有一些曾经发表。比如《人与墙》发表于《倾向》杂志，《人与门》和《人与牌》发表于《书屋》杂志，《人与风》发表于《博览群书》杂志，另有一些转载。

我的双线写作持续了大约五年，亦即持续到二十世纪末。狗屁文章的收官之作，是浪得虚名的《齐人物论》。进入二十一世纪以来，我基本上不再撰写可以轻松获得高稿酬、高版税的狗屁文章，而是倾尽全力撰写为己之文。

写作带给我无与伦比的快乐，也带给我刻骨铭心的痛苦。一切快乐和一切痛苦，全都始于《人与墙》。为此我感激《人与墙》，也感激上苍的厚爱和天道的厚赐。

我把庄子的十字金言，视为座右铭："自适其适，尽其所受乎天。"我找到了，也做到了。

2021年4月8日记于上海

人与墙

假如独自一人，人可以不穿衣服。假如另有一人，人就不得不穿衣服。衣服用于隔离自我与他者。

当然还会出现第三者，而三个人之间，不可能等距，至少不可能永远等距。

三个人之间，两个人距离相对近些。于是他俩觉得，仅用衣服隔离自我与他者已经不够。必须在衣服之外，再加一件类似于衣服的东西，隔离这一集团（目前是两个人）与那一集团（暂时是一个人）。

用于隔离集团与集团的东西，是房子。房子是墙，墙是衣服的衣服。

墙内的两个人，一旦亲密无间，就会脱掉衣服。但是他俩会留着衣服的衣服——墙。墙把第三个人，隔离在墙外。

如果墙外只有一个人，他就会认定，墙内者永远比墙外者强大。哪怕墙内的两个人都已垂危，墙也会安然无恙地存在下去。所以有墙者就是强者，无墙者就是弱者。

墙外的那个人同时认定，墙不仅保护了强者，也保护了弱者。假如自己妄想把墙推倒，必须从外向内推墙。墙内的两个人不可能坐视墙被推倒，就会从内向外奋力顶住。墙外的一个人，不可能比墙内的两个人强大。即使墙被推倒，也是从内向外倒。倒塌的墙，将会埋葬墙外的人。

因此，墙外者从未产生过把墙推倒的念头，他愿意留着墙。他认定墙的存在对他有利，哪怕他在墙的外面，哪怕他是被墙拒绝、被墙欺压、被墙凌辱的他者。

墙外者坚信，他需要一堵不属于他的墙。墙外者认定，墙是自古以来就存在的。自古以来的存在，就是神圣的存在。自古以来的存在，必然代表了上帝的意志：墙的作用，是隔离人与人。墙的存在，保障了每个人的安全，无论墙内者还是墙外者。

墙外者为此感谢上帝的仁慈。他从未想过，"上帝"是不是墙内者杜撰的。他用赞美上帝的热情称颂墙内者，讴歌墙内者是"伟大的建墙者"。他甚至忘了，动手造墙并不断加固墙的人，正是墙外者自己。

每幢房子都有四堵墙，每堵墙外面至少有一个墙外者，所以每幢房子外面至少有四个墙外者。但是每堵墙外的那个墙外者，都不知道另外还有三堵墙，都不知道另外三堵墙外面也有一个墙外者。每个墙外者都不知道，另外三个墙外者的处境与自己完全一样。每个墙外者都认为，自己所面对的是世上最高最厚最坚固的墙。每个墙外者都认定，自己是天底下最不幸的人。

因此墙不仅把墙内者与墙外者隔开了，也把每个墙外者与其他墙外者隔开了。每个自认为天底下最不幸的人，都不可能真正同情其他不幸者，更不会帮助其他不幸者。坚信自己的不幸，使他坚信自己是无力的。

墙外者人数再多，也不可能形成真正的集团。每一个墙外者集团，只有自己一个人。每一个墙外者，永远是孤立无援的墙外者。每一个墙外者，都把其他一切墙外者，视为他者，视为异己者，视为敌对者。

现在你已经明白了：墙外面有四个人，墙里面只有两个人。情况似乎发生了变化：墙外者的力量，已经比墙内者的力量强大了。但这只是表面现象，仅仅停留在墙的表面。

真实情况是，事态不仅没有朝全体墙外者有利的方向发展，反而使墙内者集团更强大了。

当墙外只有一个人时，墙内者不可能同意墙外者随意进入墙内，否则墙的存在就没意义了。但当墙外者的总数（四个）已成倍于墙内者的总数（两个）时，墙内者就开始为墙的安全发愁。

墙内者担心：某个墙外者或许会因为入墙无门而无聊，或许会在无聊中来回踱步，假如他无意之中拐过墙角，必将发现一个早就存在的简单事实：另外的墙外，也有墙外者！

当每个墙外者都误以为自己是唯一的墙外者时，他决不敢妄想推倒墙。一旦某个墙外者发现了另外的墙外者，尽管他依旧不敢悍然违背"禁止推墙"的神圣禁令，但他会想起上帝的另一条圣训："可以推理。"于是这个早先发现其他墙外者的墙外者就开始推理，一推理他就会醒悟：每一堵墙的外面，都有一个与自己处境相似的墙外者。

一旦不止一个不敢推墙的墙外者开始推理，比如说两个墙外者学会了推理，这两个墙外者就不再是互相隔离的墙外者，他们立刻会组成与墙内者集团势均力敌的墙外者集团。随着学会推理的墙外者人数增多，墙外者集团还会进一步扩大，这样墙的存在迟早会受到威胁：人数多的墙外者不该待在墙外！人数少的墙内者不该待在墙内！

为了防止这种不利于墙内者集团的非常状态出现，墙内者主动在墙上开了门：不是只在一堵墙上开门，而是在每一堵墙上都开了门。

墙内者知道，如果仅在某一堵墙上开一扇门，那么另外三堵墙外的三个墙外者就会一起挤到有门的这堵墙上来，四个墙外者就会争着挤进门，把有门的这堵墙推倒，虽然他们的本意决非如此；没有门的另外三堵墙，也会紧接着被带倒。那样的话，在墙上开门的改革措施，不仅不能削弱全体墙外者原本分崩离析的力量，反而促使原本一盘散沙的墙外者组成了利益排斥却目标一致的集团。墙内者为保护墙而不得已推出的改革措施，反而成了招引墙外者向墙发起总攻的动员令。这不符合墙内者希望墙外者永远互相隔离的愿望。

每一堵墙上都开了一扇门以后，上述危险就基本消除了。理论上，每个墙外者都有机会进入墙内，这就平息了每个墙外者对墙内者和墙本身的不满。即使理论与实际有所脱节，墙外者也无可奈何，因为谁都明白，墙内的空间确实相当有限。惯于妥协的墙外者甚至认为，墙内空间的有限不应该由墙内者负责，而应该由造墙的墙外者负责。所以每个墙外者只憎恨与自己一样企图进入门内的其他墙外者。因为任何一个墙外的他者进入门内，就减少了自己的入门机会。所以无须墙内者兑现"门户开放"诺言，每个墙外者都在不遗余力地剥夺墙内者许诺给其他墙外者的入门权利，每个墙外者都想独享这份权利。因为每一个墙外者与墙内者一样明白：只要墙存在着，任何权利都不可能人人平等地享有。只要墙存在着，任何权利都是少数人的特权。

由于每个墙外者在理论上都已成了墙内者的候选人，因此墙内者的总数虽然没有超过墙外者的总数，但是墙内者的力量已经超过了墙外者的力量。因为大多数墙外者都渴望做墙内者，大多数墙外者都成了心理上的墙内者。

　　每一个心理上的墙内者，都在不顾一切地保护每一堵墙，比任何一个墙内者更加坚定不移。然而每一个墙内者，都知道幽闭在墙内有多气闷。个别墙内者甚至憋闷得患上了幽闭恐惧症，宁愿放弃墙内者的特权，甘冒受到墙内者集团的无情打击，不顾一切地逃到了墙外。也有个别墙内者无聊得发疯，在墙上挖个小小的狗洞让狗自由进出，以便利用狗的特殊嗅觉刺探墙外的空气，满足其好奇，救济其苦闷。还有个别墙内者空虚得大发神经，以推倒墙压死外面的墙外者取乐。

　　墙内者的种种变态行为，都在客观上破坏了墙。每一个待在墙外的心理上的墙内者，都不允许任何人以任何形式对墙进行破坏，即便破坏者是他无限敬畏的墙内者，也会遭到他的痛恨，因为"那是即将属于我的墙"！因此任何一个对墙造成破坏的人，无论他是墙外者或墙内者，首先遭到的毁灭性打击，总是来自心理上的墙内者，而非事实上的墙内者。所以墙内者需要做的，就是表彰和奖励积极投身护墙事业的墙外者：偶尔打开墙上的门，让护墙有功的个别墙外者，进入门墙。

　　于是每一个墙外者，再次成了其他墙外者的敌人，任何推理再也没有意义。任何一个妄图推倒墙的墙外者，都被另外的墙外者，亦即心理上的墙内者，视为坏蛋和罪人。每一个护墙有功而进入门墙的墙外者，都被心理上的墙内者视为英雄和圣人。英雄和坏蛋的故事被编成了动听的历史，圣人和罪人的传说被载入了神圣的经典，供世世代代的墙外者品尝和咀嚼，背诵和考试；使世世代代的墙外者恐惧和感恩，成熟和学乖。

　　从此以后，每一个墙外者都脸冲着墙，不再左顾右盼地推理，不再寻找其他墙外者。

　　或许你已经想到了：每一堵墙上的门，其实都是假门！说它假，是因为门框画得很大。每个墙外者都会产生自己很容易进入的错觉或幻觉。实际上，每扇门都是一扇窄门。

　　每一扇窄门，都是关的时候多，开的时候少。墙外者既然不再进行推理，也就永远放弃了推倒墙的念头。他们开始琢磨与推理不同的入门方法，寻找窍门和法门，比如"芝麻开门"之类的咒语：希望墙上的门，神奇地唯独对自己一个人主动敞开。

咒语声吸引了众多的墙外者，聚集到同一堵墙前面来，他们一起脸冲着墙，跪下，叩头如捣蒜。于是墙上的门，成了死门。门龛里，供着一尊神像。

跪下磕头的墙外者不知道，门龛里供着的神，虽然面朝墙外，其实是嵌在墙内的墙内者。正是嵌在墙上的神，堵死了门。"芝麻开门"的咒语，使墙外者成了永远的门外汉。

并非所有的墙外者都寄希望于咒语，并非所有的墙外者都相信神迹。墙外的智者清醒地知道：咒语和神迹使墙外者麻木，使墙外者集团分裂。

清醒使墙外的智者大彻大悟，大彻大悟使墙外的智者决定：永远忘记墙是什么。清醒使墙外的智者冷静，冷静使墙外的智者决定：永远忘记墙的存在是为了隔离人与人。墙外的智者最终决定：永远忘记墙的存在是为了保护墙内者。但是墙外的智者不可能接受墙内者的洗脑，不可能加入墙外者的大合唱：墙的存在是为了保护墙外者。因为这是愚人才会相信的谎言。

决定忘记墙的存在、墙的功能的墙外智者，摇身一变，从墙外智者变成了世外高人。世外高人声称，自己虽然脸冲着墙，但是不想进入墙内。

世外高人无法解释的是，既然他不想进入墙内，为什么一直脸冲着墙。

世外高人的解释，总是万变不离其宗："我之所以脸冲着墙，是因为热爱墙。"

世外高人的解释，使毫不讳言自己确实想进入墙内的其他墙外者，觉得虚伪。

一个墙外者率先发难："我之所以热爱墙，是因为墙上开了门，使我有希望进入墙内。既然你不想进入墙内，为什么热爱墙？"

另一个墙外者说："我之所以热爱墙，是因为我马上就要进入墙内了。我在进入墙内之前就热爱墙，是因为墙可以阻止一切墙外者闯入。虽然我进入墙内之前，墙阻止了我的进入；但是我一旦进入墙内，墙就可以阻止其他墙外者闯入。所以我进入墙内以后要做的，就是进一步加固墙。"

第三个墙外者说："对我而言，在墙外热爱墙是可笑的。我现在在墙外，我就憎恨墙，但热爱门；等我进入墙内以后，我就热爱墙，但憎恨门。

不想进入墙内却热爱墙的墙外者，不是骗子就是疯子。"

第四个墙外者说："对我而言，墙就是墙，无论我在墙内还是墙外。墙外者如果否认墙的存在，一定是讨好墙内者。墙内者如果否认墙的存在，一定是蒙骗墙外者。"

第五个墙外者说："无论是假装同情墙外者的墙内者，还是想为墙内者分忧的墙外者，都是骑墙者。我最痛恨的就是骑墙者。"

第六个墙外者说："其实待在墙内，如同笼中小鸟。我不喜欢被关在笼子里，我愿意待在墙外自由飞翔。"

第七个墙外者说："我认为墙确实存在，墙是上帝造的。上帝造墙的目的，是为了判别善恶：墙内的都是恶人，墙外的都是善人。我就是善人！"

第八个墙外者说："我也认为墙确实存在，墙是上帝造的。上帝造墙的目的，确实是为了判别善恶：墙内的都是善人，墙外的都是恶人。人不应该出于自私而颠倒黑白。我就是恶人，愿上帝宽恕我！"

高人笑着最后总结："你们这些可怜的墙外者。墙之所以存在于你们眼前，是因为你们心中有墙。心中有墙的人，永远是墙外者。心中无墙的人，即使身在墙外，也与身在墙内没有两样。关于墙内的任何传说，不过都是传说。你们谁也没有进入过墙内，你们谁也不是墙内者。我告诉你们，墙内墙外没有任何分别。是无明的烦恼和妄生的分别心，使你们斤斤计较于墙内墙外。我还可以告诉你们，墙内不是空的。认为墙内是空的，可以进入的墙外者，只是因为自己心里空虚。所以你们关于墙的一切想象，都是境由心生的妄念。我说墙不存在，是因为你们以为它是墙，我却知道墙只是一堵壁。我已经纹丝不动地面壁了九年，还将永远面壁下去。

"当我大彻大悟地发现墙只是壁的幻象，我就成了面壁者。每个面壁者，都是幸福者。

"至于说到门，我可以告诉你们，那同样是你们的幻想。可以说门不存在，如果门确实存在，为什么我面壁九年也没进去？也可以说门确实存在，但你们不知道那是什么门。我告诉你们，你们每个人面前的门，其实都是厕所门，你们应该庆幸门从未向你打开。只有像我这样具有破壁神通的人，才无须进去就知道门内多臭多脏。你们现在知道还不太迟，我郑重规劝你们：千万不要进入臭烘烘的厕所门。退一万步说，即便门内不臭不脏，即便不是厕所门，你们也应该想象门内很臭很脏。虽然我也从未进入门内，我却知道门内很臭很脏，因为我有一个法宝：对自己向往的一切东西，都作不净观。"

高人的高论，使嘲笑高人的一切墙外者哑口无言，因为这是他们闻所未闻的高论：墙居然是壁。尽管墙外愚人和墙外智者说得天花乱坠，墙还在那里！墙也好，壁也罢，自古到今始终存在。

对进入墙内彻底绝望的墙外者，在心如死灰之后，决定在旧墙的外面，再造一堵新的墙。这堵新的墙，可以使离旧墙不远的自己，成为新墙的墙内者，而使另一些远离旧墙的人，成为新墙的墙外者。

被第二堵墙隔离在外的墙外的墙外者，同样不甘于永远做墙外者，于是在墙外之墙的外面，造起了第三堵墙：把自己围在墙内，把另一些人隔离在外。

每造一堵新的墙，都会重起争端：谁有资格待在新墙之内，谁必须被逐出新墙之外。

争端无法平息，于是新的墙再次动工。人类社会终于成了一座充斥高墙的巨大迷宫。

人类的文明，始于造墙。文明的人类，从未停止造墙。人类的心灵，已被高墙分隔成了心房和心室。聪明的人们说，把心灵分为一个一个空间，才能显示心灵的七窍玲珑。

有一个墙外者说过：墙是终有一天要倒的。

只要人类心中有墙，倒塌的墙还会再造起来，墙外之墙也会一圈一圈造下去。

必须有一群心中无墙但不忘记墙之存在的行动者，彻底挖掉墙脚，推倒墙垣，拆除墙壁。

必须有一群心中无墙且永不建墙壁的破坏者，还地球以荒芜，还人类以空间，还心灵以自由。

（本文刊于《倾向》1995年第5期，收入张远山文集《告别五千年》。）

人与门

　　人造墙是为了抵御危险，预防穿窬之徒偷盗其财物，阻止登徒子逾其墙而搂其处子。墙固然遏制了觊觎者为所欲为的自由，同时也限制了主人的自由。危险永远存在，因此墙永远存在。危险并非每时每刻都会降临，因此人们在墙上打开了临时性通道——门。

　　或以为，墙为体而门为用，其实体用合一而不断转换。安全的白天，门有其用；危险的夜晚，墙有其用。假如安全放大到夜晚，可以"夜不闭户"；假如危险放大到白天，必须"门虽设而常关"。由于后者属于常态，可知迄今为止的人类社会，危险系数高于安全系数。

　　对于心怀善意的来访者，当然"篷门今始为君开"；对于不怀好意的来访者，自然"雨打梨花深闭门"。门之启闭，是"开关"的本义。推而广之，一切可开可阖、可通可阻之人工机窍，均属"开关"或"机关"。顺乎天道，谓之"开关"；用意过深，谓之"机关"。天然之物，如同云开日出，暮霭四合，关山险阻，楚江中开，由于云霭无心，江山无机，虽有开阖启闭，却非"开关"，更非"机关"。人之造门，出于心机；造门之人，必有机心。

　　心灵之门或开或关，谓之"开心"、"关心"。关心者主动，开心者被动。被动的弱者，得到关心才会开心。主动的强者，关心他人才会开心。弱者固当自强，勉力于关心更弱者；强者也宜示弱，不可逞强以寻开心。开与关，均应顺其自然。心灵可有顺乎好恶之开关，不可有悖逆天性之机关。人机不可有，天机不可泄。日凿一窍，七日而混沌死；日开一机，七日而心扉闭。

　　没有墙，就不会有门。没有城墙，就无须城门。没有东郭先生，就不会有西门后生。有了墙，才会处处碰壁；有了门，才会不得其门而入。中国古都长安有九座城门，长官称为"九门提督"；古埃及首都底比斯有一百座门，号称"百门之城"。古代城门不可随意出入，除了士兵把守，还有护城河上的吊桥，使门的功能残废，乃至成为水泄不通的围城。

古罗马的城门上，刻着门神雅努斯。雅努斯有两副面孔，一副面孔看着过去，一副面孔看着未来。门站在过去与未来之间，成了"现在"。人类穿行在形形色色的门洞下，门洞下的人却无法占有"现在"。"现在"如同闪电，无法捕捉。不论寒门、豪门、龙门、鬼门、朱门、闺门、邪门、窍门，一切门中人都是"闪"族，最终都将成为门外汉——我们、你们、他们。在我描述"过去"、"未来"的此刻，"现在"已如闪电般穿门而过，成为历史，使所有人成为时间的门外汉。

巨人与侏儒，都从门里出入。对于极少数巨人，门的高度总是过于低矮。迄今为止所有的门，必定高于侏儒而矮于巨人。由于巨人不可能得到侏儒拥护，因此有权决定门之高度的统治者肯定不是巨人，必然敌视巨人，并且不遗余力迫害巨人。在统治者的指挥下，侏儒们建造了一座又一座低矮的门来折辱巨人。统治者及其奴才们非常乐意看到巨人在门楣前低下头颅，"引无数英雄竞折腰"；不肯低头的巨人，就会撞得头破血流。然而一个愿意屈辱地低头的巨人，已非真正的巨人。在无数矮门之下，统治者得到奴役众人的"自由"，侏儒们得到被奴役的"自由"，在矮门之下"自由"地穿梭往来，顾盼自雄。巨人得到的，仅仅是跪着的"自由"和爬行的"自由"。

在不可能推倒一切墙的时代，门的高度就是自由的限度。真正的自由，表面看来仅对极少数人才有意义。然而与常识的理解正好相反，并非多数人的自由是少数人的自由之基础，而是少数人的自由才是多数人的自由之基础。更准确地说，每个人的自由是全体人类得到自由的基础。侏儒的自由不可能涵盖和满足巨人的自由，巨人的自由才可能涵盖并满足侏儒的自由。这是一条简单易明的真理：门的高低，应该以巨人能够高昂头颅自由穿行为标准；正如床的大小，应该以个子高的同床者的身高为标准。否则妻子的头脚放安稳了，丈夫的头或脚就不得不晾在床外，那么连相爱者也只能同床异梦。人之所以从爬行类进化为直立人，正是仰赖于一代又一代的巨人逐渐撑高了侏儒们头顶的天空，这使现代侏儒远比古代巨人个子更高，享有远比古代巨人更大的自由。

可惜侏儒们不明白这一点，他们认为门略高于自己的身材就已足够。根本问题在于，侏儒从来不会承认自己是侏儒，有权决定门之高度的统治者，更不可能承认自己是侏儒，他们的反问相当有力："倘若我是侏儒，为何我有权决定门的高度？"尽管有力不等于有理，然而抨击门之高度不够的少数巨人，还是被嘲笑为"语言的巨人，行动的矮子"。所以尽管没人反对门应该让巨人高昂其头的素朴真理，但是自居巨人的侏儒们，始终在按照自己的尺寸造门。

门将完工之时，著名矮子曹操前来视察，在门上写下一个"活"字扬长而去。他得意于没人明白自己的最高指示，不料巨人杨修一眼看出"门"内有"活"，是为"阔"，于是矫传圣旨，命令工匠把门改窄。于是阔人曹操杀了窄人杨修。臣服于阔人的侏儒们认为，窄人杨修是自己作死！他应该韬光养晦，应该掩盖聪明，应该难得糊涂，应该假装弱智。其实窄人杨修的真正错误，在于以精神巨人之身，却像所有精神侏儒一样，以阔人的尺度为自己的尺度。他愿意把门框监造得低而窄到令自己弯腰低头，却未意识到既然阔人刻意把门造得低而窄，迫使他这样的精神巨人屈膝下跪，他就应该坚持要求门的高度按自己的尺寸来造，或者远离被门和墙限定的围城。杨修可谓知"活"不知"死"，仅知阔人在门板正面写了一个"活"字，不知阔人在门板反面写了一个"死"字，因为"死"字只有入其彀者才能看见，可惜"侯门一入深如海"，入此门者永无出头之日。

法国阔人拿破仑的逻辑，与中国阔人曹操的逻辑如出一辙。拿破仑是世界历史的著名矮子，但他扬言可以让任何一个比他高出一头的臣民，变得与他一样矮。因为他有权截去任何臣民比他高出的那一部分——头颅。暴力是阔人和侏儒们迫使不肯下跪的巨人屈服的最后手段。

很多巨人曾向阔人下跪，所以并非真正的巨人。这些巨人之所以跪在阔人脚下，是因为坚信自己即便下跪，仍然高于大部分站立的侏儒。这确实是事实，然而下跪的巨人并不高于所有站立的侏儒。有些站立的侏儒，高于下跪的巨人，他们撑起了历史的天空。因此问题不在于你是巨人还是侏儒，而在于你是否低下了高贵的头颅。

让巨人走矮门的弊病，已如上述。假如反过来，让侏儒走在高大的凯旋门下，其实也是受罪。侏儒认为，过于高大的门，是对自己的羞辱，这正是侏儒们反对按巨人的身高造门的根本理由。过于高大的门，使原本具有正常身高的大多数人，每时每刻意识到自己是侏儒。所以不仅让巨人走小门是错误的，让侏儒走大门也是错误的。正如多数人压迫少数人是群氓的专制，少数人压迫多数人是暴君的专制，两偏均非正道。

巨人牛顿养了一大一小两只狗，在墙上开了一大一小两个洞供狗出入。这一逸事成了大科学家在常识问题上缺乏科学头脑的经典笑话。其实在无法推倒一切墙之前，牛顿的选择无疑更为明智：大狗钻大洞，小狗钻小洞；巨人走大门，侏儒走小门。让不同的狗钻不同的洞，让不同的人走不同的门。身材之高矮既属自然，门之大小也应顺其自然。大小不同的门，是适合巨人与侏儒各自天性的自然之门。侏儒不必买一张大床，巨人无权强迫他买；反之亦然，各人自有各人的专卖店。

齐相晏婴是中国历史的著名矮子，他出使楚国时，楚王特地为他开了一扇小门——狗洞。晏婴说，出使狗国才必须钻狗洞，出使人国不该钻狗洞。晏婴尽管身材不高，却凭借自己的智慧，迫使楚王大开城门。作为袖珍型巨人，晏婴不会感到高大的城门是对自己的羞辱，更不会像曹操那样主张所有的巨人都应该钻狗洞。晏婴这样的矮子，并非真正的侏儒，有权像巨人那样在高大的凯旋门下自由舞蹈。

恺撒的凯旋门，早已荡然无存。拿破仑的凯旋门下，正在走着敌视巨人的无数现代侏儒。这些在凯旋门下自由散步的现代侏儒，正在剥夺巨人在凯旋门下自由舞蹈的天赋自由。

作为人类的精神厨师，一流巨人都非常谦逊，具有厨师的基本美德。二流巨人却性格乖戾，缺乏厨师的职业素养。他们在招待客人之时，心怀不满地时刻提醒客人："是因为我比你有才能，我才为你服务的。"这种声明纯属多此一举，大悖待客之道。由十个对厨艺一窍不通的人，为一位美食家做饭，显然荒谬。由一位高明的厨师，为十个不懂厨艺的人提供美食，方属合理。须知厨师以烹制美味佳肴让客人大快朵颐，为最大享受。天才是上帝对巨人的最大奖赏，巨人提供的最佳服务，正是上帝对侏儒们的适当补偿。如果巨人宁愿没有才能，愿意把自己的位置从厨房换到餐桌，假如我有机会给上帝提建议，一定会说：给他换吧！愿意投胎做精神厨师的人，早已排起了长队。不愿做精神厨师的人，我还从未见过，除非他根本不配。

巨人既然不会为自己买一张大床而夸耀，也就无须过于张扬地把大门夸张为凯旋门，因为夸耀凯旋之时，已经埋下了失败的种子。恺撒如此，拿破仑同样如此。每一个恺撒，都曾渡过自己的卢比孔河。每一个拿破仑，都有自己的滑铁卢。倘若渡过卢比孔河之后，立刻建造凯旋门，那么遭遇滑铁卢之后，就不得不去圣赫勒拿岛。上帝赋予少数人以长才，是让少数人为多数人服务，而不是羞辱多数人。那些自以为自己是巨人就该来享受的人，决非真正的巨人，仅是踩着高跷的侏儒。巨人不应要求侏儒们建造最高的那根横梁，因为巨人证明自己是巨人的唯一方法，就是为文明的大门托起那块侏儒们无法企及的拱顶石。

门是供人出入的，但是并非所有人可以自由进出。教师有师门，入其门者为弟子，首徒谓之开门弟子，末徒谓之关门弟子。入其门，方能登其堂；登其堂，方能入其室。传其衣钵者，则为掌门。欲入其室而不得其门而入者，是为私淑弟子。

知识的门户之见，是知识的真正大敌。一知半解者，总是用师门的知识，筑起一堵又一堵拒绝真理的偏见之墙。人类至今仍然极其缺乏超越门墙的真知。孔子的学生对孔子的知识仰之弥高，不得其门而入，可见孔子的知识成了一堵高墙。开门者，常常就是造墙者。曾子、孟子是光大孔门的功臣，更是高筑孔庙之墙的罪人。开门者常常不爱门，而是仅仅爱墙。爱墙者常常不爱知识，而是仅仅爱知识之墙的权威。真正的爱智者，不仅憎恨关着的门，而且憎恨门依附的墙。

许多人把入门当成至关重要，因此有许多入门书和入门指南，却没有出门书和出门指南。殊不知出乎外比入乎内更为重要，尽管出乎外以入乎内为前提。人们常常只记得进门，却忘了出门。人们寻找着"芝麻开门"的琐屑知识，进门之后却忘了寻找"西瓜开门"的更高智慧。其实门内只有可见的、有形的、人为的宝藏，门外才有看不见的、无形的、自然的宝藏，即所谓"清风明月"，"造物者之无尽藏"。

一扇打不开的门，就是墙。一扇能够开启的门，才是墙的反叛。一扇打开的门，让你从墙的这一边走到墙的另一边。当你在墙的这一边，你常常以为墙的另一边必有宝藏，于是想方设法破门而入。当你入了门墙之后，就该设法破门而出。因为所谓宝藏，就是你得不到的东西。假如入门之后再也不肯出来，那么门外的一切就成了你失去的宝藏。

　　因此门外汉的苦恼是，"夫子之墙数仞，不得其门而入"。登堂入室者的苦恼，则是"夫子之墙数仞，不得其门而出"。

　　一切门户之见，都是入门之后不肯出来的门缝中的偏见。许多入门者，乃至登堂入室者，不过是看门人、掌门者，既不把门内的东西当成宝藏，也不把门外的东西当成宝藏，仅仅把门本身当成了宝藏。哪怕墙已倒，他还是固守他的破门框。凯旋门正是这种门框：它已经不需要墙，而仅仅是一座标榜自己登峰造极的可笑门框。于是事情就会反过来，本来是为了墙而开门，现在墙早已倒塌，但由于那扇破门框一直留着，竟有人为了保住这扇门，而造起新的高墙。

　　尽管从未听说，天上也有墙。然而听说天上有门，对此我缺乏把握。比如中国人的天宫有南天门，似乎门还不止一个。基督教的天堂，至少有一扇窄门，据说由耶稣首徒圣彼得把守。所以我十分肯定，天堂一定有墙。另一个旁证是，地狱也有墙，叫作鬼打墙。神和鬼是一枚硬币的两面，鬼的辖地有墙，神的领土自然也有墙。地狱有墙，或许是魔鬼担心地狱中饱受折磨的冤魂越狱逃出；天堂有墙却不易理解，因为上帝显然无须担心在天堂中享福的幸运儿逃跑。退一万步说，即使人有向往自己所没有的东西的愿望（或许天堂中的人们果真向往地狱），以上帝的无边法力（按定义魔鬼无此法力），似乎也无须出此下策，非要造一堵墙不可。因此关于上帝为什么也要造墙，我百思不得其解，承认智力有限，所以疑神疑鬼。

　　由于疑神疑鬼，我在人间也时不时撞上鬼打墙。鬼打墙比鬼门关远为可怕。鬼门关固然可怕，因为虽说是门，却是不可逾越的关。鬼门关毕竟有形，鬼打墙却属无形：理论上处处是门，实际上无处是门；明明毫无阻挡，然而寸步难行。

至于天堂之门，我不打算讨论了。因为我死后愿意去任何地方，决不去天堂。所以对愿意去天堂的人们，我毫无歉意地无可奉告。我倒是十分愿意去地狱，因为根据但丁的见闻，我仰慕的所有巨人，都在那里。

（本文刊于《书屋》2003年第1期。
入选《布老虎散文·春之卷》，春风文艺出版社2003年版；
入选李晓虹主编《新世纪中国优秀散文选：2001—2006》，
花城出版社2008年版。）

人与窗

门是墙的寻常摆设，窗是墙的奢侈品。中世纪的德国，以窗的数量核定每户市民纳税的多寡，因为窗的数量代表你的贫富程度。如果为了少缴税而少开窗，那么你失去的阳光和空气，将远远大于开窗纳税损失的金钱，可见窗对人类生活的重要性。

窗与门仅有一点相似，两者都依附于墙。墙只是一种画地为牢的徒劳，再高的高墙都无法分割广袤的天空，造墙只是依附于地的人的愚行，他们莫奈天何。真正的天堂无墙无门，有门有墙的天堂是骗子伪造的。门不过是墙的一部分，有时是活动的墙，有时是比墙更坏的墙，是墙的故作姿态乃至骗局，说穿了也只是放风的牢门，门外还有更加牢不可破的墙。而窗虽然在不能无墙的时代不得已依附于墙，却不属于墙，也不属于地，窗属于天空，属于人的不可遏制、无法剥夺的自由。门可能常常是墙的帮凶，窗却永远是墙的叛逆。只要墙存在一天，窗就是对墙的反叛。一旦墙不再存在，也就不再需要窗了。窗不需要自己的独立存在，窗宁愿自己尽早消失，只要自己存在的前提——墙，尽早消失。门是自愿的奴隶的最高目标，窗是被迫的奴隶的最低目标。最低的窗，也比最高的门更高。

古人曾经设想建造一座四壁有窗的房子。现代人已有能力把整个墙面用大玻璃做成窗，这是窗对墙的重大胜利。当然这是需要警惕的，因为它可能使不必有墙的地方，也有了造墙的理由，至少使反对造墙的理由显得不充分，因为墙的弊病变得隐蔽了。随着弊病变得隐蔽，原先急欲从墙内走到墙外的人，现在认为待在墙内相当不错。于是玻璃墙可能成为更加阴险的墙，玻璃墙把人变成了金鱼，把人变成了观赏性动物，甚至玩物。一堵厚重而黑暗的墙，几乎不用寻找推倒它的理由；而一面透明而密不透风的玻璃墙，很可能找不到打碎它的理由。然而墙就是墙，无论它是拒绝阳光的黑暗之墙，还是装出欢迎阳光的虚假姿态的玻璃之墙。

仅在高墙不可逾越，而且门已堵死的情况下，窗才是墙的反叛。假如门已开启，随时可以走出高墙，仍然仅仅满足于窗的春光，窗就会走向自由的反面。

人生而自由，但无往不在高墙之中。由于墙有门有窗，因此人群分成了倚门族和凭窗族两类。倚门族的男人，无论少年老年，都是肉体过于沉重的人。倚门族的少年，被称为少年老成、早熟的天才和神童。

倚门傍户的人，倚恃的并非门户，而是高墙。倚门傍户者，正是为阔人即高墙的主人看家护院者。他们对一切穿窬之徒深恶痛绝，动辄谓之"毁我长城"。任何人想盗取大墙内的一点东西，都被口诛笔伐，甚至肆行诛戮。然而倚门傍户者对大墙内的珍宝却不问来历，倚门傍户者认为大墙内的珍宝必定来路正当。尽管珍宝数量大到令人难以相信属于阔人应得，倚门傍户者坚持认为，既然这些珍宝可以在光天化日之下公然搬入大门，足以证明来路正当。穿窬者不敢走大门，只敢走墙洞，不敢在白天光临，只能借着夜幕鬼鬼祟祟作业，可见穿窬者自己也知道有罪。倚门傍户者决不会同意，大墙内的珍宝，正是从包括穿窬之徒在内的众人那里公然洗劫而来。穿窬者迫于大墙的存在，和看家护院者的存在，才不得不用非常手段取回原本属于自己的一小部分。

另一方面，看家护院者对任何承认大墙之合法性的人公然从大门内搬出大量珍宝，也认为去路正当。他们决不会认为这也是"毁我长城"，因为这"长城"是属于每个"我"的。倚门傍户者认为，只要墙体没被损坏，从大门内"来去自由"地搬运任何珍宝，都是"爱我长城"的正当行为。

倚窗窥牖之人，其实无所倚傍，他既不骑墙，也无门户之见，更不从门缝里看人。所以"门虽设而常关"的陶渊明，却要"倚南窗以寄傲"，因为他知道门与墙的密谋关系，更知道墙外还有墙，出了此门，还有更多打不开的门，还有更多更坚固的铁闸门。所以他宁愿待在南窗下，露出冷傲的神情。

倚门族如果师从同一个倚门族宗师，就互称"同门"；凭窗族如果师从同一个凭窗族大师，就互称"同窗"。同窗与同门的战斗，是人类文明发展史上除战争以外最主要的纷争。凭窗族认为，只要墙不倒，只要门还在故作姿态地允诺"自由"，战斗就不会结束。有意思的是，倚门族的同门甲与同门乙往往互相敌视，因为墙只能有一扇正门，占据正门的某党众同门，总是把屈居偏门的同党之别派诸同门称为"旁门左道"。无论哪个倚门族的同门被凭窗族痛殴，其他倚门族的众同门都幸灾乐祸；一旦暂据正门的倚门族同门被墙主人痛揍甚至满门抄斩，所有其他门派的倚门族都会弹冠相庆，因为轮流坐庄的机会快要轮到他们了，哪怕他们明知自己迟早也会下庄，哪怕他们明知等待自己的命运与刚被推出午门问斩的其他倚门族一样，他们仍然抱着"天下无不散的筵席"的虚无主义达观，兴奋地赶赴人肉的筵席，无暇顾及最后的下场。

事实上，在数量相等的情况下，倚门族完全不是凭窗族的对手。何况同窗虽有共同理想，却不像倚门族那样结党组派、连襟连裆，总是单打独斗。孤傲的凭窗族，甚至敢于独自一人在倚门族的大营前搦战。所以人们在历史上看到的大部分战斗，只是倚门族的同党异派之间的内讧、虚耗，勾心斗角和狗咬狗。一是因为凭窗族十分稀少。二是因为凭窗族对倚门族的战斗总是短兵相接的近身肉搏，如电光石火般一闪而没，而且由于凭窗族拒绝表演，他们在战斗时拒绝观众和看客，所以在大墙内昏睡的人们，根本不知道自己生存的时代发生过惊天地泣鬼神的悲壮事件，只有时空远隔的凭窗族知道先辈们曾经浴血奋战。三是因为单独的某党某派倚门族，虽然不是凭窗族的对手而且互相内耗，但是一旦墙主人或至圣先师号令天下倚门族"小子"对单独搦战的祢衡式挑战者"鸣鼓而攻之"，那么所有离心离德的倚门族就会立刻联合起来，以数量上的绝对优势对凭窗族进行有恃无恐的扑杀。千万不要以为他们也有英勇可言，他们的英勇不过是为了占据那座唯一的正门罢了。即使不幸战死，胜果自有他的同门和子孙去享受，而他则可以在圣庙里得到与圣人同祭的"哀荣"。

倚门族出于胜利者的自鸣得意，为凭窗族准备的去处是铁窗。凭窗族认为，铁窗不影响凭窗寄傲，铁窗风味是人生至味。凭窗族写道："让墙壁堵住我的嘴唇吧，让铁条分割我的天空吧，只要心在跳动，就有血的潮汐，而你的微笑将印在红色的月亮上，每夜升起在我的小窗前，唤醒记忆。"

与男人相同，女人也分为倚门和凭窗两种。

倚门的女人，常被倚门族男人称为"野鸡"，其实是严格意义上的家畜，因为她们倚门不是为了出门，而是为了把男人诱入门洞，关入高墙。

凭窗的女人，被关在高墙之内，不得不从窗口眺望墙外的天空。她渴望出门，但是所有的高墙，亦即父母、礼俗、伦理、道德，全都不许她出去，她不得不让情郎借着夜色的掩护，翻过围墙，从窗口悄悄进来。门是婚姻的入口，窗是爱情的入口。新娘从大门抬进，情郎从小窗爬入。从大门抬进的新娘，盼望从小窗爬入的情郎。从大门进入的丈夫，痛恨从小窗爬入的情郎。

倚门的女人一旦"门前冷落车马稀"，只能"老大嫁作商人妇"。凭窗的女人只要曾经一夜"共剪西窗烛"，就会终生回忆"巴山夜雨时"。

凭窗的男人是诗人，凭窗的女人是少女。

凭窗的男人即使老之将至，命运困顿，穷愁潦倒，也是永远的诗人。他们撞了南墙，也不回头。他们以头叫门，不惜头破血流。

凭窗的女人即使美人迟暮，芳华洗尽，红颜薄命，也是永远的少女。一部黑漆漆的历史，其中极为有限的美丽画面，就是凭窗的诗人在月亮的清辉下吟唱着诗句，凭窗的少女在篝火的微温下轻盈地舞蹈。诗人吟唱的是悲惨的史诗，少女舞蹈的是生命的悲哀。

永远的凭窗者，赢得了永远的凭吊。

现代社会的电视之墙，成了一堵牢不可破的玻璃幕墙，两千年前老子所言"不出于户，以知天下；不窥于牖，以知天道"，似乎成了现实。人们待在大墙之内，不必出门，不必开窗，就能看见墙外、门外、窗外的一切。于是出门的理由更少了，开门的理由更少了，开窗的理由更少了，窗被窗帘遮得严严实实。电视是虚假的世界之窗，真实的世界却对现代人关闭起来。世间万物不再是与人共存的真实事物，人们不再亲近它，触摸它，感知它，仅仅是看它，隔着千山万水，却近在眼前地看它。电视里的影像如此逼真，逼真到与真实的距离可以忽略不计，所以人们相信自己在电视里看到了事物本身，看到了世界本身，于是人与世间万物的直接联系被切断了。世界不再是立体的，而是平面的。

天天在家看电视的人，自居"不出于户，以知天下"。天天出门的人，自知"其出弥远，其知弥少"。所以大墙之内的电视观众，有资格以无所不知的态度教训大墙之外的自然之子，因为后者只知道亲身经历过、亲手触摸过、亲眼感知过的极少数事物，除此之外一无所知。自然之子的眼睛是真实之窗，观看真实，探究真相，寻求真理。电视观众的眼睛是幻象之窗，观看幻象，轻信假象，接受洗脑，被大墙主宰者用统一程序对大脑格式化。

真实之窗是墙的反叛，能为人们送来被墙阻隔的阳光和空气，了解墙外冷暖和世界风云。电视之窗是墙的帮凶，比墙更为有效地隔离了阳光和空气，使人们不知墙外冷暖和世界风云。现代社会又用空调机堵死了真实之窗。炎热的夏天，人们在大墙之内感受着伪造的"天凉好个秋"。肃杀的冬天，人们在大墙之内感受着伪造的"春天好风光"。

真实之窗通过减法、除法，提供真实知识，培养知识分子。电视之窗通过加法、乘法，堆积信息垃圾，培育信息分子。海量的信息垃圾淹没了少量的真实知识，海量的信息分子淹没了少量的知识分子。两千年前老子所言"为学日益，为道日损"，现在已经鲜为人知。

人与路

　　窗内的人们，向往墙外之路。他们哀叹："昨夜西风凋碧树，独上高楼，望尽天涯路。"窗内之人，望尽天涯路，路依然在天涯。路是望不到尽头的，路的尽头还有路。仅有向往，无助于找到路，只有行走者，才能找到路。

　　门内的人们，走向门外之路。他们哀叹："行路难，行路难！多歧路，今安在？"门内之人，踏上门外之路，未必走向天涯。很多人走出一扇门之后，又进入了另一扇门，行走并未带来任何变化。门与门之间的通道，只是走廊，不是真正的路。由于找不到真正的出路，他们宣布过程比结果重要，宣布永远在路上。

　　有路可走，是大多数人的最大幸福。对一个人而言，最可怕的莫过于站在旷野，梦醒了无路可走。对一个民族同样如此。一个道毁路塞、道路以目的社会，旧有道路一片瓦砾，成了车匪路霸的乐园，新的道路尚未找到，交通警失控，红绿灯失灵，人们重新回到了一切人与一切人为战的蛮荒之野，所有人都像犀牛一样横冲直撞。前有九九八十一之难，后有妖魔鬼怪食肉寝皮之危，人相食，鬼相争，于是歌者哀叹："敢问路在何方？"走投无路的赶路者，甚至找不到夺路而逃的方向。

　　走投无路，是所有人不希望的状态，又是大多数人的常态。人类虽然从爬行的阶段，进化到了走路的阶段，然而走路的人类痛苦与欢乐参半，文明与野蛮共存，所以人类不能没有路，也不能局限于路。也许进入欢乐多于痛苦、文明战胜野蛮的更高发展阶段之后，人类才能从走路的阶段，进化到舞蹈的阶段。在走路的阶段提前舞蹈，就是提前的狂欢。一切提前的狂欢，无不酿成悲剧。

　　没有路却有自由的时候，人们渴望路。有路却没有自由的时候，人们渴望自由。于是少数人希望，有很多条像树枝一样分岔的路，供自己选择。然而多数人渴望，有人为自己指定一条路。于是果真有人来强迫多数人走钦定之路了，连不想走钦定之路的少数人，也一起受到了强迫。如果少数人试图反抗，首先攻击反抗者的，不是指定唯一之路的独裁者，而是渴望唯一之路的多数人。因为多数人担心，一旦容忍了反抗钦定之路的少数人，任由他们走自己的路，那么多数人也会失去钦定之路，独自面对歧路的选择。因此渴望自由的少数人，能够宽容多数人为了安全而放弃自由，只要多数人不剥夺少数人的自由。然而渴望安全的多数人，不能容忍少数人为了自由而放弃安全，因为他们认定，任何人的自由都会威胁到自己的安全。喜欢钦定之路的多数人，认为自由是危险的，不自由是幸福的。喜欢自由之路的少数人，认为安全是平庸的，不自由是痛苦的。多数人不怕平庸，只怕危险；不要自由，只要安全。少数人不怕危险，只怕平庸；不要安全，只要自由。希伯来先知说："对一个犹太人来说，地狱就是现世的平庸。"甘愿平庸的人，认为天堂就是现世的安全。反抗平庸的人，宁愿不平庸而受难，也不愿平庸而安全。

钦定之路的指定者，不在乎众人的平庸。成为钦定之路的指定者，足以证明他不再平庸。然而在渴望自由者眼里，钦定之路的指定者不过是高级交通警，仍然是平庸者。

反抗钦定之路的人，很在乎众人的平庸。他不会强迫任何人选择自由之路，而是容忍众人走钦定之路，因为只要没有强迫，选择钦定之路也是众人的自由。但他决不同意钦定之路是唯一之路，因为钦定之路只是无数的可能道路之一。钦定之路的最大可恶，就在于关上了可能性的大门，把钦定之路变成了唯一之路。唯一性使钦定之路必然平庸，因为那条路已被太多的臭脚踩过了，车辙脚印已把这条开通之时的通衢大道变成了肮脏的烂泥潭，任何人一旦陷进这样的精神沼泽就难以自拔。反抗钦定之路的人，看见众人挣扎在泥泞不堪的千年老路上，仅仅因为无数祖先曾经走过就愿意永远走下去，感到难以理解，不明白众人为什么不明白：祖先走的"同一条路"，当年曾经是崭新的大路，如今已经到了废弃老路、重建新路的时刻。然而众人说，我们几千年来不断修补这条路，不断完善这条路，又在这条老路上铺设了高架路，现在这条路已经胜过了祖先留给我们的老路。你们眼中的老路，其实是"日日新"的唯一之路。

唯一之路是一旦走上就难以停止的终极之路，而终极之路是比红舞鞋远为可怕的终结之路。一旦走上终结之路，必将不死不休地无法停止。红舞鞋只让一个人不死不休地舞蹈下去，终结之路却让一大群人不死不休地走向死亡。即便某个赶路者想在终结之路上停下来，永久霸占路上的某个空间，也根本办不到，因为唯一之路是公共道路，公共道路上的任何空间都是公共空间，后面的赶路者正不遗余力、急不可耐地要把堵塞通道的一切霸道者挤出路面，践为肉泥。即使贵为天子，想要永久霸占皇位也是徒劳。乞求长生不老的秦始皇和汉武帝，都被皇位觊觎者提前赶下了皇位。说"朕即国家"的愚人不知道，"朕"是很快会死的，而"国家"尽管不是永恒之物，至少比霸道者的寿命长久。即便是"朕"的子孙，也在想方设法让"朕"提前出局，更不必说那些时刻觊觎在侧、谋划着"彼可取而代之"的其他赶路者。

把霸占公共道路的霸道者逐出路面，未必不是好事。比如南唐后主李煜，本来也是效法秦皇汉武的霸道者，希望终其一生甚至惠及子孙地占定皇位。然而更为强悍的霸道者赵匡胤，在行军路上就为自己急猴猴地黄袍加身了，他不允许自己的座位旁边有个加座，于是不由分说地把李煜撵下了路面。这一厄运使李煜因祸得福，从平庸的赶路者，变成了不朽的舞蹈者，留下了"一江春水向东流"的千古绝唱。

赶路者不仅永远是时间的失败者，而且永远没有一个属于自己的空间。他们或许每一时刻都有一个暂时属于自己的空间，但是他们身不由己地被命运推动着往前赶，每时每刻都在竭力摆脱此时此刻暂时属于自己的空间，因为这一暂时属于他的空间是路上的公共空间，不是路外的舞蹈空间。赶路者的所谓"赶路"，就是急急逃离此时此刻的此在此处，奔向彼时彼刻的彼在彼处。赶路者至死不悟，在前的空间与在后的空间没有本质区别。赶路者更不领悟耶稣所言"到那一天，在前的将变成在后的，在后的将变成在前的"。所有赶路者都不敢停止赶路，因为停顿就是失败。只有不断"胜利前进"，才能暂时摆脱失败感。然而"胜利前进"的幻觉总和，仍是逃无可逃、避无可避的生命惨败。

霸占公共道路的霸道者，无论是自称"奉天承运，替天行道"的君王，还是自称"此山是我开，此树是我栽"的路霸，都是生命惨败的失败者。赶路者不允许别人挡他的路，急急忙忙赶往黄泉之路找死。霸道者不允许别人挡他的道，恓恓惶惶坐在达摩克利斯剑之下等死。

赶路的多数人，常常赞成剥夺少数人的舞蹈自由。理由是多数人不跳舞，少数人应该服从多数人。这些人不明白，少数人的舞蹈自由，保证了多数人的走路自由。今天剥夺了少数人的舞蹈自由，明天就会剥夺多数人的走路自由，连走钦定之路、唯一之路的自由也会被剥夺。假如愿意舞蹈的人们被迫走路，那么愿意走路的人们就会被迫爬行，甚至被迫跪下。

犯禁是反抗唯一之路的舞蹈者的众多乐趣之一，也是选择唯一之路的赶路者的唯一乐趣。读禁书不仅是读书人的众多乐趣之一，也是不读书之辈读书的唯一动力。世上的许多名著，都是因为被禁成为名著。很多名著一旦不再被禁，不读书之辈绝不会读。禁忌是作家在著作中嘲笑禁忌的最大动力，禁书是读书人永不死绝的最大培养基。书商们的最佳推销术是："这是一本禁书。"无须说明是否好书。没有一个读者期望禁书是好书，只要是禁书就够。如果只能在一部未禁的好书和一本被禁的坏书之间，选择其中之一，大多数人会选后者。

绝大多数罪行都是禁止导致的，绝大多数犯罪都是恶法导致的。恶法一旦制定出来，就会期待罪犯，寻求罪犯，制造犯罪。禁忌是鼓励某项行为的最大力量。只要有人说"不许看"，所有人就都会转过头来看，本来他们会目不斜视地走过去。如果有人拿着枪说"不许看，违者格杀勿论"，确实少有人敢公开地看，但有更多人会偷偷地看。

然而根本问题在于：谁有权这么说？谁有权惩罚违禁者？如果对偷看的惩罚仅仅是罚款两千，偷看者会把罚款当作观看的门票。电影院提高出票率的最好方法，是在售票处写上"进影院观看此片者罚款十元"，"少儿不宜"是它的变种。禁止一部分人，正是鼓励另一部分人的最好方法。假如收费男厕所写上"女士禁止入内"，而收费女厕所写上"男士禁止入内"，毫不内急的人们也可能购票入内一看究竟。

如果没有切实的方法保护濒临灭绝的穿山甲，那么尽快使之灭绝的最佳方法就是禁止食用穿山甲。因为许多人到了餐馆就非穿山甲不吃，即使它比未禁时贵了十倍。河豚不是吃了会死吗？照样有人吃。毒品不是吸了会受害吗？照样有人吸。饭店老板的推销术十分原始："要不要穿山甲？""不要。""你可别后悔，再不吃就没的吃了。""我不爱吃。""可是你要知道，现在已经禁止吃了。""真的禁了吗？那就来一条。"

韩非说，儒以文乱法，侠以武犯禁。试想，为什么犯禁的是侠而不是其他人呢？因为侠认为自己有高超的武艺。艺高必然人胆大，而艺不高的人们为了证明自己艺高，也会壮胆犯禁。这就是犯禁的真正动力。犯禁不在于读的是好书还是坏书，不在于自己做得对还是错，犯禁证明了自己的价值。所有人都想证明自己的价值，因此所有人都喜欢犯禁，正如所有人都喜欢品尝禁果。被上帝禁止的事情都敢干，被人禁止的事情当然更无顾忌，这就是"寓劝于禁"的奇妙之处。

耶稣纪元的第一个千年纪，欧亚大陆上的诸多民族各自为政，都自以为找到了通向天国的唯一之路。然而从这个民族走向另一个民族的路却是阻塞的，于是玄奘西行变得如此艰难，以至于中国人写了一部《西游记》记载出行之难。第二个千年纪，成吉思汗的铁蹄横扫欧亚大陆，野蛮战胜了文明，然而东西方交往之路却打通了，因此马可波罗的东行如此畅通。随后伊斯兰教同化了蒙古征服者，文明战胜了野蛮，然而东西方交往之路却阻断了。试图重新打通东西方交往之路的十字军失败之后，哥伦布不得不转而寻求通往东方的海路。然而哥伦布没有到达欧洲的东方，却在欧洲的西方找到了新大陆，于是新大陆成了新大路。可见新路如愿通向预定目标未必是好事，迷失原定目标，却可能发现新天地。

赶路者的旧文明划了界，界碑成了旧路的终点，成了赶路者的终点。舞蹈者的精神共和国没有国界，也没有界碑。

所有人都喜欢走下坡路，因为走下坡路省力。所有人又都不喜欢被人认为自己在走下坡路，他们希望自己走下坡路的时候，别人都说他走的是上坡路。他们借用赫拉克利特的名言说，上坡路与下坡路是同一条路。

然而上坡路与下坡路决不是同一条路。按照赫拉克利特的另一句名言，一个人不能两次涉足同一条河流。因此，一个人也不可能两次走同一条路。当他上坡之后再下坡时，他走的不是同一条路。上山的西绪福斯与下山的西绪福斯，肯定不是同一个人。

条条大路通罗马，要看罗马意味着什么。"罗马"是一个人人都能偷换的概念。有人认为罗马是一座罪恶之城，所有的尘世欢乐都是罪恶。也有人认为罗马是一座上帝之城，所有的尘世光荣都归上帝。自由主义者认为罗马是自由之城，所有的道路都通向自由。专制主义者认为罗马是独裁之城，一切道路都通向独裁。事实上，世界上从来没有一个所有道路的共同终点。

鲁迅说，世上本没有路，走的人多了，也就成了路。有人说，世上本来有路，走的人多了，也就没了路。这是一种幽默，用来调侃现代城市的人口拥挤。实际上在鲁迅的意义上，这句话同样也是对的。对于一切不甘于走老路的人来说，有很多人走的路恰恰是他最不想走的路。走的人多，只能使这条路成为拥挤之路，却不能保证这条路成为必由之路。唯一的必由之路是死路。所有人走在同一条路上，人类就只有死路一条。人们批评一种行为，习惯于说："如果人人都这样，世界将会多么可怕！"人们赞扬一种行为，也习惯于说："如果人人都这样，世界将会多么美好！"这些可敬的普遍主义者显然不明白，世上水果千万种，没有一种叫如果。没有一种善行人人会做，也没有一种恶行人人会做。因此这种假设毫无意义，这些雄辩家从未说服过全体人类。世界不会因为这些"如果"而变得真正可怕，也不会因为这些"如果"而变得格外美好。

一条再美好的路，一旦拥挤到一定程度，就会有人另辟蹊径。一条再可怕的路，一旦冷清到一定程度，就会有人愿意探险。普遍主义的"如果"假设，无法杜绝可怕之路。普遍主义的"如果"假设，也无法开通美好之路。

美好的路，仅仅强迫人们走它，就会成为穷途末路。可怕的路，只要不强迫人们走它，也可能通向极乐世界。坚信某条路美好的人应该自信，即便没有强制和说服，人们也会主动走来。坚信某条路邪恶的人也应该自信，即便没有路障和例禁，人们也会主动走开。

唯一之路永远不是正道，接受唯一之路，就是服从权威，而服从权威对大部分灵魂虚弱者来说，是一条"天鹅绒铺成的小路"，接受权威使灵魂虚弱者感到轻松，轻松得不再感到灵魂的任何重负。他们只感到肉体的沉重。而拒绝权威的灵魂厚重者，从来不感到肉体是什么重负，灵魂的强健足以使他的肉体翩翩起舞。

叔本华说："一个人无疑愿意干他愿意干的事，但他无法确定他愿意干的是什么。"尼采说："跟随你自己，不要跟随我。"许多人愿意跟随他自己，走他自己的路。但大部分人无法找到自己，因此也无法跟随自己，走他自己的路。维吉尔对但丁说："走自己的路，让别人说去吧！"但问题在于但丁未必知道自己要走什么路，他也不得不把维吉尔或贝雅特丽齐奉为引路人。

美国诗人弗罗斯特在《没有走的路》中，写下这样的诗句："林中两条岔路彷徨，我选择了行人更少的一条路，人生从此就全然两样。"对于大部分人来说，走自己的路太难，对于他们来说，也许就是，你到底想走一条交通拥挤的老路，还是走一条人迹罕至的新路？大部分人找自己的路，都是在别人绘制的世界地图上找一条现成的路。只有极少数人，能够画出自己的世界地图。

人与城

物质世界主要由三种物组成：矿物、植物、动物。人是动物，不是细菌。细菌食矿物，动物食植物或其他动物。人不仅食植物，而且食动物，人是对植物和动物进行通吃的杂食动物。最初的人不事生产，他们享用大自然自发产生的野生动物和野生植物。随后人类多了起来，野生植物和野生动物不敷供应人类的需要，而且狩猎动物有相当的危险，于是有些人群主要生产植物，成了农人；有些人群主要驯养动物，成了牧人。为了提高生产力，需要工具，于是产生了匠人。为了分配产品，于是产生了士人。分工产生了不同的阶级和不同的职业，不同的阶级、不同的职业、不同的个人利益各不相同，利益冲突需要仲裁者，于是产生了头人。

农人生产的植物有余，牧人生产的动物有余，匠人生产的工具有余，或即便所余不多但自己不直接生产的其他必需品更缺，于是农人、牧人、匠人来到河流的交汇处，以己之有余交换人之有余。随后产生了专职的商人，专事交换此人彼人的剩余产品。河流交汇处逐渐成了不事生产专事交易的商人聚居地，于是有了集市。集市是剩余产品的集散地，是打家劫舍之徒的首要攻击目标，于是集市周围砌起了围墙，变成了城市。

农人的聚居地不会产生城市，牧人的聚居地也不会产生城市，只有商人的聚居地才会产生城市。城市产生以后，由于匠人不需要直接利用土地，因此匠人也在城市里定居下来。城市向农人提供他们需要的动物和工具，向牧人提供他们需要的植物和工具，于是城市成为人类社会的中心。

城外的众人敬畏城市，不是因为城里住着商人、匠人，而是因为城里住着头人、士人、军人、僧人。头人掌握权力，士人掌握知识，军人掌握武力，僧人掌握天意。僧人教导众人，头人的权力，士人的知识，军人的武力，都是天授的。大多数人相信僧人，极少数人不相信僧人，他们觊觎头人的地位，想要颠覆既定秩序。

为了防御同族的造反者和外族的入侵者，城墙越造越高，越造越厚，城墙外面挖了很宽很深的护城河，护城河上架起了吊桥，一有危险立刻吊起，于是城市称为"城池"。最高头人居住的城池称为"首都"，中级头人居住的城池称为"都市"，低级头人居住的城池称为"首府"。

首都虽有最高最厚的城墙，最深最宽的护城河，最高头人还是感到不安，于是建造了城中之城——宫殿，主要功能是防御，次要功能是炫耀。

最高头人既是最高士人、最高军人、最高僧人，也是最高农人、最高牧人、最高商人、最高匠人，是人类社会的第一人。

人类社会的利益纠纷和矛盾冲突，需要最高头人的最后决策和最后仲裁。好头人的建设作用无法估量，坏头人的破坏作用同样无法估量。如何防范、降低坏头人的破坏作用，成为人类社会的第一难题。

随着士人集团、军人集团、僧人集团的相对独立，头人的重要性日益降低。

随着教育的逐渐普及和知识的逐渐透明，士人的重要性日益降低。

随着天意的逐渐祛魅和信仰的逐渐独立，僧人的重要性日益降低。

随着战争的逐渐减少和文明的逐渐普遍，军人的重要性日益降低，警察的重要性日益提高。军人的主要作用是对付外敌，警察的主要作用是对付内乱。

城市作为交易场所的功能从未改变，作为军事堡垒的功能日益降低，作为娱乐中心的作用日益提高。随着空中武器的逐渐发达，城市成为敌人攻击的首要目标。进入现代以来，城市的安全性远远低于乡村。

随着农业、牧业的生产力逐渐提高，从事农业、牧业的人口比例逐渐下降，从事商业、手工业的人口比例逐渐上升，城市人口超过了乡村人口，于是人类告别了农业时代，进入了工业时代。

人类的普遍梦想是生活在别处，换一种活法。乡村人的梦想是生活在城市，城里人的梦想是生活在乡村，因此法国谚语说："城外的人想冲进去，城里的人想逃出来。"

农业时代的大部分人生活在乡村，农人的梦想是生活在城市。古代中国的大多数农人，终其一生无望进入城市，但是农人对城市的向往依然极其强烈。他们坚信，即便自己生前无望生活在城市，起码死后有机会生活在城市，于是《阿弥陀经》向他们许诺，每个农人死后，可以生活在一座理想城市之中——阿弥陀佛的西方净土。阿弥陀佛的楼阁，比最高头人的宫殿还要奢华。于是净土宗成了中国佛教的最大宗派，主要信徒是乡村中的农人。而城里人则信奉禅宗，那是中国佛教的第二大宗派。禅宗认为，城市并非城市，乡村也非乡村，你向往的另一座城市，与你居住的这座城市差不多。

进入工业时代以后，乡村也开始城市化。一座现代农庄，比最初的城市更像城市，全体人类均已成为城市中的族类。大部分现代人，生下来都在一座城市里。城市既是他的出生之地，又是他的死亡之地。

工业时代的大部分人生活在城市，市民的梦想是生活在另一座城市。想要冲进城的人，本来就是城里人。想要逃出城的人，不是想要冲进乡村，而是想要冲进另一座城市。

七世纪的玄奘，生活在当时东方最伟大的城市长安，但他向往另外一座城市，于是开始了他的著名旅行。

十二世纪的马可波罗，生活在当时西方最伟大的城市威尼斯，但他向往另外一座城市，于是开始了他的著名旅行。

所有城里人的心里，都有一座向往的理想城市。因此许多人像流浪者一样穿街走巷，通过旅行或旅游，走过一座又一座城市，短暂实现生活在别处的梦想。但是人类的终极理想城市，不在大地之上，而在天国，那是"上帝之城"。

当整个地球变成一座城市的时候，人类开始把自己的星球称为"地球村"，因为乡村是城市的终极梦想。

人与塔

塔起源于阳具崇拜，是男权统治的标志，所以一切塔都酷似阳具。

印度教大神湿婆的阳具，谓之"林伽"，是支撑天空不坠的擎天柱，一如希腊神话中的阿特拉斯山和中国神话中的不周山。

中国神话认为，天空由神山支撑，大地由神龟支撑。海上仙山浮于大海，也由神龟驮着。共工撞倒不周山之后，女娲用神龟代替不周山，支撑摇摇欲坠的天空。中国坟墓的石碑，也由名叫赑屃的神龟驮着。因为龟头酷似阳具，所以中国人把阳具称为龟头。

人类文明起源于远离高山的河谷或平原。山是帝之下都，神之居处。塔是缩微之山，神之阳具。

人类历史最早记载的一座塔，是巴比伦的通天塔。中国宫殿之前的华表，是实心的石塔。希腊神庙的石柱，类似于中国华表，分为三种柱式，多立克式，爱奥尼亚式，科林斯式。

作为崇拜对象，塔不供活人居住，仅供死人或神灵居住。

最为著名的死人居住之塔，有供奉埃及法老木乃伊的金字塔，供奉释迦牟尼舍利子的舍利塔，供奉佛教高僧骨灰的佛塔。

最为著名的神灵居住之塔，是欧洲中世纪的哥特式教堂。它那高耸入云的尖顶，达到了人类塔形建筑的顶峰。

虽然近代以前的塔，都是不供人类居住的象征性建筑，但在近代以前的人类建筑史上，塔形建筑占据了最大比例，因为塔形建筑代表人类建筑的最高水平，也是人类傲慢的最高彰显。

近代以来，塔的功能逐渐世俗化，不再仅供死人或神灵居住，于是有了意大利的比萨斜塔，法国的埃菲尔铁塔。这些塔仅供游客登高望远，仍然不供日常起居。

1925年电视发明以后，世界各国竞相建造高耸入云的电视发射塔。目前的最高纪录，是1974年竣工的波兰华尔扎那电视塔，高646米。电视塔仍然不是日常起居之所，除了发射电视信号，仍然可供游客登高望远。

随着太空技术的发展，电视信号不再需要地面传输，改由通信卫星空中传输，于是火箭发射塔，替代了电视发射塔。但是电视塔仍是每座城市的地标建筑，仍能象征城市的阳刚力量，只是成了失去基本功能的"银样镴枪头"。

1852年电梯发明以后不久，1888年芝加哥发生大火，烧毁了大半个城市，重建城市的过程中，诞生了芝加哥建筑学派，此后世界各国竞相建造高耸入云的高楼大厦。目前的最高纪录，是2004年竣工的迪拜大厦，162层，828米。人们不喜欢称其为迪拜大厦，更喜欢称其为哈利法塔。

芝加哥学派最为著名的杰作，是美国纽约的世贸大厦双塔，110层，417米。在2001年9月11日的恐怖袭击中倒塌。

人类文明黎明期，傲慢的人类建造了巴比伦塔挑衅上帝，上帝惩罚了人类的傲慢。

人类文明顶峰期，傲慢的人类建造了世贸双塔挑衅魔鬼，魔鬼惩罚了人类的傲慢。

一切傲慢都会受到惩罚，过去如此，现在如此，未来亦然，永无例外。

高塔不应用于彰显傲慢，而应用于登高望远。上帝毁灭巴比伦塔之后，人类没有吸取教训，继续彰显傲慢。但愿魔鬼毁灭世贸双塔之后，人类学会登高望远，不再重造傲慢之塔。

人类建造的一切塔中，我最喜欢的是美国纽约的自由女神像。因为自由女神像右手高举火炬，左手捧着《独立宣言》，上面写着人类文明最为重要的三项价值：自由，平等，博爱。她由埃菲尔铁塔的设计师埃菲尔设计，是法国送给美国建国100周年的礼物。

有人以为她是雕像，其实她是灯塔，既是引导航船进入港口的实用灯塔，更是引领人类走向未来的精神灯塔。

游客可以乘坐电梯直达顶层，登高望远，看见人类的未来。

人与器

　　人类与动物的最大不同，是制造工具，即器。为何叫器？因为人类制造的一切器，都是人类器官的延伸。除了大脑和双手，人类的器官与动物相比没有丝毫优势，人类的嗅觉不如狗，人类的视觉不如猫，人类的速度不如马，人类的力量不如牛，因此除了驯化野生动物为人类服务，人类只能先用大脑设计，再用双手制造大自然原本不存在的各种器，增强人类器官的功能，为人类服务。

　　人类文明的第一阶段是石器时代，石器时代又发明了陶器、玉器、木器、竹器、漆器等等。人类文明的第二阶段是青铜时代，青铜时代又发明了金器、银器等等。人类文明的第三阶段是铁器时代，铁器时代又发明了锡器、铝器、瓷器、橡胶器、塑料器等等。

　　某些材料珍贵稀有，因此用这种材料制造的器物也弥足珍贵，成为尊贵者不惜一切代价疯狂攫取的目标。取自矿物的有钻石、水晶、玛瑙等等，取自动物的有象牙、犀角、珍珠、珊瑚、砗磲、玳瑁等等。石中之精为玉，所以一切玉石统称宝石。玉器是中国文化最为推崇之器，故有"黄金有价玉无价"之说，汉语对玉器有极其丰富的分类词汇。

　　金银等稀有金属，无须制成任何器物，就能直接充当货币，直接等于财富。所以中外均曾风行过炼金术，妄想通过巫术方法制造金银。虽然没有炼出金银，却炼出了一种不死之药：金丹。金丹是剧毒的铅化物，不能长生久视，只会中毒早夭。从秦始皇、汉武帝，到后世无数君王和无数愚人，都在服用金丹以后，提前告别了被其愚行弄得污七八糟的世界。

　　君王不像民谚所言"生不带来，死不带去"，仅是生不带来，死后却要带走大量宝物。所以人类制造的最好器物，大都埋进了君王大墓，比如被誉为最伟大君王的唐太宗李世民，把被誉为最伟大书法的王羲之《兰亭序》带进了坟墓。人类文明史上最为庞大、最为劳民伤财的制造物，正是这些君王大墓。这些君王大墓，却被美称为"金字塔"或"陵墓"。

人类制造的最好器物，取自大自然的珍贵材料，花费了巨大的人力物力财力，本该用于服务人类，却从未使用，就被埋进了君王大墓。后世的考古发掘，再次花费巨大的人力物力财力，取出这些地下宝藏，也从不使用，而是藏入博物馆，继续花费巨大的人力物力财力，确保这些宝物永不使用。如此荒谬的游戏，人类却感到其乐无穷。

　　无论制器的材料是什么，最早的器都是武器。武器的最初用途是征服动物。随着武器日益强大，动物不再对人类构成实质性威胁，人类依然热衷于制造武器，不再用于征服动物，转而用于征服同类，于是武器变成了兵器。

　　人类历史分为两大时代，野蛮时代和文明时代。野蛮时代始于制造征服动物的武器，文明时代始于制造征服同类的兵器。人类文明史就是人类兵器史，人类文明史就是人类自相残杀史。人类兵器史又分为冷兵器时代和后冷兵器时代。后冷兵器时代的终极兵器是热核武器，热核武器使人类站在了文明的悬崖边上，热核武器随时可能终结人类文明，把人类炸回石器时代。

　　中国人认为："形而上者谓之道，形而下者谓之器。"所以中国人反对形而下之器，崇尚形而上之道。最为崇尚形而上之道的中国思想学派，因此称为道家。

　　道家反对形而下之器，是因为形而下之器导致人类交战，导致万物交战，导致宇宙交战。道家崇尚形而上之道，是因为形而上之道导致人类和谐，导致万物和谐，导致宇宙和谐。所以老子说："万物负阴而抱阳，冲气以为和。"

　　老子反对人类制造征服同类的一切兵器，所以老子说："兵者凶器，圣人不得已而用之。"

　　庄子反对人类制造征服自然的一切机器，所以庄子说："有机械者必有机事，有机事者必有机心。"

　　一切形而下之器，技术上都是中性的。是否变成凶器，在于用途。是否产生机心，在于用意。

　　一把刀剑，用于收割庄稼就是机器，用于打鱼狩猎就是武器，用于维护和平就是兵器，用于发动战争就是凶器。人类制造的一切工具，即使不是刀剑，一旦用途不当，就会变成凶器，一旦用心不良，就会产生机心。

器有具体之小用，道有抽象之大用，庄子称为"无用之大用"，所以中国人有"体用之辨"：道为体，器为用。只有彻悟道之体，才能正确掌握器之用。一切器都应该止于机器之用和不得已的武器之用，不能扩大为兵器之用和凶器之用。

尚未充分文明的人类，对武器、兵器、凶器的定义极其混乱。

比如一个手持武器的人，对付另一个手持武器的人，被定义为非法的行凶：打架。而一群手持兵器的人，对付另一群手持兵器的人，却被定义为合法的行凶：打仗。

再如一个手持凶器的人，对付一个手无寸铁的人，被定义为非法的行凶：犯罪。而一群手持凶器的人，对付一个手无寸铁的人，却被定义为合法的行凶：执法。

人类除了把自然之物加工为器，还把自然之人加工为器。所以人之成材，谓之成器。由于器是工具，于是人类变成了工具，不再是目的。

道家反对把自然之人改造为不合自然之道的器材。因为一切成材成器之人，都将成为被君王役使的工具。每个人都应该成为目的，不该成为手段，不该成为工具，不该成为器材，所以老子主张"大器免成"，庄子主张"神人不材"。

儒家主张把自然之人教化为合于君王之用的器材。由于孔子受过老子教诲，所以孔子也主张"君子不器"，但他认为君子不应成材成器，小人才应成材成器，君子将为君王管理天下小人。小人如同奴隶，奴隶正是"会说话的工具"。

人与镜

没有镜子，人们不会知道自己有多美。没有镜子，人们也不会知道自己有多丑。

丑人敌视镜子，美人酷爱镜子，似乎镜子属于美的范畴。其实镜子不属于美，而属于真。镜子的用途，既不是彰扬美，也不是奚落丑。因为无论美丑，镜子首先让对镜者了解自己的真相，这是"真相"一词的本义。小鸭子一生下来，会把看见的第一个活物当作母亲。如果跟着孔雀，并不是因为它喜欢美；如果跟着蛤蟆，也不是因为它不知丑，而是因为不知道自己是什么样子。知道自己是什么样子，是人类建立自我意识的第一步。小鸭子没有自我意识，不知道自己是一只小鸭子，所以跟着孔雀展开尾羽，跟着蛤蟆跳入池塘。

少女爱去河边洗发，少妇爱去井边打水，少女少妇们都喜欢在水边浣纱。她们借着水中的倒影，欣赏自己的如花美貌。有一档苏州评书《颜大照镜》（"颜"在苏白中同"呆"，故颜大即憨大），颜大的父亲颜老爷由于怕宝贝儿子知道自己长相丑陋而痛不欲生，关照所有下人不许让颜大知道世上有镜子，不许带他去河边，不许让他到水缸边舀水喝。

玻璃的镜子让人了解的真相，仅是皮相之相。照镜者陶醉于自己有多么美，没有一个照镜者想在镜子里看出自己有多么丑。人们愿意用放大镜看自己的优点，用缩小镜看自己的缺点。

哲学是灵魂的镜子，让人类知道灵魂的真相。哲学不对任何人进行精神贿赂，照出美人的灵魂，也照出丑人的灵魂；丑人的灵魂也许很美，美人的灵魂也许很丑。

为了安慰丑人、愚人、侏儒，人们造出了哈哈镜。哈哈镜使美人像丑人一样奇形怪状，使智者像愚人一样一副蠢相，使巨人变成侏儒，使侏儒变成巨人，于是丑人与美人、愚人与智者、侏儒与巨人彼此彼此，无分轩轾。

哈哈镜是媚俗的伪镜子，正如现代哲学是媚俗的伪哲学，哲学教授是媚俗的伪哲人。哈哈镜泯灭了真相，伪哲学同样泯灭了真相。科学揭示了自然的真相，但却常常帮助人们掩盖人世的真相。没有现代科学，人类造不出哈哈镜；没有现代科学，哲学之镜不会被丢弃得找不到。在一片"今天天气哈哈哈"之中，哲学教授们搭上了科学快车，向着博学的愚人国进发。哲学之镜被科学之锤打碎之后，小说家拿去一片最大的，画家抢去一片次大的，哲学教授把地上没人再要的全部碎片收集起来，做成了万花筒——一种以喜剧形式出现的镜子的悲剧。而电影和电视的摄像镜头，现在宣称自己是时代的真正镜子，是文化的望远镜和精神的显微镜。于是愚人们在玻璃镜子前臭美之后，就坐在电视机和放映机前开始他们空虚的文化生活。

哲学是智愚之镜，没有哲学之镜，一个人不会知道自己多么愚蠢。历史是祸福之镜，没有历史之镜，一个人不会知道自己多么不幸。文学是阅历之境，没有文学之镜，一个人不会知道自己多么狭隘。自然是世界之镜，没有自然之镜，人类不会知道自己多么造作。

从哲学之镜中充分认识到自己之愚蠢的人，开始走向智慧。从历史之镜中充分认识到自己之不幸的人，开始走向幸福。从文学之镜中充分认识到自己之狭隘的人，开始走向丰富。从自然之镜中充分认识到自己之造作的人，开始走向率真。

镜子揭露一切假相，照出一切不完美。然而愚人只把镜子中的不完美的假相，当作追求更完美的假相的起点。他们首先用更完美的假相来欺骗镜子，然后再通过镜子来欺骗自己。因此人们把伪造的历史当成真正的历史，希望历史把伪造过的行迹记录下来，使之不朽。殊不知这样一来，后人知道的历史人物并非他自己，"不朽"的只是想象中的虚构人物。我不明白为何要煞费苦心把这个并非自己的虚构人物介绍给后人？既然历史侵占了文学的领域，那么文学就会反过来侵占历史的领域。于是本该真实的历史开始虚构，本该虚构的文学却信誓旦旦地宣布自己反映了时代的真相。伪文学伪造了时代精神，于是伪哲学来为伪历史和伪文学高唱赞歌。

在科学也疯狂的二十世纪，哲学似乎开始没落了。人们说哲学是科学尚未成熟时聊胜于无的可怜代用品，现在科学已经征服了世界，哲学应该从人类精神的王座上退位了。这种谬见，正是使现代科学失去灵魂的重要原因。科学从来不是一面镜子，而是一支手电筒，它常常能照亮未知的外在世界，却从未照亮人类自身；偶尔照向人类之时，也把人类仅仅当成物，仅仅关注人类的肉体，从不关注人类的灵魂。

科学是望远镜和显微镜，把未必重要的东西当成最重要的东西。没有哲学的眼睛，科学就是盲目的巨人。膜拜科学鄙视哲学的哲学教授们，把纯精神的古典哲学改造成了纯物质的科学哲学，于是成了独眼巨人。伊拉斯谟说："在盲人的王国中，一只眼的人是国王。"在不需要哲学家的现代社会中，哲学教授成了盲人王国中的独眼巨人。

科学能够提高镜子的制作工艺，却不能深化镜子的真正功能。技艺精巧、美轮美奂的现代镜子，照的是连皮相的真相也丧失了的失魂落魄的人类：他们的鼻子被垫高了，他们的单眼皮变成双眼皮了，他们的眼睫是假的，他们的耳朵上穿了孔，戴上了或一只或两只的耳环。本该白发苍苍、头童齿豁的老年人，现在有着满头浓密的乌发，本该布满岁月印痕的皱纹，现在被用手术拉平了。镜子在没有灵魂的科学之助力下，不再用于认识真相——哪怕仅仅是皮相的真相，仅用于验收造假的成果。

所有的钦定哲学，都是伪哲学；所有的钦定历史，都是伪历史；所有的钦定文学，都是伪文学。权力首先强奸了历史，然后伪文学家和伪哲学家在权力的压迫之下，自愿成了谄媚的妓女。自愿就范的哲学和文学，不会控诉权力对它的强奸。伪哲学、伪历史、伪文学在权力压迫之下，发出令人作呕的呻吟，在智者眼里是痛苦的控诉，在愚人眼里是快乐的叫床。在历史的多镜厅里，丑恶的堕落被映照成绚烂的万花筒。伪历史、伪文学、伪哲学是反对真相、反对丰富、反对智慧的伪镜子。灿烂的万花筒是用镜子的碎片制造的。甘做万花筒的镜子，最终背叛了镜子。

可怜的现代人除了把软心肠的感伤主义文学家当作"欧洲的良心"、"世界的良心"之外，已经完全不再需要硬心肠的哲学家。哲学家不像文学家尤其是小说家，小说家把一个故事编得像个万花筒，万花筒里固然有镜子，但在一个因哲学杂碎而交相辉映的地方，每一个小塑料片都变成了美丽新世界的一部分。再难看、再丑陋的塑料片，在万花筒中也是美丽景观的组成部分。小说家的哲学，哪怕不是失魂落魄的哲学，至少也是贫血缺钙的哲学。

圣雄甘地说："我始终相信，只有我们用放大镜来看自己的错误，而用相反的方法来对待别人的错误，才能对于自己和别人的错误有一个比较公正的评价。"在我看来这是过于注重功效的。道德家总是希望通过夸大世人的善良来诱导他们向善，而道学家总是希望通过夸大世人的邪恶来迫使他们向善。为了自以为高尚的目的，他们都认为自己有资格对真实加以放大或缩小。然而任何对真实的偏离，即便能带来一时的功效，最终必定收获长远的报复。掩饰人类的错误或夸大人类的错误，都是比人类固有的错误更大的错误。一个被真实反映和认识的错误，离改正错误仅有一步之遥；为了使错误尽快改正，而对错误进行主观的夸大和缩小，本身就是一个错误，而且是比必须改正的错误更大的错误，它使人们不能正确认识错误的真相，所以只能使错误走得更远。不良文学的副作用，正是在这种道德主义的名义下导致的。文学家往往对哲学一无所知，却深受对哲学一知半解的道学家影响，他们在文学作品中以极大的道德热情教导人们，结果往往适得其反地宣扬了他们欲否定和批判的东西，成了诲淫诲盗的邪恶作品。

哲学之文，是去一处从无履迹的蛮荒之地探险，必须"步步为营"，把探险全过程展示给读者，这样读者就会感到身历其境，虽然读者去不了那个地方，但是哲学家帮助读者看到了那个地方。艺术之文，是去一处有过履迹的日常之探访，许多经验读者都有，不必"步步为营"，尤忌平铺直叙，否则就是老生常谈。所以哲学之文可像平原，艺术之文必须像山。所谓"文似看山不喜平"，主要适用于艺术之文。山与山之间的山谷，艺术之文可以省略，所以艺术之文是省略的艺术。哲学之文描述没人到过的全新之境，所以宜为平原，一马平川也样样新鲜。假如已有第一位哲学家展示过了全新之境，那么后继哲学家也必须受艺术之文的约束，必须有所挑选，有所省略，把前一个哲学家没注意到的新鲜事物告诉读者。

艺术之文如同好莱坞电影，哲学之文如同丛林纪录片。丛林纪录片必须尽量全面，因为大部分人都没到过，每个镜头都很新鲜。好莱坞电影不必全面，因为大部分人都很熟悉，必须剪掉老生常谈。

哲学是世界的镜子，哲人之镜让一切生命舞蹈起来，如同对镜起舞的美丽凤凰。

假如照镜者是可恶的，哲人之镜也如实反映其可恶。这不是哲人的恶意，而是哲人的善意。把照镜者的恶意反映给照镜者，如果照镜者不舒服，就会收敛恶意。庄子说："至人之用心若镜，不将不迎，应而不藏，故能胜物而不伤。"至人用心若镜，镜中空空如也，才能照出一切。哲人之镜是无我之镜，只有无我之镜，才能以静观动，照见一切舞者。哲人之镜让舞者看见自己的舞姿，修正自己的舞姿，认知舞者自身。不将不迎是静，应而不藏是静之非寂，是静中之至动。应而不藏，镜前之舞者才能认知自我。《红楼梦》的"镜子"之谜："象忧亦忧，象喜亦喜。"正是应而不藏。镜中之忧，使象自知其忧。镜中之喜，使象自知其喜。镜无喜忧，忧者自忧，喜者自喜。哲人之镜外于一切喜忧，照见世间一切喜忧。

照镜者照见的镜中"自我"，是反转的自我。镜中的"左手"，其实是右手；镜中的"右手"，其实是左手。照镜者如果把镜中的反转"自我"视为真正的自我，就会感到照片中并未反转的真正自我有点陌生，不像自己。所以镜中的"我"，其实是"你"。

一个女社会学家在非洲考察，拿出相机准备给孩子们拍照，孩子们向她大声嚷嚷起来。她急忙向酋长解释说，她忘了很多土著不愿照相，担心摄走灵魂。她向酋长详细讲解照相原理，希望他们不必担心。酋长几次想要插话，都没找到机会，等女社会学家终于讲完，酋长微笑着说："孩子们嚷嚷，是在告诉你：你忘了打开相机的镜盖！"这个女社会学家以照者自居，忘了自照。她为别人照相，别人会提醒她打开镜盖。她为自己照相，没人会提醒她打开镜盖。所以她的自照，只能照出一片空无。照人不重要，自照最重要。

人与舞

在旷野中，任何人都可以把自己视为世界中心，甚至宇宙中心。没有任何道路限定他的脚步，他获得了为所欲为的初级自由。于是他翻跟斗、拿大顶、大喊大叫、脱裤子撒尿，毫无顾忌，无所不为，甚至肆无忌惮地毁灭妨碍他独舞的一切。这种初级自由，没有任何目标，唯一的目标是他自己，因为他就是世界中心。这种初级自由，没有任何目的地，唯一的目的地就在脚下，因为他就是宇宙中心。

只要他除了自己另有目标，只要他除了脚下另有目的地，比如他有心爱的女人或孩子，或者他有近处的亲人或远方的友人，那么他与目标就有距离。即使目标近在眼前，近到抬腿就到，近到伸手即可揽入怀中，只要他想靠近目标，甚至与目标重合，他就必须放弃彻底的自我中心主义，放弃彻底的为所欲为，学会赶路。

赶路使他接近目标，使他抵达目的地，于是两点合一，但他已经失去了为所欲为的初级自由，因为他必须放弃独舞，与另一个人共舞，而双人舞必有最低限度的舞蹈规则。没有最低限度的舞蹈规则，双人舞就无法持续，不是你踩了她的脚，就是她踩了你的脚。最低限度的双人舞规则，使他失去了为所欲为的初级自由。

即使他没有更远的目标，没有更远的目的地，只要他不想放弃两人共舞，他就必须遵守最低限度的双人舞规则。双人舞规则固然可以调整、改变、创新，但是一切调整、改变、创新，必须得到舞伴的真诚同意。只要舞伴的同意有丝毫勉强，双人舞的默契配合就会消失，双方的舞步就会杂乱，不是你踩了我的脚，就是我踩了你的脚，于是双人舞面临危机，双人舞难以持续。只要你愿意遵守最低限度的双人舞规则，那么你在失去为所欲为的初级自由之时，就同时获得了与人共舞的中级自由。

遵守双人舞规则的舞者，能够最大限度地激发舞伴的舞艺，也被舞伴的舞艺激发出自己的舞蹈潜力。你就会发现，有规则的中级自由，比无规则的初级自由更加自由。

初步学习舞蹈规则，如同戴上镣铐。初步学习与人共舞，如同戴着镣铐舞蹈。然而戴着镣铐的舞蹈一旦臻于化境，童话般的奇迹就会发生：一个响指，一声魔咒，镣铐自动脱落。完美的与人共舞，使你和共舞者感觉不到规则的存在，如同人之呼吸，感觉不到空气的存在，如同鱼之优游，感觉不到水的存在。于是你发现舞蹈规则并非自由的镣铐，而是自由的容器。没有自由的容器，自由之水就无法成形。没有自由的容器，自由之水就会流失在脚下的旷野之中，你就会失去自由，共舞者也会失去自由。

把双人舞的舞蹈规则推及一切人，与一切人共舞，组成了人类社会。人类社会的共舞之道，就是人道。人注定是社会共舞者，只有能够与社会和谐共舞的舞者，才是真正的舞蹈艺术家。只有能够增进社会共舞的和谐、激发全体舞者的生命潜力的伟大舞蹈家，才能获得人类社会的高级自由。高级自由是社会共舞的自由，高级自由是社会共舞的规则，高级自由是社会共舞之路，高级自由是社会共舞之道。

社会共舞之道，是双人舞之道的扩大。社会共舞之道的调整、改变、创新，同样必须获得全体舞者的真诚同意，只要全体舞者的同意有丝毫勉强，社会共舞的默契配合就会消失，全体舞者的舞步就会杂乱，不是你踩了我的脚，就是我踩了他的脚，于是社会共舞面临危机，社会共舞难以持续，大多数人只能退回自己的客厅，满足于双人舞。然而社会共舞一旦失败，双人舞也将难以持续。社会共舞的普遍失败和双人舞的难以持续，迫使"不舞蹈，毋宁死"的少数人退回旷野，寂寞地独舞。

向往天道的旷野独舞者，是人类社会中舞艺最为高超的舞蹈艺术家，由于对社会共舞的成功和双人舞的成功寄予最大厚望，因此社会共舞的普遍失败和双人舞的难以持续，也使他们感到了最大失望。

向往天道的独舞者，孤独不再是他的镣铐。向往天道的双人舞者，义务不再是他们的镣铐。向往天道的社会共舞者，法律不再是他们的镣铐。但是仍有人类永难挣脱的最后镣铐：天道的规则。初级自由的独舞，可以解除个体的镣铐。中级自由的双人舞，可以解除小团体的镣铐。高级自由的社会共舞，可以解除大团体的镣铐。但是任何个体、任何团体的自我中心主义，都无法打破天地的镣铐。所以庄子说："无所逃于天地之间。"李白说："天地者，万物之逆旅。"他们领悟了天道是人道的终极镣铐，获得了顶级自由，成就了生命舞蹈。

社会共舞失败的表层原因，是三个层次的舞蹈规则，因各自层次的自我中心主义而互相对立、相互践踏。个人中心主义者，用独舞的初级自由践踏了双人舞的中级自由。小团体中心主义者，用双人舞的中级自由践踏了社会共舞的高级自由。于是三个层次的自由，像多米诺骨牌那样接连倒塌。自由的容器被砸碎，自由的空气被污浊，自由之水变成了洪水猛兽，滔滔者天下皆是，人皆化为鱼鳖。

人类舞蹈失败的深层原因，不是人类社会三个层次的舞蹈规则互相对立、相互践踏，而是人类社会的人道，违背了天地宇宙的天道。人类中心主义的人道，导致人类社会的共舞狂欢，践踏了鸟兽虫鱼、草木水土、日月星云的天地共舞。鸟之飞鸣，兽之嬉斗，虫之腾跃，鱼之优游，是为鸟兽虫鱼之舞。草之生发，木之欣荣，水之清涟，土之平旷，是为草木水土之舞。日之远晖，月之近照，星之闪耀，云之舒卷，是为日月星云之舞。人类之舞践踏万物之舞，属于以人灭天，其结果是千山鸟飞绝，万径兽踪灭。人道践踏天道，属于小道践踏大道，其结果是人类的自私狂舞，破坏了万物的和谐共舞。

独舞者放纵个人中心主义，不遵守任何舞蹈规则，只能获得毁灭一切的绝对自由。

双人舞者放弃个人中心主义，遵守双人舞规则，就能获得个体的初级自由。

社会共舞者放弃群体中心主义，遵守社会共舞规则，就能获得群体的中级自由。

人类共舞者放弃国家中心主义，遵守人类共舞规则，就能获得人道的高级自由。

全体人类放弃人类中心主义，遵守万物共舞规则，就能获得天道的顶级自由。

人与言

  人是语言的动物。语言起于思想，思想起于思维，思维起于思索，思索起于直观，直观起于一点，形成观点。观点从第一点奔向第二点，再奔向第三点，于是一生二，二生三，三生万物，遍及世界。两点之间直线连接的思想之索，谓之思索。多点之间立体交叉的思想之绪，谓之思绪。多点之间的立体交叉，纠缠打结，一团乱麻，需要语言加以理顺。理顺以后的观点，通过语言与他人交流，与他人的直观产生共鸣，与他人的观点产生分歧，形成复杂丰富的人类思想。

  上帝创造了无言的世界，人类用语言重新创造了世界。上帝创造的无言世界，浑沌而不可理解。人类用语言重新创造的世界，明晰而可以理解。如果人类没有语言，就与万物相同，人类与万物只能大眼瞪小眼地互相直观，除了惊讶和恐惧，别无其他。

  动物对世界止于直观，没有观点。人类对世界不仅有直观，而且有观点。相近的直观，会因思维方式不同而产生迥异的观点。迥异的观点，还会反过来改变原本相近的直观。语言使观点相同的人们联合和相爱，语言使观点不同的人们分裂和仇恨。无论爱与恨，语言使原本孤立隔绝的人们，不再孤立隔绝。

  人类的观点，首先追求客观有理，其次追求主观有利，最后追求主客观统一。第一步求真，第二步求善，第三步求美。求真是人类创造语言、使用语言的最高目的。人类试图通过语言抵达绝对的真。然而每个人只能看到世界的局部，所以任何个人都不可能抵达绝对的真。全体人类也不可能看到世界的全部，所以全体人类也不可能抵达绝对的真。

  人类用语言创造了新世界，同时也毁灭了上帝创造的旧世界。意识到这一危险的人类先知，用语言创造了一个关于语言的终极寓言：上帝为了阻止人类毁灭他创造的世界，就让人类说不同的语言。然而人们误解了先知的寓言，以为上帝让人类说的不同语言，是汉语、梵语、希伯来语、希腊语、拉丁语。其实这一寓言的真正寓意是，即便说的是同一种语言，思维方式相异的人们也不可能相互理解，因此人类不仅不可能通过语言抵达绝对的真，而且通过语言抵达相对的真，也不可能被全体人类理解、认同、接受。

假如思维方式相同或相近，操不同语言的人却能相互理解，因为人类思想虽然不可能超越人类语言，但是人类思想可以超越民族语言，可以超越时间，可以超越空间，产生心灵之间的共鸣。思维方式相同的对话者，即使表达有误也能相互理解。思维方式迥异的对话者，即便表达无误也不能相互理解。上帝说，假如人类使用同一种语言，"以后就没有他们做不到的事了"。其实人类永远不可能使用同一种语言，所以人类永远不可能没有做不到的事。

人类表达世界的一切语言，都是不完善的工具。人类语言是捆绑世界的绳索，人类知识是语言绳索的勒痕。上帝创造的完美世界，不可能被不完善的人类语言彻底捆绑，而是竭力挣脱人类语言的捆绑。人类只能用语言捆绑世界的局部，不可能用语言捆绑世界的全部。凡是能被人类语言表达的，都是相对真理。任何思想都不可能是绝对真理，任何表达都不可能是绝对表达，任何捆绑都不可能是绝对捆绑。

人类逐渐发现，由于人类语言不可能抵达绝对的真，只能抵达相对的真。一旦把某一相对的真奉为绝对的真，必然导致人类走偏。只有让诸多相对的真共存，才能降低人类走偏的危险，因此人人有权表达自己的思想观点。有时两种思想观点很容易比较出优劣，就采纳较优的，放弃较劣的。有时两种思想观点不容易比较出优劣，就让两种思想观点共存，让时间来做出裁判。

人类寻求绝对的真而不可得，不得不退而求其次，寻求绝对的善，也就是从追求有理，变成追求有利。然而此人觉得有利而视为善的，彼人可能觉得不利而视为不善。所有的善恶之争，都是利益之争。人们求真意见不同仅是吵起来，求善意见不同却会打起来。

人类寻求绝对的善而不可得，又不得不退而求其次，寻求绝对的美，也就是从追求有利，变成追求有趣。然而此人觉得有趣而视为美的，彼人可能觉得无趣而视为不美。所有的美丑之争，都是趣味之争。人们求真意见不同是吵起来，求善意见不同是打起来，求美意见不同是分道扬镳。真最客观，美最主观，善居于主观客观之间。

没有绝对的真，只有相对的真。没有绝对的善，只有相对的善。没有绝对的美，只有相对的美。一切相对的真，都可以共存，但不可能统一。一切相对的善，都可以共存，但不可能统一。一切相对的美，都可以共存，但不可能统一。

统一相对的真，不会得到绝对的真。统一相对的善，不会得到绝对的善。统一相对的美，不会得到绝对的美。无限丰富的大自然告诉我们，真善美都不需要统一，只需要共存。

人类渴望表达一切，但是不可能表达一切。想要表达一切，必须容忍一切。想要得到一切，必须宽容一切。

每一代人都必须用崭新的形式重新表达前人已经发现的真善美，并且致力于发现前人尚未发现的真善美。

人类不是为了思想而生活，而是为了生活而思想。因此前人的思想可以作为后人思想的起点，但对每个人来说，自己的思想才是一切前人思想的终点。而在起点与终点之间，是每个人独一无二的真实生活。

人与诗

人类是世界之花，语言是人类之花，诗歌是语言之花。

诗人挖掘语言的潜能，穷尽语言的分岔；拓展生命的视野，描述生命的苦乐；提炼世界的本质，追踪世界的奇观。

诗人是语言的创造者，生命的启示者，世界的立法者。

诗人是语言的探险者，生命的沉醉者，世界的命名者。

诗人是语言的炼金师，生命的舞蹈者，世界的吟唱者。

伟大的诗歌都是象征的；诗歌中的"我"，就是永恒的"你"；伟大的诗歌千古流传，能够打动时空远隔的任何人。

诗歌用温柔使我们坚强，用深情使我们善良，用韵律使我们智慧。

诗歌赋予语言以美，赋予生命以意义，赋予世界以价值。

不存在的东西可以在诗里存在，存在的东西可以在诗里不存在。因为所谓不存在，只是不相信它存在；所谓存在，只是相信它存在。诗人不绝对相信什么，也不绝对不相信什么。他唯一相信的，是语言的创世能力，同时坚信自己有这种能力。诗人赞颂道："万物之精英为地，地之精英为水，水之精英为人，人之精英为语言。"

一个不能陶醉于语言的人决不可能是大诗人。任何小诗人都会自鸣得意于自认为的妙句，即使那仅仅是幼稚的文字游戏；但完全陶醉于语言的人也不可能是大诗人，因为诗虽然植根于语言，但语言却植根于生命，而生命植根于世界。

小诗人的敌人是另一个诗人，大诗人的唯一敌人是他自己。对小诗人来说，最难做到的是不抄袭别人，不重复别人；对大诗人来说，最难做到的是不抄袭自己，不重复自己。

一个三流诗人偶尔写出一首二流的诗是值得庆贺的，但一个一流诗人炮制二流作品并且让它流传则是不可饶恕的。可以宽容一切，但不能宽容艺术的平庸。但真正的天才诗人（比如李白）却有权或不得不经常写出拙劣的诗，因为天才是一种间歇泉。

小诗人的努力目标是成为一流诗人。一流诗人的长处是每一首诗都水准稳定，一流诗人的短处也是每一首诗都水准稳定。一流诗人不会带给你惊喜，但也不会让你失望。一流诗人的全部诗作形成一个高原湖泊，保持高水准的平均值；天才诗人的全部作品构成一个瀑布，高居峰顶的少数杰作与大部分日常操作之间有巨大的落差。无法对天才进行规范，我们只能对欲跻身一流的诗人提出要求：应该学习唐诗中那种纯净的写作。

天才诗人的努力目标是写出杰作，哪怕在前一首杰作与后一首杰作之间有无数的垃圾。天才诗人会带给我们巨大的惊喜，但也会带给我们巨大的失望。极少数天才诗人能够自觉地把垃圾烧掉，只留下杰作。但大多数天才诗人或者是分辨不出垃圾和杰作，或者虽然分辨得出却舍不得烧掉垃圾，因为他知道自己生产的垃圾也能卖出好价钱——当天才出售垃圾时，他的卑俗欲望背叛了他的高贵意志。因此，烧掉大诗人有意无意留下的垃圾，就是清道夫的基本职责，但称职的清道夫即批评家，甚至比天才诗人更少。因此人类的图书馆里堆满了垃圾，而杰作则被掩埋在垃圾堆里，最终不为人知。那些天才的无数垃圾与少量杰作并存的全集，成了其杰作的坟墓。保存垃圾，就是埋葬杰作。那些全集的研究者，那些自以为是的学者，其实不过是精神垃圾堆里的拾荒者。大学者们不过是拾荒大王，他们把早该抛弃的垃圾重新抖搂出来展览，既浪费了自己的生命，也浪费了读者的生命。如果不懂得烧掉垃圾，人类文明最终会被自己生产的精神垃圾毁掉。大自然会自己降解不需要的物质垃圾，包括动植物的尸体，但人类却把自己的肉体和自己的精神死尸制成木乃伊，把垃圾当成了宝贝。这些精神之熵的增加，最终将使人类丧失真正的精神生产力，那一天的到来，就是人类文明的终结之日。按照目前的人类对垃圾日益递增的热情程度和对杰作日益递减的创造能力来看，这一天似乎已经不远了。

能够自觉地烧掉垃圾的天才诗人，当他再也创造不出杰作时，就会闭嘴，其极端形式就是自杀——他不能忍受创造力的枯竭。而不肯自觉烧掉垃圾的天才诗人，当他再也创造不出杰作时，就会一直生产垃圾。一个不知道何时应该停产的前天才诗人是诗歌的灾难。

小诗人的最高目标是成熟，他的每一首诗都一样好。天才诗人的最大灾难就是成熟，一旦开始重复自己，他的艺术生命就结束了。小诗人可以像能工巧匠那样写作，天才诗人决不能像能工巧匠那样写作。熟练的小诗人，永远是诗人。熟练的天才诗人，已经不是诗人。

　　天才诗人不知道诗是什么，但在憋不住说出什么的时候，恰好是用诗说话的人；小诗人知道什么不是诗，他决不会写不是诗的诗。批评家自以为知道诗是什么，但除了出生时那一声哭喊以外，他是从来不用诗说话的人。

　　每个诗人都有一本自己的字典。每个诗人都是理所当然的语言大师。诗人的工作，是使日常语言产生非日常的意义。因而这意义并非字典中原有的客观语义，而是诗人主观赋予的主观命意。诗人赋予的主观命意必须具有自明性，不能用另一个词、另一句话加以解释，因为如果主观命意必须经由解释才能被理解，那么这解释就成为诗歌结构中不可分的一部分，那么用作解释的词句又需再解释……这就成为一个无限逆溯的过程，无限退化的过程，最后退回到日常语言和日常意义，把诗人的全部创造蒸发掉。因此，每句诗的意义，只能通过形式同构或结构对位自然生成，而不能经由任何解释产生。所有的解释都必须有节制，所有的解释都不应过度，所有解释的目的仅仅是为了帮助不理解结构的读者最终理解诗的结构，而不是理解解释者的解释。好的解释在读者理解后就是应该扔掉的拐杖，应该拆掉的脚手架，解释不能成为诗的内在需要，无法脱离解释而独立的诗歌不是自足的诗，不是完美的诗。

　　所谓"陌生化效果"，首先不是读者面对作品时的感觉，其次也不是作者刻意设想如何才能令读者惊奇，而是诗人面对作品所显现的那个或想象或真实的世界时，那种陌生的、探险般的激情：他眼中的世界，应该永远是一个"美丽新世界"，也就是布勒东所说的："永远作为第一次。"因此，写每一首诗都是一次探险，都是一次舍身饲虎。

　　诗作为更好的沉默和沉思方式，在这个充满印刷垃圾的时代，不该成为泛滥而且毒化的情感呕吐物。一种存在主义"恶心"，似乎首先使最敏感的诗人患了消化不良症。

现代艺术的灵魂就是自由。以现代音乐为例，当演奏者出错时，没有人会真正介意。现代艺术的本质就是自由——既包括诗人的创作与想象的百无禁忌，也包括读者的阅读和理解的信马由缰。诠释和评价是不可避免的，但诠释和评价决不可能定于一尊。

　　现代艺术卸下了不必要的道德附加值和泛政治赘疣，因为有更合适的人和更合适的表达形式承担这些与艺术异质的现实重负。现代诗歌恢复了更古老的传统：让诗成为纯粹的想象力游戏，成为纯粹的语言狂欢。相应地，现代绘画也追求纯粹的色彩游戏，纯粹的视觉狂欢；现代音乐追求纯粹的音符游戏，纯粹的听觉狂欢：这是人类三种最基本的艺术门类在现代所信守的共同准则。

　　美是思想，思想的美是最高的美。如果没有思想，没有人的思想，美是不可思议的。动物不可能成为艺术鉴赏者，更不可能成为美学家。说"美"就是"和谐"或"适度"，等于什么也没说。

　　人类是自然的奇迹，语言是人类的奇迹，诗是语言的奇迹。但是必须记住：奇迹之所以是奇迹，就因为奇迹是罕见的。

人与风

风，列于"风雅颂"三体之首，居于"风花雪月"四美之冠，又是"地水火风"四大元素之一。庄子认为："大块噫气，其名为风。"宋玉认为："风生于地，起于青蘋之末。"老子发出"冲气以为和"的赞叹，诘问"抟气致柔，能婴儿乎？"孔子发出"吾与点"的感叹，宣称平生之志是"风乎舞雩"。西行刺秦的荆轲发出"风萧萧兮易水寒"之悲音，因其自道"壮士一去兮不复还"，遂使百代行秦制。

虞舜弹五弦之琴，歌《南风之诗》："南风之薰兮，可以解吾民之愠兮。南风之时兮，可以阜吾民之财兮。"说明中国人很早就认为，风具有精神和物质的双重作用，不仅可以解愠，还可以阜财。尤其是念念不忘"吾民"，难怪被后世推崇为"圣王"。

使吾族得名的汉高祖刘邦是个粗人，鸿儒来拜，他偏偏坐着洗脚，还以儒士之头巾当众解溲，然而他也留下了唯一的《大风歌》："大风起兮云飞扬，威加海内兮归故乡。安得猛士兮守四方。"仅有三句，连三句半都不到，看来他洗完脚还忘了穿鞋。

被认为"略输文采"的汉武帝也作过一首《秋风辞》："秋风起兮白云飞，草木黄落兮雁南归。兰有秀兮菊有芳，怀佳人兮不能忘。泛楼船兮济汾河，横中流兮扬素波。箫鼓鸣兮发棹歌，欢乐极兮哀情多，少壮几时兮奈老何。"如此怕死贪生的俗物，临死之前念念不忘的，依然是风。

魏晋玄学人物，独标风骨。才女谢道韫，以一句"未若柳絮因风起"轻易成名。唐人许浑别无名句，独有"山雨欲来风满楼"一句传世。五代人冯延巳，也以一句"风乍起，吹皱一池春水"而青史留名。北宋王安石名句虽多，但无出"春风又绿江南岸"其右者。南宋林升认为，风必须对偏安之局负责，故有句曰："暖风熏得游人醉，直把杭州作汴州。""胡马依北风"的元代之胡人并非不解风情，故有风诗之绝唱："天苍苍，野茫茫，风吹草低见牛羊。""越鸟巢南枝"的清代之胡人真正不解风情，故而对写下"清风不识字，何得乱翻书"的诗人徐骏大动干戈地治以文字狱。

有人认为曹雪芹作《红楼梦》，意在传诗，故书中人人会作诗，连不解风情的丫头香菱最终也成了会家。独有贾府当家人王熙凤不会作诗，不过曹雪芹还是让她吟出了一句"一夜北风紧"。汉乐府《古歌》有句"秋风萧萧愁杀人"，秋瑾临死也留下一句"秋风秋雨愁煞人"，可见一个风字，贯穿古今，无论是真正的风雅者还是附庸风雅者，必也天下从"风"。

诗仙李白曰："霓为衣兮风为马。"以风为马，源于庄子的"野马也，尘埃也，生物之以息相吹也"和庄子笔下御风而行的列子。所有的诗人，都是以风为马、御风而行的精神骑士。

然而即便是俗物，也时有灵魂飞飏的痴念。因此男人得其风，便有"风度"；女人得其风，便有"风情"。情人爱"兜风"，犯人盼"放风"。习惯谓之"风俗"，地望谓之"风水"。小恙叫作"伤风"，大病就是"中风"。无根之谈，谓之"空穴来风"；有心相敬，谓之"甘拜下风"。酒人自诩"太白遗风"；画人竞赏"吴带当风"。美丽的自然景致，谓之"风景"；不雅的人间俗事，则谓之"杀风景"。

滋润人心，谓之"风雅"；愉悦人心，谓之"风趣"；撩拨人心，谓之"风骚"；摇动人心，谓之"风韵"；震慑人心，谓之"威风"；收拾人心，谓之"整风"；溃散人心，谓之"颓风"；调查人心，谓之"采风"。心与风互动，故惠能曰："不是风动，不是幡动。仁者心动。"

主客之间，或因心曲相通，则主人为客人"接风"；或因来者不善，则主人与客人"争风"。"争风"之事，常用于二女争一男，然而历史上最有名的"争风"之事，却是两个各为其主的男人。曹操赤壁之战大败，史实班班俱在，以东吴周瑜为主帅，蜀汉诸葛亮为客卿，故唐代诗人杜牧云："东风不与周郎便，铜雀春深锁二乔。"然而明代小说家罗贯中偏要为诸葛亮争"风"，让孔明反客为主、喧宾夺主地成为仗剑作法"借东风"的中心人物。或有人曰，这是后人多事，吴蜀联手抗曹，诸葛与周郎必是勠力同心。前之当事人并未争东风，后之好事者倒实在是吃干醋。

孔子曰："君子之德风，小人之德草。草上之风，必偃。"对君子的道德充满自信，以为道德万能，可惜他不知道人是"会思想的苇草"，"小人"

也有"小人"的思想。君子之风固然"道高一尺",小人之草更是"魔高一丈"。以小人之心度君子之腹,固然牛头不对马嘴;以君子之腹度小人之心,更难免文不对题。因此孔子之后,礼崩乐坏成为不可遏制的历史大势。然而这不是因为小人太多,而是因为君子太自以为是。君子自以为可为"帝王师",殊不知帝王仅把腐儒当成"已陈之刍狗",装门面之羊头。孔子晚年,已知"道之不行",而孔门后人,依然逆风飞行,"知其不可为而为之"。难怪小人们只把圣人之言当成耳旁风,一旦用道德之羊头拱门而入,则大嚼其狗肉。何况君子之风,也常常不知所从来,所谓"月晕而风",风之忽东忽西,一如月之时圆时缺——何况缺时多于圆时?故人心更如墙头草,风来虽倒,风过复如故。君子之道,忽为仁,忽为义,忽为德,忽为孝,忽为礼,忽为理,忽而要格物,忽而要格义,中国之君子,大都是随着城头变幻的大王旗幡东倒西歪的风派人物,使小人们莫知所从。风既可使旗动摇,草固可随风起伏,故杜甫《绝句漫兴》曰:"颠狂柳絮随风舞。"天下从风,又从何谈起?德治之"风教",必然不如法治。

毛公《诗大序》曰:"上以风化下,下以风刺上。"宋玉《风赋》曰:"夫风者,天地之气,溥畅而至,不择贵贱高下而加焉。"可知无贵无贱、风行天下是"风"之本义。君子之德,未必能以上化下;而小人之草,常常能后来居上。遂至小人当道,君子向隅;甚且伪君子当道,真小人盈野。播下"道德治国"的龙种,永远只能收获"礼崩乐坏"之跳蚤。孔子之徒,虽然向往"风乎舞雩,咏而归",但毕竟是迷途不知返,所以弃儒从道的陶渊明在儒学破产之后问道:"田园将芜胡不归?"

鱼不觉有水,人不觉有气,但是鱼知水动,人知气动。水动为涌,气动为风。鱼对水的知觉,不在其有,而在其无。有水之时,鱼或不觉;无水之时,鱼则必死。人之与气亦然。有气之时,人或不觉;无气之时,人则必死。庄子曾经悬想鱼在水中优游之乐,遭到了惠施很杀风景的有力诘难:"子非鱼,安知鱼之乐?"我们是人,可以非常有把握地说,所有的人都渴望在风中翱翔。所以庄子在睡梦中变成了蝴蝶,摆脱了现实困境;代达罗斯在神话中装上了翅膀,飞出了米诺斯迷宫。可惜的是,庄子的梦会醒,梦中轻飏的蝴蝶,变回了肉身沉重的庄子;代达罗斯的翅膀也会脱落,跌入了波涛汹涌的苦海。

飞翔是人类的永恒梦想，而风是飞翔的唯一依凭。中国人把这一梦想寄托于风筝，希望"好风凭借力，送我上青云"。

中国古人放风筝，是真的放掉风筝，取其吉祥意，叫作"放晦气"。《红楼梦》中，林黛玉的风筝断了线，得到了姐妹们的真诚祝贺，认为她放掉了病根。现在的孩子们放风筝，舍不得放掉风筝，今天尽了兴，就收线回家，明天再来。如果风筝线断了，或是被风吹断的，或是被其他风筝卷断的。人们喜欢在同一片开阔地放风筝，较量风筝线之强弱，比赛控驭术之高下。在高手的操控下，风筝可以凭借风力俯冲、旋转、翱翔，运用巧妙，就能挣断对手的风筝线。未必一定是大风筝战胜小风筝，也可能小风筝战胜大风筝。不过在城市里，导致风筝线断的主因是电线。每当春天，城市上空的电线上，常常挂着断线的风筝，像一面折断的旗帜，在微风中招展。

风筝是人工的鸟，也称纸鸢。她载着人类的梦想，飞翔在天空中。只要人类的梦想不灭，负载童心的风筝就会永远飘扬天空。然而问题在于，"放风筝"之放，究竟是放，还是不放，颇堪玩味。正在放风筝的时候，线是不放手的，所以风筝并没有被放掉；不放风筝的时候，才需要放掉手里的线，也同时放掉风筝。对于风，也可作如是观。我们究竟应该把自由的风握在手中，使风变得不自由；还是应该听任风的自由吹拂，不给风缠上束缚的金丝线？

西人不解风情，把虚无缥缈的风也归于实用，所以荷兰人用风车推磨，有史以来的头号愣头青堂吉诃德则大战风车。苏格兰人稍解风情，所以一来男人爱穿裙子，二来一有空闲就大吹风笛。最为有趣的是，苏格兰人打起仗来，走在队伍前列的不是猎猎战旗，而是呜呜风笛，或许他们是担心旗子为风摇动而动摇了军心。美国人最是俗物，所以唯一留心的是龙卷风，既不是为了实用，也不是为了审美，而是为了科学研究。科学研究当然无趣，然而非常有用。帆船和飞机，就是人类利用风力的科学杰作。人类本是陆行动物，但是凭借风力，人类驰骋在大海上；凭借风力，人类飞向了天空，已经飞出了太阳系。

《易》曰："风行水上，涣。"吟风弄月的词人继之曰："风乍起，吹皱一池春水。"不解风情之君王问："干卿底事？"毛泽东斥之曰："唐宗宋祖，稍逊风骚。"奉旨填词的柳三变说："便纵有千种风情，更与何人说？"

（本文刊于《博览群书》2003年第11期。）

人与天

奴隶主义认为，天子是天下第一人。于是天子把己所不欲，施于天下人，施于天下物，以此满足自己的最高优越感，获得变态的快感。

奴隶主义又认为，人上人居于一人之下、万人之上。于是人上人把己所不欲，施于人下人，以此满足自己的相对优越感，获得变态的快感。

奴隶主义又认为，人下人居于万人之下，万物之上。于是人下人把己所不欲，施于人下物，以此满足自己的最低优越感，获得变态的快感。

区别在于，帝王们可以公开做的，人上人只能偷偷地做。人上人可以公开做的，人下人只能偷偷地做。大盗可以公开窃国，小偷只能暗中窃钩。窃钩者被诛，不是因为不可以窃钩，而是不能公开窃钩。小偷暗中窃钩一旦被发现，就相当于公开窃钩，因此必须被诛，因为小偷破坏了奴隶主义的游戏规则。

奴隶没有资格公开做奴隶主可以公开做的一切，只能偷偷做奴隶主可以公开做的一切。一旦被发现，奴隶主必须让他付出代价。被诛的奴隶从不后悔不该做坏事，而是后悔不该不小心被发现，所以鬼鬼祟祟，心怀鬼胎。

天子仅有一人，奴隶则有无数，所以奴隶必须分为大量等级。不同等级的奴隶，只能做符合等级之事，不能做超越等级之事。一旦超越等级，就叫"僭越"。事之对错，不取决于事，仅仅取决于等级。做符合等级之事，就是好事。做超越等级的同样之事，就是坏事。所以天子"八佾舞于庭"，是"尽善尽美"的好事。诸侯"八佾舞于庭"，就是"是可忍孰不可忍"的坏事。天子居室可以九重，诸侯居室只可七重，大臣居室只可五重，庶民居室只可三重，僭越者杀无赦。今天等级低，不可做某事。明天等级高，方可做某事。奴隶主义的是非，仅与等级有关，实为毫无是非。

"天子"是大盗的僭号，拥有"天下"一切人、一切物。觊觎"天子"僭号者，一概被称为"贼寇"。成则为王，败则为寇。成败未定之时，项羽称刘邦为"刘匪",刘邦称项羽为"项匪"。刘邦成了王,项羽就是寇。项羽成了王,刘邦就是寇。

"天子"宣称"替天行道",奴隶主义者宣称"天不变道亦不变",可谓"盗亦有道"。"天不变道亦不变"的实质,是"天不变,奴隶主义亦不变"。奴隶主义喜言"天人合一",合来合去,只合在"天子"一人身上,天下人与天毫无关系。

反对奴隶主义的庄子说:"天子之与己,皆天之所子。""天子不得臣,诸侯不得友。"每个人都是天之子,每个人都是天之骄子,每个人都是万物之灵长,每个人都是自己的主人。每个人都是宇宙演化的最高成果,生命进化的最后结晶,天地间最为神奇的无上瑰宝。任何人都不是另一个人的主人,任何人都不是另一个人的奴隶。天是全体天下人的天,天下是全体天下人的天下。每个人首先属于自己,然后属于人类共同体。

只要奴隶主自居"苍天之下,万人之上",自居天下人的主人,视天下人为非人,随其喜怒对天下人生杀予夺,奴隶就会自居"一人之下,万物之上",自居天下物的主人,视天下物为非物,随其喜怒对天下物生杀予夺。人与人不平等,必然导致人与物不平等,人类就会随其喜怒对整个大自然生杀予夺。奴隶主强加于天下人,必然导致奴隶强加于天下物。奴隶主的价值观,必然成为奴隶的价值观。主子的哲学,必然成为奴才的哲学。强者的道德观,必然成为弱者的道德观。种下前者之恶因,必然收获后者之恶果。

只要奴隶主是君临万民的大盗,奴隶们就会成为君临万物的小偷。奴隶主义导致了人与天的对立,导致了人类不再是宇宙演化、生命进化的最高的善,而是成为宇宙演化、生命进化的最高的恶。

只有抛弃奴隶主义,天下人才能己所不欲,不施于人;己所不欲,不施于物;推己及人,泛爱众生;推己及物,泛爱草木。

人与山

阿根廷哲人博尔赫斯说:"没有两座山一模一样,然而大地之上的平原,总是绵亘一片,而且到处一样。"没有人愿意与别人一模一样,每个人都渴望与众不同,所以没有人愿意成为到处一样的平原,每个人都渴望成为独一无二的山峰。

大多数人不可能成为独一无二的山峰,于是他们离开平原,登上山峰。尽管登上山峰不能使自己变成山峰,但是可以远离平原上的众人。

登上山峰的众人,认为自己已经不同于平原上的众人。然而只要自己没有成为山峰,山峰上的众人与平原上的众人仍然一模一样。平原上的众人到处一样,山峰上的众人同样到处一样。

一个人如果与别人一模一样,不会因为登上山峰而与众不同,但会因为登上山峰而出人头地,因为山峰上的众人比平原上的众人高出一头。于是山峰上的众人,误将出人头地视为与众不同。出人头地之所以不是与众不同,是因为与众不同的结果是人与人不再一样,出人头地的结果是人与人不再平等。

愚公住在山峰东边的平原,不愿意与别人一模一样,不喜欢与山峰上的众人不平等。于是愚公每天带领子孙挖山不止,希望缩小山峰与平原的距离。愚公及其子孙认为,如果人与人必须比出高低,应该人人站在大地之上,看看究竟谁比谁高出一头。山峰上的众人高出平原上的众人一头,只能表明山峰高于平原,无法表明山峰上的众人高于平原上的众人。

愚公及其子孙天天挖山不止,天天带着石头下山,坚信山峰不会增高,坚信山峰与平原的距离不可能增大,迟早可以挖平山峰。然而住在山峰东边平原的愚公及其子孙,不知道这是天帝的骗局,因为他们不知道天帝让住在山峰西边平原的西绪福斯及其子孙干了什么。

西绪福斯住在山峰西边的平原,也不愿意与别人一模一样,也不喜欢与山峰上的众人不平等。于是西绪福斯登上山顶,请求天帝允许自己留在山顶。天帝告诉西绪福斯：你必须推着石头上山，增加山峰的高度，对山峰做出贡献，才有资格留在山顶。

第二天，西绪福斯推着石头上山，到达山顶。天帝留下石头，命令西绪福斯下山，明天再推一块石头上山，因为平原上的无数众人，都在每天推着石头上山，都在每天增加山峰的高度，都在每天增大山峰与平原的距离。西绪福斯必须为山峰做出更大贡献，才有资格留在山顶。

西绪福斯喜欢上山，不喜欢下山，他不知道天天推石上山，天天留下石头下山，何时才是尽头，他感到累了。赫拉克利特劝慰他说："上山路与下山路是同一条路。"西绪福斯知道赫拉克利特是伟大的哲人，于是相信每天推石上山是自己的宿命，同时坚信自己终有一天可以留在山顶。

西绪福斯不知道天帝永远不会恩准他留在山顶，也不知道赫拉克利特是在为天帝圆谎，更不知道自己每天推石上山，只会增加山峰的高度，只会增大山峰与平原的距离，只会使自己离山顶越来越远，只会使自己留在山顶的愿望永难实现。

山峰东边的愚公子孙，终于全都识破了天帝的骗局。第一个识破天帝骗局的愚公子孙，名叫共工，于是共工一头撞倒了天帝居住的不周山。但是愚公的其他子孙在识破天帝骗局之后，全都变成了西绪福斯的子孙，停止了每天挖山不止，变成了每天推石上山，希望为山峰做出特殊贡献，以便登上泰山之巅，抵达"孔子小天下处"，成为出人头地的人上人，领略"会当凌绝顶，一览众山小"的快感。所以山峰东边的共工，成了一位失败的英雄，甚至不被视为英雄。愚公的子孙不仅认为共工是天帝的敌人，而且认为共工是愚公子孙的共同敌人和唯一敌人。

山峰西边的西绪福斯子孙，也终于全都识破了天帝的骗局。第一个识破天帝骗局的西绪福斯子孙，名叫阿特拉斯。阿特拉斯想起了伟大哲人赫拉克利特的另一句名言："一个人不可能两次涉入同一条河流。"所以一个人也不可能两次走同一条路，西绪福斯的上山路和下山路，根本不是同一条路。阿特拉斯不仅识破了天帝的骗局，而且明白了赫拉克利特是在帮助天帝欺骗西绪福斯，于是阿特拉斯停止了每天推石上山，站在平原之上，成了一座山峰，成了阿特拉斯山。于是西绪福斯的其他子孙在识破天帝骗局之后，全都变成了阿特拉斯的子孙。山峰西边的阿特拉斯子孙，把阿特拉斯称为泰坦巨人。每一位泰坦巨人，全都力大无穷，但有一个弱点，就是不能脱离大地。泰坦巨人一旦脱离大地，就会失去全部力量。

所以山峰西边的每一位泰坦巨人，即使离开平原，登上山峰，仍然保持大地的谦逊。一位泰坦巨人牛顿谦逊地说："我只是站在泰坦巨人肩上。"另一位泰坦巨人爱因斯坦无奈地说："我毕生致力于反对权威，然而命运却使我最终成了一个权威。"

大地上的人们，如果真正渴望与众不同，无须像愚公那样每天挖山不止，无须像愚公的子孙那样渴望登上山顶成为人上人，无须像西绪福斯那样每天推石上山，增加山峰的高度，增大山峰与平原的距离，应该像阿特拉斯那样成为独一无二的山峰，成为与众不同的泰坦巨人，或者像共工那样，撞倒天帝居住的不周山，成为虽败犹荣的英雄。

每一位泰坦巨人，无须借助山峰拔高自己，无须在意是否比平原上的众人高，无须在意是否比山峰上的众人低，无须在意是否成了天帝的敌人，无须在意是否成了愚公及其子孙的敌人，甚至无须在意成功或失败，因为成就自己就是一切。

希腊哲人赫拉克利特有一位前辈，名叫泰勒斯，他能精确预测天象变化，也能精确预测火山喷发。泰勒斯登上一座即将喷发的火山，跳进火山口，希望火山喷发之时，把他送上天帝居住的天庭。火山口把泰勒斯吞了下去，按照泰勒斯的预测准时喷发，把泰勒斯的一只鞋子喷了出来，落在阿特拉斯山的山脚，被阿特拉斯的子孙嘲笑至今。

人与牌

一

上帝洗牌，他人发牌，自己出牌。

每副牌都是一样的，每副牌都是54张。

每个人都是一样的，上帝给每个人的都是同一副牌。

每个时代都是相似的，上帝给每个时代的也都是同一副牌。

这副牌，用科学语言来说叫作DNA，人与猿的DNA只差0.3%，而人与人、民族与民族则没有差别，连男人与女人也仅仅只差一个X和Y。

今人与今人一样，所以人人生而平等；今人与古人一样，所以历史鲜有进步——起码硬件的进步不影响打牌的结果，做牌的纸张可能会随着文明发展不断改善，制作可能越来越精良，色彩可能越来越鲜艳，图案可能越来越漂亮，但打牌的结果无非是生老病死，悲欢离合，胜负盈亏。然而，每一个人，每一个时代，又似乎都有所不同。这只因为每次玩牌前，都要重新洗牌和重新发牌，没有一次洗牌和发牌的结果完全相同。

二

负责洗牌的并非凡人，而是上帝。任何人都不可能左右上帝，任何人都不可能自己洗牌，任何人都不可能选择自己的性别、家庭、民族、国度和时代。但不同性别、家庭、民族、国度和时代的人中，都会产生各种类型的打牌者，都可能得到任何一种结果。任何一种人生牌局的结果，都与性别、家庭、民族、国度和时代没有必然关系，而是取决于打牌者自己。

上帝洗牌之后，他老人家也没闲心来管发牌那样的琐事，他把这事交给了凡人。大多数人都明白，抱怨洗牌的上帝毫无意义，因为他不可能改变DNA，因此大多数人都抱怨发牌者，同时希望自己有朝一日也成为发牌者——这是大多数人的终极人生目标。抱怨发牌者的人，一旦成为发牌者，就一定会作弊，因为他知道，如果不作弊，那么即使由自己发牌，也不能保证自己一定能得到一手好牌。在没有成为发牌者之前，大多数人都认定，别人的那手牌比自己的这手牌好一些，甚至好很多，每个人都认为自己是不公正的牺牲品。

为了转移打牌者的不满和愤怒，聪明的发牌者会故示公正地把上帝洗过的牌，切一下放在桌上，让牌戏的参与者自己摸牌，于是摸牌者得到一副坏牌后（不论这副牌是否真坏，只要结果不好，他就认定是坏牌），只能抱怨自己的手气不好。然而，"手气"只是弱者幻想出来的虚拟物。

事实上，聪明的发牌者在切牌时，已经做过了手脚。所谓作弊，即打破既定的玩牌规则，而打破规则的主观愿望，一定是为了对自己更加有利，尽管打破规则的客观结果，未必一定对自己有利。而事实上，打破规则的长远结果，一定对牌局的所有参与者都不利。除非打破规则是由全体牌局参与者共同商定的，那就不叫打破规则，而是改进和完善规则。

三

渴望做发牌者的大多数人，都很清楚发牌者常常作弊，这正是他们想做发牌者的理由。在大多数人认为发牌者有权作弊的时代，发牌者如同上帝，可以公开作弊，但是公开作弊不叫作弊，而叫特权。最大的特权，莫过于发牌者的身份可以世袭，这是最大的作弊。

在大多数人认为发牌者虽然无权作弊，但是悄悄作弊大伙儿也没办法的时代，发牌者虽然不敢以上帝自居，仍是特权很大的庄家。玩牌规则本身，就对庄家绝对有利。庄家只要作弊得不太过火，就可以一直连庄下去。在大多数人认为发牌者不仅无权作弊，而且一旦发现作弊大伙儿就有权剥夺其庄家资格的时代，玩牌规则依然对庄家相对有利，因此大多数人还是渴望成为庄家，哪怕玩牌规则限定了庄家的任期和连庄的次数，暂时做庄总比永远没机会做庄有利，隐蔽地作弊总比没机会作弊有利。因此无论什么时代，做庄家永远是大多数人的终极目标。

对于没机会做庄也没机会作弊的大多数人而言，抱怨洗牌的上帝，不仅毫无益处，而且为害甚烈，因为抱怨这一不良情绪，必定大大降低抱怨者的竞技状态。然而对庄家作弊的不满，则利害参半，害处依然是，不满这一不良情绪，仍会降低不满者的竞技状态，不过益处是，有利于玩牌规则趋于公正，有利于发牌过程趋于透明，有可能使不满者不是总拿坏牌，甚至使不满者也有机会做庄家。

但是不满庄家的挑战者，有三个难处。

一是在庄家的地位未被撼动、规则未被改善之前，不满者就可能被庄家逐出牌局。尽管只要挑战庄家特权和不良规则的人越来越多，长远来看，庄家特权必定会逐渐削弱，玩牌规则必定会逐渐改良。如果没有不满者和挑战者，就未必如此，庄家特权和不良规则也许就能传之久远。但是庄家特权的削弱，不良规则的改良，都是极为艰难而缓慢的过程，挑战者很可能无缘及身而见挑战的成果，无法直接受益于规则的改良，这使挑战者大为减少。而少之又少的挑战者，其少年激情和不屈意志，也会因老境已至而削弱，死期将临而丧尽。

二是挑战者所面临的危险，只能自身独自承受，而挑战的成果却由不投身挑战、不冒任何风险的全体打牌者分享。而不投身挑战，不冒风险的打牌者，为了保住自己那手相对还不错的牌，为了保住坐在牌桌上的相对有利的位置，反而常常成为庄家的帮凶，参与对搅局的挑战者的围剿。因为只要充当帮凶，就有机会分得庄家特权的一杯羹，甚至有机会成为下一任庄家。这再次减少了挑战者的数量，消磨了挑战者的斗志。

三是挑战如果足够成功，挑战者就可能取代旧庄家，成为新庄家，这固然激发了挑战者的斗志，但也同时威胁到挑战的成果。因为挑战者一旦成为新庄家，立刻就会明白，当初对自己不利的庄家特权和不良规则，现在都对自己非常有利，因为他已变成了发牌者。随着身份的改变，他不再不满庄家特权和不良规则，而是喜欢庄家特权和不良规则。不仅如此，新庄家甚至可能为了弥补旧庄家发牌时自己的亏空，进一步强化庄家特权，劣化不良规则。

四

大多数人不仅认为上帝的洗牌权天经地义，甚至认为庄家的发牌权和作弊权也天经地义，甚至不良规则也是"向来如此"，知其莫可奈何而安之若命，于是他们只关心自己手上的牌，只关心如何把自己手上的那手牌打出最佳结果。这无可厚非，从DNA角度来说，差不多也可算是天经地义，起码比庄家的发牌特权和作弊特权更加天经地义。

但是不关心洗牌和发牌的大多数人，依然没能把自己手中的牌打好。把一手好牌打坏的人，多如恒河沙数，而把一手坏牌打好的人，实在寥若晨星。这是因为，大多数人都缺乏智慧。尽管如何出牌由每个人自己做主，但大多数人完全是六神无主。先出什么牌，后出什么牌，先出大牌，还是先出小牌，何时该出王牌，何时该跟副牌，全都毫无成算。在决定整个打牌策略之前，牌与牌如何按照现有规则，搭配出最佳组合，搭配出最佳组合以后，又如何根据牌局的瞬息万变，能动改变固有搭配，重新灵活组合，调整战略战术，全都超出他们的能力。

大多数人过于灵活和投机，任何不是机会的机会，他都要利用，只要能跟进一个小牌，他就宁愿完全打乱自己的最佳组合，能跟必跟，有过必过，这样往往会把一手好牌，打成一副支离破碎的坏牌，最终无法收拾残局。如果把不属于你的机会，也当作你的机会，那么真正属于你的机会一旦来临，凭你手上剩下的那些牌，已经不可能抓住这一机会了。原本属于你的机会，于是变成了别人的机会。

少数人则过于僵化和顽固，一旦搭配完自己的整手牌之后，再也不愿做任何改变。别人出的牌再对路，只要不符合自己手上的搭配，不符合自己预想的出牌顺序，他都坚决"不要"，决不重新调整组合自己的牌。所以别人已经抵达胜利，他还在等待符合自己理想的最佳出牌机会。结果直到牌局终了，他也没有机会打出自己的王牌。

投机者太善于利用机会，每一次他都以为胜利仅有一步之遥，因此真正的胜利永远离他伸得太长的手有一步之遥。顽固者太不善于抓住机会，每一次他都以为真正的机会尚未来临，因此所有的机会都从他伸手可及的眼前一闪而过。

五

必须承认，每手牌确有好坏，但是得到好牌坏牌的概率，对不是庄家的大多数人，都是基本公平的。这手牌不太好，下一手牌就可能相对好。这一次王牌在别人手里，下一次就可能在你手里。关键在于调整心态，否则相对好的一手牌，也可能比相对差的一手牌，打得结果更坏。还要善于发现自己的优势，比如说，同花顺子很可能隐藏在自己的牌里，如果不善于挖掘和发现，拿着一手好牌，还以为是坏牌。一手看上去七零八落的坏牌，一旦理出一副同花顺子，再配上两副非同花顺子，常常就会变成一手几乎没有零牌的好牌。

大多数人总是在牌局结束之后，才明白应该如何出牌，这叫事后诸葛亮。事后诸葛亮当然缺乏预见性智慧，智慧的核心成分，就是预见性。缺乏预见性智慧的大多数人，永远不会吸取上一次出错牌的教训，下一次他还是缺乏预见性智慧，下一次他依然是事后诸葛亮。不仅如此，由于上一次的事后诸葛亮，导致了他对自己出牌不慎的懊恼。懊恼这一不良情绪，比对洗牌者的抱怨和对发牌者的不满，具有更大的心理破坏性，他下一次出牌，会比上一次出牌还要臭，结果也更坏。正因如此，尽管对发牌者的不满会给挑战者带来种种不利，但是挑战者的结局依然比懊恼者的结局更佳。挑战者至少创造了自己的崭新生活，懊恼者却永远复制着与古往今来大多数人一样的不幸生活。

六

大多数人对别人手上有些什么牌，可能怎样组合，可能有怎样的打牌策略和怎样的出牌顺序，全都缺乏前识和预判，因此整个牌局的进程，时时让他意外，每每令他吃惊。其实了解对手的牌并不太难，首先要对上帝设计的整副牌全局在胸，然后就能根据自己已有的牌，大致推测对手可能有的牌，做到知己知彼。若欲知彼，必先知己，然而自知谈何容易？对内的自知，比对外的预见，是更为难得的根本性智慧。

大多数人把好牌打坏之后，不是怪自己的牌出得不对，总是怪自己得到的牌不好。但他抱怨自己得到的牌不好，并不是像不满者和挑战者那样认为发牌者偏心，甚至认为上帝的牌设计得不理想，而是认定自己的"手气"不好，同时却对自己的手气究竟由谁决定这一根本问题漠不关心，不闻不问。他仅仅是一厢情愿地幻想自己能比别人多一张王牌或一张关键牌。这种人总是愿意把自己的好牌，换成别人的坏牌，仅仅因为别人把那副坏牌打出了较好结果，他就认定别人的坏牌比自己的好牌还要好。只要认定自己手气不好，就永远不可能打出好牌，不可能把自己的牌打出最高效率。

为了避免抱怨和懊恼这些不良情绪影响大多数人的打牌质量，智者（那是不愿做庄家或即使做庄家也决不作弊的人）设计了复式桥牌那样的好制度：你和你的对手玩过的牌，在另一桌上得到交换，你的队友拿你对手的牌，你队友的对手则拿你的牌。

在这样的好制度下打牌，结果应该令抱怨者和懊恼者愿赌服输了吧？并不。因为抱怨者永远会抱怨，不仅会抱怨这一桌的搭档，而且会抱怨另一桌的队友，正如抱怨者总会抱怨父母和亲友。而懊恼者永远会懊恼，即使是打复式桥牌，因为他不可能打好每副牌、每张牌，打不好他就懊恼。何况人生不会像复式桥牌那样简单重复，人生牌局对每个人只有一次，抱怨和懊恼只使打牌者情绪恶劣，竞技状态低下，只会使他把牌越打越臭，因此抱怨和懊恼没有任何益处。

七

人生分阶段，打牌也分阶段。

大多数小孩认定小时候的牌都不好，抱怨自己迟迟不能参加大人的牌戏，所以渴望长大。当小孩们站在成人牌桌边做看客时，他们想象成人牌局一定比儿童牌局有意思。而当他们进入成人牌局，而且结果不佳时，他们又无限怀念儿童牌局，懊恼没打好上一副牌。这种懊恼必定影响他们下一阶段的竞技状态，使下一阶段的牌戏也玩不好。

也有些男人觉得男子牌局不如女子牌局有趣，或有些女人觉得女子牌局不如男子牌局有趣，于是他们甚至渴望改变性别。虽然人类不可能改变DNA，但是现代科学已有能力改变X和Y，其实这是篡夺上帝洗牌权的逆天之举。撇开挑战者不谈，所有人生牌局的成功者，都不会徒劳无益地抱怨自己得到的牌之好坏，他只关心把已经不可能改变的这手牌，打出最佳结果。他也不会徒劳无益地懊恼没打好上一副牌，只关心如何打好下一副牌。心无旁骛，使他们成了人生牌局的常胜将军。他们的个人胜利，最终成了全人类的胜利。

对许多人来说，重要问题只有一个：我如何进入那个我想进的桥牌俱乐部？众所周知，人类社会有许多等级不同的俱乐部。进入自己想进的俱乐部之后，还剩一个最后问题：我如何坐到我想坐的牌桌前参加比赛？这就需要通过种种预选赛，如果你不能通过必须通过的预选赛，那么你就只能站在一边，看别人打牌。但不管是谁，只要坐到牌桌前，不管你属于哪个俱乐部，不管你坐在哪张牌桌前，上述关于洗牌、发牌、手气，以及不满、抱怨、懊恼等等人生大惑，依然永在。

八

同样是上帝设计的54张牌，同一副牌却有无数不同玩法，也就是说，玩牌规则并非先天设定。

古代的玩牌规则，由庄家规定，不必征得全体牌局参与者同意。庄家宣布，参与者只有无条件接受对庄家绝对有利的规则，才有资格参加牌戏，否则就剥夺其牌戏参与资格。所谓剥夺牌戏参与资格，又分两种。一是仅仅不允许你进入高级俱乐部，或允许你进入俱乐部，但不允许你坐在牌桌前，只能站在旁边观看。另一种是，只要你质疑对庄家绝对有利的牌戏规则，就杀无赦。

随着越来越多的人质疑这种于庄家绝对有利的打牌规则，庄家面临没人陪他玩下去的危险。于是从古至今的庄家，不得不逐渐改良玩牌规则，使玩牌规则仅仅是对庄家相对有利，包括庄家不再能连庄，连庄次数不能过多，必须轮流坐庄，理论上高级俱乐部对所有人开放，理论上没坐上牌桌的任何人都有权观看牌戏，甚至理论上任何人都有权参与制定玩牌规则，有权批评庄家作弊，有权选择庄家，等等。

既然上帝洗牌，他人发牌，自己出牌，所以每个人都有权参与牌局，每个人都有权参与制定玩牌规则。认为自己仅仅有权参与牌局，却对玩牌规则没有发言权的人，放弃了上帝给他的天赋权利。这种人得到一副坏牌，或得到一副好牌，仅仅由于规则不公平或自己不遵守规则，不能合理运用规则而得不到好结局时，他既不能抱怨上帝洗牌时不公平，也不能抱怨庄家发牌时作弊，因为这是他的弃权所纵容的。他更不能抱怨子虚乌有的手气和命运，只能归咎于自己不争气和没出息，只能归咎于自己既不参与制定规则，而又破坏既定规则。这种人与猿其实差不多，根本不配参与人生牌戏。即使他撞大运得到一副好牌，也一定会把这副好牌打坏，注定是人生失败者。

九

虽然上帝设计的每一副牌都一样，庄家发给每个人的牌也大致差不多，但是只有极少数智者才会把牌越打越好，大多数愚人都是把牌越打越坏。于是经过漫长的人生牌局，待到一生终了之时，生而平等的人们，死前变得极不平等。智者与愚人的差距，远远大于人与猿的差距。

（本文刊于《书屋》2002年第11期，《领导文萃》2003年第1期。
入选吴剑文编张远山文选《思想真的有用吗》，
北京出版社2021年版。）